高质量发展与绿色发展的耦合协调关系

——以 A 省为例

项彬宸　项凯标　张　维　付礼菲　著

北 京

冶金工业出版社

2025

内 容 提 要

　　本书系统地梳理了经济高质量发展与绿色发展的相关研究成果，探讨了两者的变化规律及两者综合变量之间的内在联系，并对经济高质量发展与绿色发展的概念进行补充和完善，进一步充实其理论内涵。全书共分七章，主要内容包括绪论，概念界定与文献综述，研究的理论基础，A省经济高质量发展与绿色发展现状分析研究、耦合协调度模型构建、耦合协调评价及互动关系验证，以及对A省经济高质量发展与绿色发展的建议等。

　　本书可供政府部门及经济、绿色发展领域的管理人员、科研人员、技术人员等阅读，也可供高等院校管理科学与工程、经济学及相关专业的师生参考。

图书在版编目(CIP)数据

　　高质量发展与绿色发展的耦合协调关系：以A省为例／项彬宸等著．—北京：冶金工业出版社，2024.3（2025.1重印）
　　ISBN 978-7-5024-9773-6

　　Ⅰ.①高…　Ⅱ.①项…　Ⅲ.①绿色经济—区域经济发展—研究—中国
Ⅳ.①F127

　　中国国家版本馆CIP数据核字(2024)第045085号

高质量发展与绿色发展的耦合协调关系——以A省为例

出版发行	冶金工业出版社	电　　话	(010)64027926
地　　址	北京市东城区嵩祝院北巷39号	邮　　编	100009
网　　址	www.mip1953.com	电子信箱	service@ mip1953.com

责任编辑　杜婷婷　美术编辑　彭子赫　版式设计　郑小利
责任校对　葛新霞　责任印制　窦　唯
北京建宏印刷有限公司印刷
2024年3月第1版，2025年1月第2次印刷
710mm×1000mm　1/16；11.75印张；227千字；175页
定价69.00元

投稿电话　(010)64027932　投稿信箱　tougao@cnmip.com.cn
营销中心电话　(010)64044283
冶金工业出版社天猫旗舰店　yjgycbs.tmall.com
(本书如有印装质量问题，本社营销中心负责退换)

前　言

　　经济发展对区域综合实力提升具有重要作用，绿色发展则是可持续发展的内在逻辑。进入新时代后，不仅要实现高质量的经济发展，更要培育经济增长的绿色新动能。经济与绿色协同发展不断增强产业的经济效益、社会效益和生态效益，为推动碳达峰和碳中和如期实现提供坚实保障。本书在当前国家经济发展与生态保护并重的大环境背景下，探索A省及其各市州经济高质量发展与绿色发展的耦合协调发展变化情况。根据A省及其各市州经济高质量发展与绿色发展的耦合发展结果，针对A省发展现状提出针对性建议。一方面，可以对现有的研究理论进行补充和实践；另一方面，结合A省经济高质量发展与绿色发展实际进行建设规划探讨，具有一定的实践意义。

　　第一，本书梳理经济高质量发展与绿色发展的概念、内涵与测度的发展脉络，在此基础上通过融合经济高质量发展与绿色发展评价指标建立指标体系，采用熵权法进行权重测定。同时，本书从理论层面、内涵关系与实证层面对国内外众多学者关于经济高质量发展与绿色发展互动关系的研究成果进行了归纳总结。以文献为基础，本书选取实证方法来判定A省经济高质量发展与绿色发展的耦合协调度。

　　第二，本书阐述了A省经济高质量发展与绿色发展耦合协调机制研究的理论基础。其中，以可持续发展理论为前提，生态效益理论阐明生态效益与经济效益之间的辩证关系，绿色发展理论提出绿色发展是经济高质量发展的基础，资源与环境经济学理论建立经济建设与环境建设的辩证关系，聚集经济理论提倡聚集发展用以降低企业生产成本和运输费用，累积因果理论和系统动力学理论认为构成社会经济制度的各项因子间存在相互联系与相互作用，耦合协调理论反映系统内部因素间共生、支撑和协同的良性关系。上述理论基础对探究 A 省经济高质量发展与绿色发展内部良性关系与相互作用具有重要意义。

第三，本书对 A 省经济高质量发展与绿色发展现状分别进行了分析，得出当下发展中存在的关键问题。在经济高质量发展方面，近年来 A 省新经济在促进全省经济平稳运行、稳中提质中发挥了重要作用，但也面临一些问题和挑战，主要体现为新经济规模偏小、创新投入不足。在绿色发展方面，亟待解决的问题是工业高能耗、高污染，要尽快实现清洁能源的有效利用。A 省经济高质量发展与绿色发展现状的问题分析对后续耦合协调度的验证具有基础作用。

第四，本书构建创新、协调、绿色、开放、共享五个维度的经济高质量发展水平评价指标体系，以及环境增长、环境承载和环境管理三个维度的绿色发展水平评价指标体系，建立经济高质量发展与绿色发展耦合协调评价模型，运用熵权法对 A 省及其各市州的经济高质量发展与绿色发展耦合协调度进行具体测算，并结合实际情况对数据进行分析解释，得出十年来 A 省及其各市州的经济高质量发展与绿色发展耦合协调的纵向变化。作为研究视角的补充，本书还从综合评价指数、经济高质量发展、绿色发展、耦合度、耦合协调度五个方面对各市州情况进行横向比较分析。从纵、横两个视角对 A 省及其各市州的经济与绿色发展耦合协调变化趋势进行分析，可以看出 A 省及其各市州高质量发展与绿色发展存在着较为明显的时空差异，呈现趋同优化发展，这表明在 A 省走出一条经济高质量发展与绿色发展协调耦合的现实路径是可行的，这对后续提出针对性建议奠定了现实基础。

第五，本书从三个方面对 A 省现实发展提出针对性建议。一是若要实现经济高质量发展，需推动产业基础实现新突破、推动开放平台实现新突破、推动人才资源实现新突破。二是若要实现绿色发展，需加快产业转型和升级、推动行业绿色化改造、推动开发区绿色发展。三是若要实现经济高质量发展与绿色发展协调发展，需完善体制机制建设、优化生态环境、推动科技创新、借助 A 省经济发展规划，以此推进耦合进程。

　　本书由杭州电子科技大学卓越学院项彬宸，贵州大学项凯标、张维、付礼菲著。在本书的撰写过程中，得到了杭州电子科技大学李晓教授的谆谆指导，程贞敏、徐志威、司婉婉、宋慧琳、姚良、黄智柯、王书博、雷鹏、张雨豪、曾进、杜前程、杨梅、李卓君、王迪迪、刘爽等人参与了本书的监理和校正工作。本书内容涉及的相关研究得到了以下项目和基金的支持：（1）贵州省教育厅人文社会科学重点研究基地基金；（2）贵州省哲学社会科学规划一般课题"新时代贵州经济高质量发展与绿色发展耦合协调机制研究"项目（21GZYB11）；（3）贵州大学文科研究一般项目"科技创新驱动高质量发展的影响因素研究"（GDYB2021021）；（4）贵州大学文科研究一般项目"贵州省智慧城市高质量发展研究"（GDYB2021024）；（5）2022年度贵州大学统战专项研究课题"民营企业在高质量发展中促进共同富裕的方式研究"（GDZX2022015）；（6）贵州基层社会治理创新高端智库基金。在此一并表示衷心的感谢。

　　在本书的撰写过程中，参考了有关文献资料，在此向文献资料的作者表示感谢。

　　由于作者水平所限，书中不妥之处，敬请广大读者批评指正。

作　者

2023 年 8 月

目　　录

第一章　绪论 ……………………………………………………………… 1

　第一节　研究背景 ……………………………………………………… 1

　第二节　研究目的与意义 ……………………………………………… 4

　　一、研究目的 ………………………………………………………… 4

　　二、研究意义 ………………………………………………………… 4

　第三节　研究重点与难点 ……………………………………………… 5

　　一、研究重点 ………………………………………………………… 5

　　二、研究难点 ………………………………………………………… 5

　第四节　研究的基本思路与方法 ……………………………………… 6

　　一、研究的基本思路 ………………………………………………… 6

　　二、研究方法 ………………………………………………………… 6

　第五节　研究的主要创新点与研究价值 ……………………………… 8

　　一、创新之处 ………………………………………………………… 8

　　二、研究价值 ………………………………………………………… 8

　第六节　本章小结 ……………………………………………………… 9

第二章　概念界定与文献综述 ………………………………………… 10

　第一节　经济高质量发展概念界定与测度 ………………………… 10

　　一、经济高质量发展概念界定 …………………………………… 10

　　二、经济高质量发展测度 ………………………………………… 11

　　三、经济高质量发展研究概述 …………………………………… 15

　第二节　绿色发展概念界定与测度 ………………………………… 20

　　一、绿色发展概念界定 …………………………………………… 20

　　二、绿色发展测度 ………………………………………………… 21

　　三、绿色发展研究概述 …………………………………………… 27

　第三节　经济高质量发展与绿色发展互动理论分析 ……………… 33

　第四节　本章小结 …………………………………………………… 35

第三章　研究的理论基础 ……………………………………………… 36

　第一节　研究理论 ………………………………………………………… 36

　　一、可持续发展理论 …………………………………………………… 36

　　二、生态效益理论 ……………………………………………………… 37

　　三、绿色发展理论 ……………………………………………………… 38

　　四、资源与环境经济学理论 …………………………………………… 39

　　五、聚集经济理论 ……………………………………………………… 39

　　六、累积因果理论 ……………………………………………………… 40

　　七、系统动力学理论 …………………………………………………… 41

　　八、耦合协调理论 ……………………………………………………… 42

　第二节　本章小结 ………………………………………………………… 43

第四章　A省经济高质量发展与绿色发展现状分析研究 …………… 45

　第一节　A省经济高质量发展现状分析 ………………………………… 45

　　一、A省经济发展现状 ………………………………………………… 45

　　二、A省新经济发展特点 ……………………………………………… 46

　　三、A省新经济发展存在的不足 ……………………………………… 48

　第二节　A省绿色发展现状分析 ………………………………………… 48

　　一、A省绿色发展现状 ………………………………………………… 48

　　二、从税收数据看绿色发展现状 ……………………………………… 50

　　三、从工业发展看绿色发展现状 ……………………………………… 51

　第三节　本章小结 ………………………………………………………… 52

第五章　A省经济高质量发展与绿色发展耦合协调度模型构建 …… 53

　第一节　A省经济高质量发展与绿色发展评价指标体系建立原则及步骤 … 53

　　一、评价指标体系建立原则 …………………………………………… 53

　　二、评价指标体系建立方法 …………………………………………… 53

　第二节　A省经济高质量发展与绿色发展评价指标体系 ……………… 54

　　一、经济高质量发展评价指标体系 …………………………………… 54

　　二、绿色发展评价指标体系 …………………………………………… 55

　第三节　A省经济高质量发展与绿色发展评价模型的构建 …………… 56

　　一、数据来源 …………………………………………………………… 56

　　二、数据处理 …………………………………………………………… 56

　　三、模型构建 …………………………………………………………… 57

第四节　本章小结 ·· 58

第六章　A省经济高质量发展与绿色发展耦合协调评价及互动关系验证 ······· 59

第一节　A省经济高质量发展与绿色发展耦合协调关系研究 ··············· 59

一、评价指标的权重求解 ·· 59

二、A省经济高质量发展指标分析 ·· 59

三、A省绿色发展指标分析 ··· 64

四、A省经济高质量发展与绿色发展的总体特征 ····················· 67

五、A省经济高质量发展与绿色发展的耦合协调特征 ··············· 67

第二节　BB市经济高质量发展与绿色发展耦合协调关系研究 ············ 68

一、评价指标的权重求解 ·· 68

二、BB市经济高质量发展指标分析 ······································ 69

三、BB市绿色发展指标分析 ·· 74

四、BB市经济高质量发展与绿色发展的总体特征 ···················· 76

五、BB市经济高质量发展与绿色发展的耦合协调特征 ··············· 77

第三节　CC市经济高质量发展与绿色发展耦合协调关系研究 ············ 78

一、评价指标的权重求解 ·· 78

二、CC市经济高质量发展指标分析 ······································ 78

三、CC市绿色发展指标分析 ·· 83

四、CC市经济高质量发展与绿色发展的总体特征 ···················· 86

五、CC市经济高质量发展与绿色发展的耦合协调特征 ··············· 87

第四节　DD市经济高质量发展与绿色发展耦合协调关系研究 ············ 88

一、评价指标的权重求解 ·· 88

二、DD市经济高质量发展指标分析 ······································ 89

三、DD市绿色发展指标分析 ·· 93

四、DD市经济高质量发展与绿色发展的总体特征 ···················· 96

五、DD市经济高质量发展与绿色发展的耦合协调特征 ··············· 96

第五节　EE市经济高质量发展与绿色发展耦合协调关系研究 ············ 98

一、评价指标的权重求解 ·· 98

二、EE市经济高质量发展指标分析 ······································ 98

三、EE市绿色发展指标分析 ·· 103

四、EE市经济高质量发展与绿色发展的总体特征 ···················· 105

五、EE市经济高质量发展与绿色发展的耦合协调特征 ··············· 106

第六节　FF市经济高质量发展与绿色发展耦合协调关系研究 ············ 107

一、评价指标的权重求解 ·· 107

二、FF 市经济高质量发展指标分析 ……………………………… 107

三、FF 市绿色发展指标分析 …………………………………… 111

四、FF 市经济高质量发展与绿色发展的总体特征 ……………… 114

五、FF 市经济高质量发展与绿色发展的耦合协调特征 ………… 115

第七节　GG 市经济高质量发展与绿色发展耦合协调关系研究 … 116

一、评价指标的权重求解 …………………………………………… 116

二、GG 市经济高质量发展指标分析 ……………………………… 117

三、GG 市绿色发展指标分析 ……………………………………… 120

四、GG 市经济高质量发展与绿色发展的总体特征 ……………… 123

五、GG 市经济高质量发展与绿色发展的耦合协调特征 ………… 123

第八节　HH 州经济高质量发展与绿色发展耦合协调关系研究 … 125

一、评价指标的权重求解 …………………………………………… 125

二、HH 州经济高质量发展指标分析 ……………………………… 125

三、HH 州绿色发展指标分析 ……………………………………… 129

四、HH 州经济高质量发展与绿色发展的总体特征 ……………… 131

五、HH 州经济高质量发展与绿色发展的耦合协调特征 ………… 132

第九节　II 州经济高质量发展与绿色发展耦合协调关系研究 …… 133

一、评价指标的权重求解 …………………………………………… 133

二、II 州经济高质量发展指标分析 ………………………………… 134

三、II 州绿色发展指标分析 ………………………………………… 137

四、II 州经济高质量发展与绿色发展的总体特征 ………………… 140

五、II 州经济高质量发展与绿色发展的耦合协调特征 …………… 141

第十节　JJ 州经济高质量发展与绿色发展耦合协调关系研究 …… 142

一、评价指标的权重求解 …………………………………………… 142

二、JJ 州经济高质量发展指标分析 ………………………………… 142

三、JJ 州绿色发展指标分析 ………………………………………… 146

四、JJ 州经济高质量发展与绿色发展的总体特征 ………………… 149

五、JJ 州经济高质量发展与绿色发展的耦合协调特征 …………… 150

第十一节　本章小结 ………………………………………………… 151

一、经济高质量发展与绿色发展的综合评价指数 ………………… 151

二、经济高质量发展 ………………………………………………… 151

三、绿色发展 ………………………………………………………… 154

四、耦合度 C ……………………………………………………… 156

五、耦合协调度 D ………………………………………………… 158

第七章　A省经济高质量发展与绿色发展建议 ················· 160

　第一节　A省经济高质量发展建议 ······················· 160

　　一、推动产业基础实现新突破 ························· 160

　　二、推动开放平台实现新突破 ························· 161

　　三、推动人才资源实现新突破 ························· 161

　第二节　A省绿色发展建议 ··························· 162

　　一、加快产业转型和升级 ··························· 162

　　二、推动行业绿色化改造 ··························· 162

　　三、推动开发区绿色发展 ··························· 162

　第三节　A省经济高质量发展与绿色发展协调发展建议 ········ 163

　　一、完善体制机制建设，夯实制度基础 ·················· 163

　　二、优化生态环境，筑牢耦合基石 ···················· 163

　　三、推动科技创新，注入耦合动力 ···················· 164

　　四、借助A省经济发展规划，推进耦合进程 ·············· 164

参考文献 ······································· 165

第一章　绪　　论

本章主要介绍研究背景、研究目的与意义、研究重难点、研究的基本思路和方法，还有研究的主要创新点和价值。在研究背景中以 A 省的经济发展、绿色发展现状及其各市州的政策文件等为切入点，介绍当前环境下 A 省的经济与绿色发展宏观前景和关系，以提升经济高质量发展与绿色发展的耦合协调关系为目的，使用学科结合和实证与调研结合的方法，探究推动 A 省经济高质量发展与绿色发展耦合协调的关键因素和路径。

第一节　研　究　背　景

改革开放以来，中国经济长期保持经济高速增长，但是效率和质量并未保持同步提升。在党的十九大报告提出"高质量发展"概念后，我国经济由高速增长转型为高质量增长，这成为尤其关键的发展目标。这个转变过程的关键是发展方式的转变与增长动力的转换，是从传统的要素及投资驱动的发展模式转向创新驱动的发展模式。要不断加快建立健全绿色低碳循环发展的经济体系，进入新时代后，不仅要实现高质量的经济发展，更要培育经济增长的绿色新动能。《中国制造 2025》中制定了我国制造业发展的行动方针，明确说明了绿色发展在可持续发展战略和中国制造业发展中的重要作用，其中明确发展绿色产品、低碳产品在工业经济发展过程中的特殊地位，要求地方各级政府在工业发展中，处理好国民经济增长和能源资源高效率利用的平衡关系，立足于推进经济绿色发展，实现工业"三步走"国家战略和制造强国发展目标。2020 年 9 月，习近平主席在第75 届联合国大会中提出我国 2030 年前碳达峰、2060 年前碳中和目标，如何在经济高质量发展的同时保持绿色增长是一个值得探讨的问题。

《中共中央关于制定国民经济和社会发展第十四个五年规划和二〇三五年远景目标的建议》（以下简称《建议》）中明确提出，要根据中国发展的实际情况坚定不移贯彻新发展理念，推动国内与国外双驱循环发展格局的构建。因此可以发现，当前国内以坚持经济高质量发展作为国内经济发展格局改变的重大战略安排和举措。A 省要根据自身发展要求与当前经济现状，按照国家战略的重要指引，坚定不移贯彻新发展理念，把握 A 省经济新形势的建设稳步前进，以新发展理念为发展基准制定新发展目标和方针，攻破经济发展阻碍，努力开创具有 A 省经济发展特点的特色之路，在加强实施各项经济高增长的战略部署中，实现经济高质量、绿色化和全面化发展。

随着乡村振兴战略的全面开展，A省基础设施建设也发生了飞跃性改变，城镇化迅速发展使得A省城乡建设发展面貌发生前所未有的变化。首先在道路建设方面，A省已经在县村交通上率先实现了同区域无通行障碍发展。相比较于十年前的通车建设里程，A省在2020年年底实现了4倍的增长，其高速公路的总里程数已经突破7500 km。并且根据A省土地起伏变动的天然特点，施工队在扩建A省交通要塞的过程中使用开山凿洞和山山垮桥等方法建设了社会价值位于世界前列的47座高桥，被尊称为"桥梁博物馆"。依托A省自然生态环境优势，A省经济发展的起伏与当地的生态经济价值具有显著关联。在推广退耕还林和生态文明的建设过程中，2022年A省森林面积覆盖率已经达到62.8%，并且围绕"绿色发展""低碳环保""人与自然和谐共生"等主题举办了十几届生态发展国际论坛，在大力推进防污、治污和减污方案与政策实施下，开展退耕还林、生态修复和土壤净化等工作。在党的二十大指引下，A省加强环境友好型区域建设，实施生态文明建设政策并且积极采取相应行动方针，坚决做好防治污染工作，努力打造多彩的生态文明城市。在大数据驱动发展的影响下，A省结合数据优势促进经济和生态文明友好发展。

从2016年到2022年，A省在大数据技术创新和数字经济增长的加持下，扶持了大量民营企业，推动了相关制造业进行转型升级。A省网络覆盖已经达到省、市、县、乡和镇，并且在参评全国优秀网络政务服务的过程中连续取得不错的成绩。同时结合A省酒香传千里的发展特色，制定了相应的酒品和旅游业的融合发展细则，完善了A省白酒文化与服务业发展的融合发展机制。从2018年开始，A省部分地区均开展了酒旅文化一体化发展，针对当地的酒文化特色和旅游业优势，进一步探索了酒旅文化产业发展的新形式、新途径和新方案，向全国甚至全球打造酒旅文化产业新名片。并且A省某市已经成为著名的集国家级酒旅文化带和国家级工业旅游产业带的新示范基地。A省一贯结合自身区域优势，将酒旅文化产业与多彩旅游业进行互产互助，将与更多民众一起共享酒旅文化产业带来的福音，推动A省经济高质量发展。在绿色发展的号召下，A省在不断探寻经济高质量发展与绿色发展的有效合作途径，在努力提升区域经济高质量发展的同时，守住生态文明建设的最终底线，不仅要在未来几年探索出适合A省经济高质量发展的有效途径，并且要在绿色发展上挑大梁、攀高峰，努力绘制人类命运共同体的理想蓝图。

A省是国家生态文明建设的试验区和改革先锋区。近年来，A省大力推进绿色资源变绿色资产、绿色资产变绿色资本、绿色资本变绿色动能，以绿色金融创新发展作为金融供给侧结构性改革的重要举措，不仅在政策制度、机构建设和服务体系上进行多视角把控，并且把握地区优势开设独特的绿色金融体系，打通绿色金融的交易渠道，积极发展能效融资、碳排放融资、自然资源资本化、生态补偿和环境权益交易等创新金融业务，不断增强绿色产业的经济效益、社会效益和生态效益，为推动碳达峰、碳中和如期实现提供坚强保障。

近年来，A 省绿色金融高效发展，各类绿色金融产品增量提质，绿色金融市场规模不断发展壮大。一是绿色信贷迅速增长。截至 2021 年第三季度末，A 省绿色信贷余额达 4183.78 亿元，较 2019 年增加了 1233.78 亿元。二是绿色债券发行规模逐步提升。从 2017 年 6 月到 2019 年 5 月，A 省共发行公司债券 41 支，发行总额达 405.32 亿元。三是绿色产业投资基金投入运用。A 省设立了总规模 300 亿元的 A 省工业及省属国有企业绿色发展基金、总规模 100 亿元的新区健康医疗绿色产业基金、总规模 30 亿元的医药大健康产业基金等 20 支绿色基金，自 2017 年起全省累计申报扶贫产业子基金及绿色产业基金项目共计 2950 个，总金额达 3596.81 亿元，目前已投资项目 1633 个，实现投放金额 621.88 亿元。四是绿色保险业务创新发展。A 省大力创新绿色保险产品，开办具有 A 省特色的绿色保险业务。截至 2021 年 10 月，全省共 132 家企业投保环境污染强制责任保险，保险机构实现保费收入 171.38 万元，为试点企业提供 7400 万元风险保障，其中在保险有效期内的投保企业共计 100 家，保费 97.84 万元，提供保险保障 4480 万元。保险经纪公司和"共保体"累计完成 155 家企业环境风险评估，完成 30 家高风险重点企业的现场隐患排查，帮助企业提出整改建议 20 余条，并对 9 个市（州）1500 余家环境高风险企业及危废企业开展环境污染责任保险宣导服务，提高了企业的保险服务获得感。五是碳金融产品开始起步发展。绿色金融是助力实现碳达峰、碳中和目标，推动经济绿色低碳转型的重要力量。A 省根据全国排放权交易市场的要求，开展温室气体自愿减排工作，发展单株碳汇精准扶贫，2018 年以来，该项目已完成 A 省 9 个市（州）32 个县 682 个贫困村的单株碳汇开发，共开发单株碳汇 11209 户 446 万株，购碳资金累计达 1197 万元，户均增收 1068 元。

将经济的高质量发展作为促进经济转型的重要驱动，虽然已取得一定成效，但是能否与生态环境协调发展成为经济社会永续发展的关键问题，仍然没有得到有效解决，经济高质量发展与绿色发展之间的耦合协调机制衡量工作仍有待进一步深入，及时建立起符合本地的经济高质量发展和绿色发展耦合协调机制，具有一定的战略意义。因此，本书将剖析新时代 A 省经济高质量发展与绿色发展耦合协调机制，以期对 A 省经济高质量发展和绿色发展耦合协调起推动作用。

第二节　研究目的与意义

一、研究目的

本书主要是通过对 A 省经济高质量发展指标和绿色发展指标进行测度，其主要目的是探索其综合变量之间的耦合协调关系。综合变量采用熵权法进行测定，以可持续发展理念、绿色发展理念和耦合协调理念等原理作为研究的理论基础，以 A 省经济高质量发展与绿色发展综合测定指标为研究对象，以近十年的数据为研究样本，构建 A 省及其各市州的经济高质量与绿色发展耦合协调模型，通过相应的评价标准来测定其综合变量之间的协调关系，根据最后的结果为 A 省经济高质量建设提出相应建设性意见，并且同时为 A 省经济高质量发展与绿色发展的实施途径提供可参考性的建议，助力 A 省实现经济可持续发展。

为此，本书设定以下具体研究目标。

（1）完善经济高质量发展与绿色发展互动关系理论体系。通过进一步探究经济高质量发展对绿色发展的作用，夯实经济高质量发展与绿色发展的相关理论基础，采用定性方式探索经济高质量发展与绿色发展的理论变化。

（2）构建经济高质量发展与绿色发展的耦合协调度模型。首先，根据 A 省及其各市州的宏观经济对经济高质量发展与绿色发展进行测度；其次，通过耦合协调度模型对 A 省及其各市州的经济高质量发展与绿色发展之间的耦合协调度进行计算；最后，通过选定的评价指标来探寻 A 省及其各市州经济高质量发展与绿色发展耦合协调关系及其演化趋势。

（3）探索影响系统耦合协调发展的关键变量，全面分析 A 省及其各市州经济高质量发展与绿色发展耦合协调的变化方向，并根据耦合协调模型变化趋势，为 A 省及其各市州经济高质量发展和绿色发展探索可实施路径。

二、研究意义

本书在当前国家经济与生态并举的大环境背景下，探索 A 省及其各市州经济高质量发展与绿色发展的耦合协调关系。另外，根据 A 省及其各市州经济高质量发展与绿色发展的耦合发展结果针对 A 省发展现状提出相应的政策建议。一方面，可以对现有的研究理论进行补充和实践；另一方面，结合 A 省经济高质量发展与绿色发展实际进行建设规划指导，具有一定的实践意义。本书的理论意义和实践意义如下。

（1）理论意义。第一，本书对经济高质量发展与绿色发展的概念进行补充和完善，进一步充实经济高质量发展与绿色发展的理论内涵。第二，梳理经济高质量发展与绿色发展的相关研究，探讨经济高质量发展与绿色发展的变化规律，探索两者综合变量之间的内在联系，丰富经济高质量发展与绿色发展的耦合协调发展理论。

（2）实践意义。第一，本书在对 A 省经济高质量发展与绿色发展耦合协调研究分析前，对 A 省经济高质量发展与绿色发展现状进行了分析，总结了当前发展优势和存在的不足，希望通过对 A 省经济高质量发展与绿色发展耦合协调发展的分析，可以发现影响符合区域特征的经济高质量发展与绿色发展的关键指标，对关键指标的发展进行有效的指引，助推经济高质量发展与绿色发展耦合协调发展。第二，A 省是我国西部地区经济政策试验地和改革先锋区，通过对 A 省的经济高质量发展与绿色发展进行耦合研究，可以将成果整体推广到西部地区，从中获取有效的变量信息，为西部地区整体规划做铺垫。

第三节　研究重点与难点

一、研究重点

（1）A 省及其各市州经济高质量发展与绿色发展耦合协调影响机制的剖析。该内容是本书研究目标的重要组成部分。本书将以 A 省整体，以及各个位于不同经济发展条件下的市州作为研究对象，分析经济高质量发展与绿色发展二者的关联性和耦合程度在不同地区、不同经济现状下的不同特征与表现，剖析深层影响机制，其指标衡量体系构建与实证分析将是本书的重点。

（2）探索推动经济高质量发展与绿色发展耦合协调的关键因素和路径。在新时代的条件下，A 省经济的高质量发展和绿色发展是否能进行良好的耦合协调，以及是否具有可操作性与现实意义将极大影响本书的应用价值与意义。因此，基于对经济高质量发展和绿色发展的耦合协调的影响机制的实证分析，本书将重点分析不同状况下的地区在经济发展过程中应当关注的重点因素及路径，从而促进 A 省及其各市州经济高质量发展与绿色发展耦合协调。

二、研究难点

本书研究的难点与关键是 A 省及不同经济发展状况下各地经济高质量发展与绿色发展耦合协调的关键影响因素与关键路径分析。本书将对影响经济高质量发展和绿色发展的现存问题进行梳理并进行相应的实证分析，构建经济高质量发展与绿色发展耦合协调的评价体系与作用机制，由于各地以及 A 省整体的现实情况有所区别，并且影响因素和路径众多，表现出层次性、复杂性和针对性，增加了该内容的研究难度。本书力图在点（案例分析）、线（实证调研）、面（文献梳理）结合的基础上，确保分析结论的可信度和普适性。

第四节　研究的基本思路与方法

一、研究的基本思路

对经济高质量发展和绿色发展的耦合协调发展进行研究，整合构建整体系统的影响模型，并通过对 A 省及其各市州的实证研究，剖析不同条件下各市州的经济高质量发展与绿色发展的耦合机制协调程度。最后基于以上研究结果，结合 A 省整体情况，对 A 省经济发展现状给出针对性的政策建议。本书研究的基本思路如下。

（1）进展研究和理论基础。了解国内外经济高质量发展与绿色发展耦合协调研究进展，包括本书的研究背景、研究意义、研究方法和研究框架，以及经济高质量发展和绿色发展内涵研究等理论基础。

（2）禀赋价值诠释。构建经济高质量发展与绿色发展耦合协调评估指标体系，综合分析经济高质量发展、绿色发展和耦合协调效应等禀赋价值，揭示其研究的重要性。

（3）特征及类型划分。以时间和空间为轴线，探索 A 省及其各市州的经济高质量发展与绿色发展的特征。基于经济规模和产业结构，通过系统聚类法，归纳和划分不同地区的经济发展类型。

（4）现状特征和存在问题。综合 A 省各地区的政策环境、营商环境、经济规模和产业结构，分析其经济发展现状特征，探索发现制约 A 省及其各市州经济高质量发展与绿色发展耦合协调的现实问题。

（5）主控因子和影响机制。立足于经济学与管理统计学视角，结合文献调查法、访谈法和各地的经济面板数据探究影响 A 省经济高质量发展与绿色发展耦合发展现状的影响因子，进而探索其演变机制，并采用耦合度和 VAR 模型相结合的方法进行实证分析。

（6）发展模式探讨。多层次、多角度、有针对性地提出在新时代环境下，A 省经济面板数据影响 A 省经济高质量发展与绿色发展耦合协调发展的模式，使 A 省经济实现高质量发展和绿色发展的协调发展。研究思路如图 1-1 所示。

二、研究方法

（一）经济学、管理学与统计学相结合的方法

本书基于绿色发展观和习近平新时代中国特色社会主义思想，对 A 省经济实现高质量发展和绿色发展的协调机制进行研究，根据经济学理论、管理学和统计学方法从原始资料中进行整理归纳。再结合相关历史文献及数据进行对比，从多

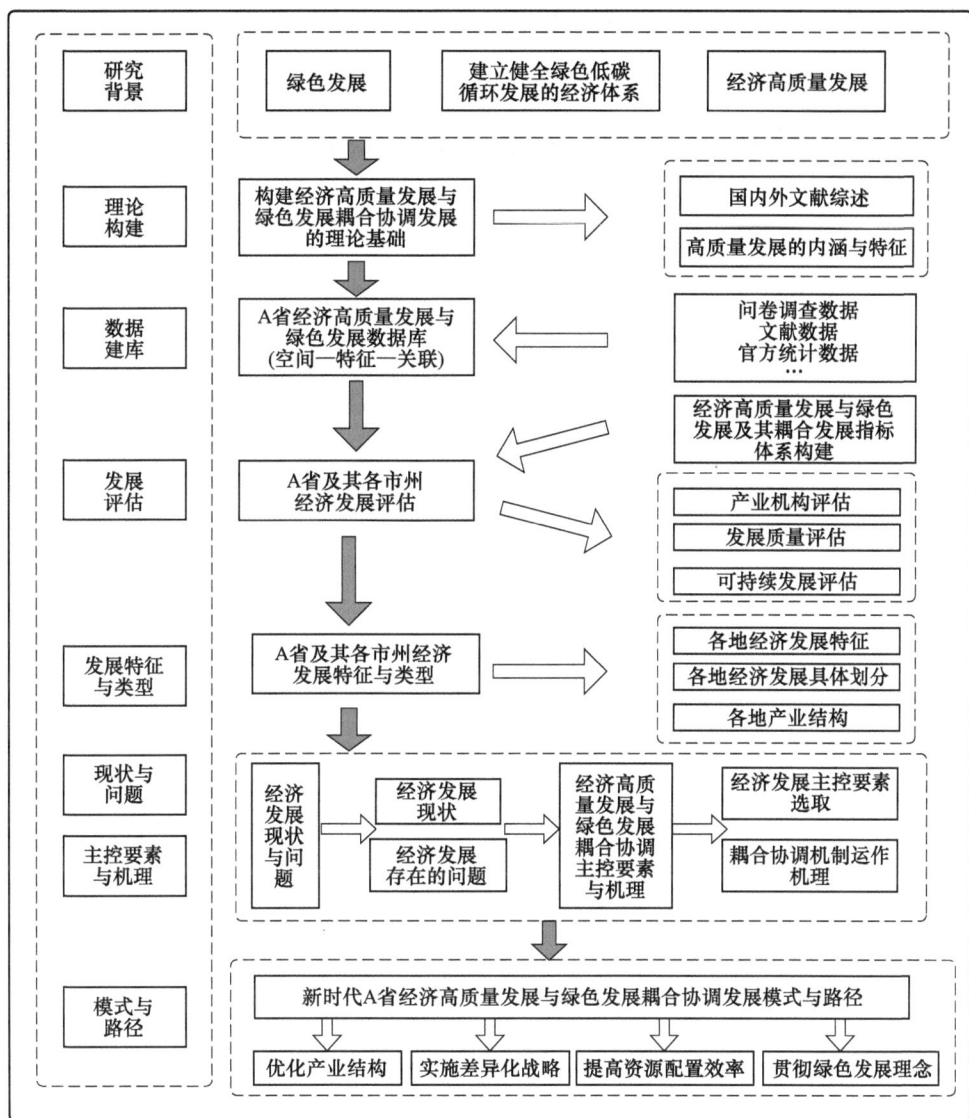

图 1-1　研究技术路线图

方面、多维度了解 A 省经济高质量发展和绿色发展耦合协调程度现状。

（二）实地调查与实证研究相结合的方法

对 A 省及其各市州展开深入调查。结合实地调查评估，深入调研地方经济发展特点与产业布局发展现状，并了解人们对于地方经济发展的感知。在此基础上，通过访谈、问卷调查以及官方公布等渠道获取相应的数据并进行实证研究，构建经济高质量发展和绿色发展耦合协调程度的指标评价体系，并查找关键的影响因素和路径。

第五节　研究的主要创新点与研究价值

一、创新之处

（一）探索经济高质量发展与绿色发展交互影响作用

本书通过对"城市规模效应"与"门槛效应"的研究，整合多重影响路径与影响机制，全面推导出经济高质量发展与绿色发展之间的交互影响作用，构建起经济高质量发展与绿色发展之间的交互影响机制及其在不同经济发展阶段条件下的演变规律。不仅有助于整合与丰富现有研究，更有助于全面认识经济高质量发展与绿色发展的交互影响，并在此基础上提出更加成熟可行的对策建议。

（二）探索经济高质量发展与绿色发展耦合协调指标评价体系

本书在已有研究基础上，将经济高质量发展与绿色发展耦合协调作用路径进行整合，通过对 A 省各市州的经济发展现状进行分析，对经济高质量发展与绿色发展耦合关联性进行全方位的系统研究。同时，本书立足于经济发展的不同特征，结合 A 省经济发展制度、环境建设现状，在全国范围已有的实证研究支持之上，对 A 省经济高质量发展工作进行深入分析，以期为 A 省助力经济高质量发展与绿色发展工作提供参考与借鉴。

二、研究价值

（一）学术价值

1. 拓展该领域下的研究视角

目前对于经济高质量发展的耦合协调机制的研究主要以生态环境、科技创新、绿色金融等多种视角进行，不能较好表现经济高质量发展和绿色发展之间耦合协调机制研究的全貌。本书将从"城市规模效应"与"门槛效应"两个角度出发，对 A 省内不同市州的经济高质量发展和绿色发展耦合协调机制的作用路径进行整合，厘清经济高质量发展和绿色发展的多方面影响，寻找具有系统性的影响机制，为此后更加深入的学术研究提供便利的理论参考。

2. 剖析耦合作用的运作机制

经济的高质量发展与绿色发展之间存在耦合协调，虽然学界对此尚未有专门的研究，但是在其他视角的相关文献中对于二者的耦合作用基本已成学界共识，对于其中的作用机制尚有待深入研究。本书在文献整理与问卷调查的基础上，收集 A 省各个市州的面板数据，对 A 省经济高质量发展和绿色发展的耦合机制进行实证研究，分析关键影响因子与关键路径的运作机制并给出相应的理论解释，完善与丰富经济高质量发展与绿色发展耦合协调研究的实证依据与理论内容。

（二）应用价值

1. 推动区域协调发展

建立经济高质量发展与绿色发展耦合协调评价体系和分析关键影响因子有助于促进经济高质量发展与绿色发展友好协调发展，把握好各综合变量中测度的关键因子变化，有效建立经济与绿色双举齐高的美好蓝图。在以经济发展为重要因素，绿色发展为可持续发展内在根本的条件下，调整好两者之间的互动关系可以实现 A 省社会发展质的变化。

2. 贯彻绿色发展理念

建立经济高质量发展与绿色发展耦合协调评价体系和分析关键影响因子，使 A 省在追求经济高质量发展的道路上实现减污、治污和防污。深刻领会可持续发展战略的意义，用经济发展带动绿色发展，用绿色发展促进经济有效增长，贯彻新发展理念，实现 A 省经济发展与绿色发展双赢局面。

第六节　本 章 小 结

本章首先介绍我国经济由高速增长转型为高质量增长的发展现状，关键是转变与增长动力的转换。面对经济发展是重要因素，绿色发展是可持续发展的发展格局，要不断加快建立健全绿色低碳循环发展的经济体系，进入新时代后，不仅要实现高质量的经济发展，更要培育经济增长的绿色新动能。在绿色金融方面强调不断增强绿色产业的经济效益、社会效益和生态效益，为推动碳达峰、碳中和如期实现提供坚强保障，为经济高质量发展与绿色发展搭建协同发展的平台。

其次，通过搭建理论体系与模型介绍了本书的研究目的与意义，在理论上进一步完善经济高质量发展与绿色发展的内涵，在实践上为 A 省经济高质量发展与绿色发展提供有效的实施路径。

再次，介绍本书的基本研究思路和方法，通过学科融合搭建研究内涵，调研与实证形成研究主要手段，对 A 省经济高质量发展与绿色发展有效模型进行探讨。

最后，说明了本书的创新点和主要价值，介绍了经济高质量发展与绿色发展的相互作用和评价体系建设，在学术价值上拓宽的研究视角，剖析了耦合机理，探究 A 省高质量发展与绿色发展的耦合协调有效实施路径。

第二章　概念界定与文献综述

本章主要通过对国内外关于经济高质量发展与绿色发展的相关概念界定进行梳理，同时对相关文献进行统计，借此厘清 A 省经济高质量发展与绿色发展的互动关系，为本书搭建理论框架奠定基础。有关高质量发展与绿色发展的相关概念和研究层出不穷，本章未将所有的学术成果和相关研究理论一一列出，而是有针对性地选择能够佐证和支持本书研究的内容做了重点分析。本章着重从经济高质量发展和绿色发展的概念界定、研究现状与互动关系入手，分析出它们的理论框架。

第一节　经济高质量发展概念界定与测度

一、经济高质量发展概念界定

对经济高质量发展概念界定的研究，国内外没有统一的标准，在国外没有"高质量发展"这样的说法，但是对于经济发展中"数量"和"质量"对经济增长的影响作了较为深刻的说明。同时，国内关于经济高质量发展的界定也是从经济发展这一领域衍生出来的。当国家的经济增长达到一定的程度，惠民现象最初会从社会福利上呈现，于是可以从资本构成、风险抵御和社会福利方面对经济高质量发展进行测度。经济"质量"和"数量"的研究发展到国内形成了一个新的研究视角，命名为经济高质量发展视角。国内学者任保平认为现今国内已由注重经济数量提升逐渐过渡到了质量提升，然而对于高质量发展的内涵研究会比经济增长研究更加宽泛，这是因为高质量发展里面也会包含宏观层面的社会、环境和人口等方面的内容。对于高质量发展研究的出发点，王永昌等人认为高质量发展首先应该以产出的效率为出发点，应该坚持投入少、速度快、质量优和污染少等特征，同时可以体现效率化、低碳化和科技化等本质要求，是一种对经济要求极高的发展特征。高质量发展中包含经济领域，其中金碚认为高质量发展可以是经济提升的动力引擎，这在经济发展供给侧结构性改革方面突出了发展创新需求，同时也回应了人们对发展不充分不平衡方面的诉求，满足公众对美好生活的追求和向往。但是任保平等人通过多维度探讨对经济发展概念进行多元化的阐述，多维度的视角主要体现在人口、环境、社会等方面。同时郭春丽等人比较认可高质量发展中关于经济层面的界定是一个高维度、多层面的集合体，在微观层面上可以反映当前民众的生活质量、消费水平和感受社会福利等情况，在宏观层面上可以反映为人口增长、经济总量发展规模和生态环境保护等方面。赵剑波等人通过民众生活、经济增长和社会稳定三个维度对经济高质量发展内涵进行了系统说明和扩充，高质量发展在经济方面的发展可以体现在社会发展的各方面。因此，在不同的社科角度上，不同学者对经济高质量发展的界定存在一定区别，但是总体上是对经济高质量发展进行了全面的阐述，本质上还是体现出对经济高质量发展更加全面、多元化的追求和认知。

现今国内对于经济高质量发展的探讨，通常以经济学理论作为底层建设，以经济学理论中的发展规律和社会现象为依据来探讨经济高质量发展的深层理念和多元化认知。经济高速发展一直是国家和社会运行发展的必然，同时经济高质量发展是新时代经济运行的主要特征，同时也是解决人们对美好生活向往的行动策略。马茹等人指出我国现行的经济运行发展方向需要经济高质量发展为支撑点，也是我们经济发展更加稳固、更加开放和更加长远的增长模式，现今我们应该注重经济质量的发展，以数量发展为评价标准，在满足质量发展的同时推动数量的提升。张军扩和陈景华认为经济高质量发展在当前经济发展战略中占据主体地位，满足经济协调统一的发展模式。综上所述，可以发现对经济高质量发展的概念界定有以下几点：第一，在满足当前经济发展模型的同时更加注重对社会福利和生态环境的要求，更加满足可持续发展战略规划；第二，在调整经济发展模式向高质量发展时，需要注重优化发展策略，提升经济发展效率；第三，在经济发展过程中注重创新发展要素，综合提升经济发展的核心驱动力；第四，经济发展在注重质量的同时还应该考虑投入成本、环境污染和持续协调等特征。

二、经济高质量发展测度

（一）经济高质量发展测度概述

关于经济高质量发展的测度研究由最初的单一指标发展到建立综合指标体系。国外学者最初是通过寻找合适的宏观指标对经济高质量发展进行测度，但是研究过程中发现不同的测定指标，最后获取到的结果也不尽相同。最终发现只有通过建立经济高质量发展的评价体系，才能保证研究的有效性和科学性。Sabatinit 最开始通过建立人口发展、社会发展和生态发展二级指标进行研究，其中各二级指标中也包含了几个三级评价指标，包含了人口数量、性别、绿色建筑面积和社会福利条件等。Mlachila 等人认为经济高质量发展包含经济发展的内在本质和与现实之间的发展联系，包含国家支柱经济发展、社会福利发展、农村扶贫发展和外交经济等因素，这些是影响国家经济高质量发展的主要因素。

国内对经济高质量的测度研究也是包含单一指标和综合评价的研究。最开始是沈利生通过经济增长率来衡量经济高质量发展，同时也说明了经济增长效率在经济高质量发展的测定中占据一定的地位。余泳泽等人注重经济发展中质量的测定，其将质量的要求与可持续发展进行链接，以绿色全要素生产率来衡量经济高质量发展，并且在水平地域和空间上进行了全面的探讨。还有学者认为应该对经济高质量发展进行综合评价，单一指标只能侧重度量经济发展的单一维度，不能够完全度量整个发展模式和发展现状。于是，国内学者开始建立科学、有效的综合评价体系对经济高质量发展进行测定。钞小静和任保平根据经济实际发展、人口增长、社会发展和生态环境发展四个方面构建了经济高质量增长指数，其中主要测定了经济发展可持续性和符合特定区域发展的有效性。另外还需要考虑"五位一体"总体布局的发展要求，周永道等人根据经济、政治、文化、社会和生态文明全方位的要求建立综合评价指标对区域经济的发展现状进行了全面充分的说明。在全面建成小康社会的发展策略的影响下，郑石桥和许玲玲契合全面建成小康社会的发展要求构建包含五个发展维度的综合，对经济高质量发展进行测定，同时也分析了经济高质量发展在小康社会建设下的进度发展情况。在社会主要矛盾改变和发展现状的条件下，李金昌等人通过构建包含经济发展、创新发展、人口发展、社会发展和环境发展五个维度的综合指标体系对经济高质量进行测度，对区域经济发展现状进行了综合评估。同样在"五个发展理念"的政策背景条件下，刘琳柯等人以此为测定基础，建立以五个发展理念为底层建筑的综合评价指标，并且说明了当前黄河流域区域的经济发展现状和未来的经济发展目标；另外刘亚雪等人也以"五个发展理念"为宏观背景，在综合评价指标中加入经济发展的稳定指标，构建了符合世界经济现状的评价体系，也对世界各国经济高质量发展现状进行了综合说明和比较。

其实关于综合指标对经济高质量的测定，最初很多学者首选的是二维指标，用来考虑经济发展实际增长效率和经济增长对社会产生变化的方面。另外在多指标的选取上，会考虑到影响经济高质量发展的供给端，主要是实现经济高质量发展需要哪些要素材料，另外就是经济高质量发展可以影响社会哪些发展变化。例如，师博等人和马茹等人结合当前社会经济发展，根据构建的经济发展综合指数探测社会经济发展现状。苗峻玮等人添加了经济高质量发展的需求端，探究影响经济高质量发展的基本要素条件，同时考虑产业转型升级和社会福利供给两个维度，共同搭建三个维度来测定经济高质量发展。在五大发展理念的经济发展背景下，史丹等人和刘亚雪等人根据区域发展的现状构建综合发展指数对经济发展目标进行了预测和说明。当然还有很多二维指标的测定也比较复杂，同样需要更加丰富和充分的评价指标对经济高质量发展进行测度。苏永伟等人根据对以往文献的了解和研究，按照不同区域条件的需求，构建了庞大的评价体系，其中包含6个一级指标和27个二级指标，对全国不同省份地域发展、经济优势和发展前景进行了综合评估。张侠等人同样考虑了经济发展效率因素和生态环境因素构建综合发展指数，科学合理地评估全国各省的经济发展现状。在现今经济新常态的发展背景下，魏敏等人、刘学之等人以当前经济发展目标、发展架构和对社会发展产生的影响构建综合发展指标体系对地域经济发展目标进行预测和估计。杨耀武等人在考虑构建综合评价体系的过程中通过科学理论模型构建，推导出各指标之间的关系，并且在社会治理角度上综合评价了我国各省份经济高质量发展的潜在能力。

（二）经济高质量发展测度方法研究

学术界对于经济研究相关问题，成果颇丰，关于经济界定与测度的研究也已经逐渐成熟，这也为经济高质量发展内涵研究和测定方法研究提供了一定的理论基础。目前关于经济高质量测度方法的研究，主要有以下几种方法。

1. 客观赋权法

（1）主成分赋权法和因子赋权法。对经济高质量发展的测度方法最主要的是建立综合评价体系，在建立评价体系的同时会根据综合指标的复杂度确定合适的指标种类和指标维度，当然多变量在含义上的趋同有时候会产生多重共线性，多重共线性会导致最后的测定结果与实际结果存在一定的误差。因此，需要客观赋权法来消除变量之间的共线性问题，目前常用的客观赋权法主要是主成分赋权法和因子赋权法。钞小静、惠康和任保平均使用的主成分赋权法对经济高质量发展进行测定，其中主要是对第一主成分进行赋权。曹韵诗和王善松等人在对经济增长质量进行测度时选择对多个指标进行主成分赋权。

与主成分分析类似的方法就是因子分析法，它是将相关性较高的变量调整为综合变量进行测定度量。另外，这两种方法在进行测度的同时也需要满足一定的条件，在确定各指标对应的权重时，指标因子个数应该大于样本数，这样才能保证权重确定的准确性和科学性，不然最终计算出的各指标的权重会失效。孟祥兰和邢茂源在对经济高质量发展进行综合测度时采用加权因子赋权法进行测定，并且进行了实证检验。

（2）变异系数赋权法。变异系数表示的是样本标准差与样本均值之间的比值，用来表示数据的变异程度，反映数据的稳定性。变异系数赋权法的主要思想是：在同一组数据中，为了确定各变量之间的重要程度，可以计算同一组数据中各变量对应的变异系数，某指标变异系数越大，说明样本之间的差异越大，可以认为该指标的重要性越高。陈晓雪和时大红采用了变异系数赋权法对经济高质量发展进行了测度并且开展了实证分析。

（3）均值赋权法。均值赋权法与其他赋权法不同的一点是，它需要过多考虑个人经验和社会经验问题，需要假设每一级的权重总和为"1"，然后按照个人经验和社会经验，主动地将各指标赋予均等的权重，等级更加明细的指标层需要进行逐步的权重划分。这个方法非常简单，不能客观地计算各指标的重要性大小，没有说明各指标变量之间的相关联系，这也是这种方法的不足之处。国内有些学者在对经济高质量发展研究初期使用这种方法进行测定度量。

（4）熵值赋权法。熵值赋权法是现在使用比较频繁的一种赋权法。熵值赋权法主要借助"熵"的物理意义，表示为某个系统内部的混乱程度，哪个指标熵值越高说明混乱程度越高，同时也可以反映出该指标有较高的重要性。王志博在探讨中国区域经济高质量发展的过程中采用熵值赋权法对指标的权重进行求解。熵值赋权法在很多其他学科领域也被广泛应用。

（5）纵横向拉开档次法。纵横向拉开档次法对指标进行综合评级需要合适的数据类型。纵向数据又称为面板数据，包含横截面数据与时间序列数据，可以在横向和纵向上对研究对象进行客观、全面的动态评价。在横向上，可以对同一个时间点的不同指标进行评价；在纵向上，可以对不同时间点的同一指标进行有效评价。通过横向和纵向的评价测定，可以实现对研究对象的动态评价。聂长飞与简新华就采用了这一方法测度了中国经济的高质量发展水平。

2. 主观赋权法

（1）层次分析法。层次分析法在计算权重的时候，前期不会要求过多的定量信息，而是可以通过一定的数学逻辑剖析每一层次的指标权重。层次分析法其实是融合了定性分析的背景分析，然后根据定量分析确定搜集信息中指标的各种价值。于是当研究对象中包含了定性和定量的信息，就可以采用主观赋权法中的层次分析法进行分析和解释。张涛就是结合定性分析和定量分析获取了当前东莞市的经济发展水平条件，后期采用层次分析法确定经济发展水平的测度。

（2）模糊综合评价法。模糊综合评价法其实也是较多地采用主观确认，它也是需要前期对研究对象进行非常完善的调查。其赋权方法比较主观，是以模糊评价方法为基础对研究对象的综合评价各指标层进行有效测定。但是目前该方法还没有非常广泛地投入使用，主要原因是隶属划分等级还没有科学的证明，也没有深入研究权重的确认逻辑。郑思雨由于实验数据不足，采用模糊综合评价法对经济高质量发展的指标进行综合评价，并且进行了一定的实证研究。

3. 组合赋权法

目前所有的综合评价指标都有一定的研究背景和研究意义，于是在考虑使用哪种综合评价方法时需要考虑研究对象的发展背景和研究数据的样本信息，只有在适合研究对象的样本数据发挥其研究价值时，才能达到最优的综合评价方法，同时这样做其实对于不同的研究对象也不存在最合适的综合评价方法。每种方法有自身综合评价的优缺点，为了防止单一的综合评价方法在研究对象中的测定误差，很多学者开始采用组合赋权法，就是采用不同的综合评价法进行组合赋权，这样可以使得各综合评价方法取长补短，达到对研究对象最有效的权重测定。

当然值得注意的是，在对研究对象进行组合权重赋权时，不能随意地将两种或者多种的综合评价方法进行组合并用。在采用两种或者多种综合评价方法时，需要确保各综合评价指标的评价结果是一致的，然后采用一定的数学逻辑方法对综合评价指标进行连接，才能保证组合赋权法是科学有效的。因此，当需要对研究对象采用组合赋权法进行指标测定时，需要在前期采用一定的方法进行一致性评价，这样的方法一般可以划分为事前或者事后检验。前期对研究对象进行事前一致性检验才能保证研究对象的综合测定结果是可靠的，对最后的结果再采用事后检验才能确定研究对象的综合评价结果是充分的。当然采用组合赋权法对研究对象的要求会非常高，同时最终的研究结果也是科学有效的，于是在使用组合赋权法时，需要考虑综合评价方法的适用性。

综上所述，目前对我国区域经济高质量发展的综合测定和研究都已经非常成熟，很多学者会在前期根据研究对象的研究背景和数据特征采用客观赋权法，使用客观的数学逻辑公式求解出各指标的权重，进行综合评价；但是，在前期的研究数据不充分，无法满足客观赋权法进行综合评价时，需要增加主观评价的比例，采用主观评价法进行综合评价，当需要研究对象综合评价结果是科学有效时，可以对单一的综合评价指标进行组合赋权法。通过以上研究可以发现，目前大部分综合评价指标没有考虑到时间的重要性，导致单一年份之间的指标缺乏一定的关联性，不能较好地反映出随着时间的推移，各综合评价之间的关系和时间上的关联。关于对我国经济高质量发展的综合评价发展还存在一定的上升空间，在接下来的测定中需要充分考虑时间的优越性，保障研究对象的综合评价结果的科学性、及时性和有效性。

三、经济高质量发展研究概述

（一）经济高质量发展内涵研究

党的十九大之后，国内的学者对经济高质量发展开始了广泛的研究，经济发展一直是国民命脉，经济高质量发展在促进国民经济健康持续地发展。对于经济高质量发展的内涵研究，可以了解从国家、政府和民众等不同视角对经济高质量发展的衡量标准，也阐明了国家对经济发展形势如何规划，才能保证各区域的经济发展实现最优化。

目前关于对经济高质量发展的内涵研究主要有以下几点。

（1）新发展理念是经济高质量发展的导航标。经济高质量发展随着新发展理念的提出不断升级。汪先富认为新发展理念是中国经济从高速发展到高质量发展的作用媒介。邵彦敏、任保平等人认为随着新发展理念五大方向的提出，中国未来经济高质量发展的发展目标和轨迹也相应地形成。在可持续发展战略的指引下，经济高质量发展会在国民经济迅速发展的情况下，控制各领域的经济绿色健康持续发展，新发展理念的提出对经济高质量发展的内涵研究和发展目标有至关重要的作用。

（2）经济高质量发展在供给侧结构性改革的调整下有序完善。王一鸣等人认为供给侧结构性改革可以为市场发展提供一定的活力，当然伴随着的市场竞争也在刺激市场机制的不断优化和完善，这些都是我国经济高质量发展的主要支撑点。魏杰和汪浩认为供给侧结构性改革带动的经济增长其实也应该分为有效增长和无效增长。供给侧结构性改革条件下的有效增长可以表示为经济发展过程中供需关系的一种平衡状态，无效增长主要表现在经济增长过程中造成的损失与成本消耗和经济增长总量一致。经济高质量增长中包含了绿色增长，以往通过破坏生态平衡来换取经济迅速增长的方法是不可取的，在经济高质量增长过程中应该不断完善社会各领域、各基层的生产水平，使得经济呈现协调增长趋势。

（3）从宏微观的角度理解经济高质量发展。段炳德认为经济高质量发展在宏观层面和微观层面上都有一定的见解，并且具有一样的内在逻辑。在宏观层面上需要调整经济发展水平与社会发展之间的联系，保障经济增长的均衡性和持续性；在微观层面上需要注重提升经济增长的产品和方案的质量，以及是否会造成经济增长的无效性。赵华林认为经济高质量发展中的视角观念应该包括多种层面，不仅仅只是针对宏观层面和微观层面，还应该站在社会发展中的不同个体视角进行评判。

（4）从不同的学科认识来理解经济高质量发展。在经济学的视角下，金碚从影响经济高质量发展的产出商品的质量入手，分析出经济商品"质量"需要满足当前人们的生活需要，并且经济高质量发展的核心点应该确立在民众对美好生活的向往上。在社会学的角度上，宋国恺认为经济高质量发展的主要目标首先应该确定在人的需求上，实际社会中的人与外界存在很多联系，在经济高质量发展的过程中需要调节好各主体之间的关系，注重经济和社会可持续发展，缺一不可。

（二）经济高质量发展评价研究

关于经济高质量发展评价研究，国内学者与国外学者在研究的视角上存在一定区别。研究发现，国外的学者在最初探讨经济发展时会比较注重对人民生活和生态环境等社会问题的影响。Mlachila 站在经济增长会提升社会环境的视角上，发现经济快速增长对解决人民生活质量和环境问题非常关键，当然在经济增长的同时将获取的经济成果有效地应用到社会发展中也同样重要。另外还有 Agbola、Frolov、Ghosh 和 Niebel 等学者从全要素配置如何提升经济增长的视角研究经济高质量发展的有效途径。Frolov 等人通过计算多个国家衡量经济发展指标的不同权重和重要性对其经济发展进行多维度评价。

国内对经济高质量发展的评价研究，会过多地从宏微观视角、人民生活和生态环境出发，通过对经济高质量发展构建综合评价指标体系，然后进行各方面的分析研究。其中，国内学者建立综合评价指标体系的视角是"五位一体"发展理念，在新发展理念的指示下建立对应的各准则层。赵儒煜和常忠利以"五位一体"发展理念为基础建立了对应的经济高质量发展综合评价指标体系，发现居民消费、城市发展和经济规模是经济高质量发展的中坚支柱。华坚和胡金昕同样以此发展理念为基准对经济高质量发展建立综合评价指标体系发现，在经济高速发展的同时需要调整科技创新指标同步发展，这样的耦合协调发展才能保证经济发展与社会发展趋同。黄河流域一带的经济发展也是国内学者非常关注的研究点。黄应绘和朱永明等人从多个视角对黄河流域的经济发展构建综合评价指标体系，并且研究了影响黄河流域经济高质量发展的多个影响因素，并且将各指标进行了重要性排名。刘佳等人也从多个维度出发构建经济高质量发展综合评价指标体系，研究地域开通高铁是否对区域经济增长有明显的影响，研究发现创新发展能够有效促进区域经济高质量发展。

其实除了"五位一体"总体布局的发展战略可以作为经济高质量发展综合评价指标体系的底层逻辑，还有很多学者根据地区特点对经济高质量发展综合评价指标进行了补充说明。朱卫东等人根据地域特色和经济发展规律，在原有经济高质量发展综合评价指标上增添了五个准则层，更加完善地对经济高质量发展进行综合评定。黄顺春和邓文德在融合"五位一体"总体布局发展战略和区域经济发展特点的条件下，建立有六个维度的经济高质量发展综合评价指标体系，并且对我国各地域的经济高质量发展的影响因素进行了实证分析。另外还有学者根据区域经济发展的特点，将经济发展维度进行融合，李强和朱宝清将经济高质量发展综合评价指标体系融合为综合、创新和绿色三个维度，并且说明低投资的地域，其经济高质量发展也存在众多的困难。施洁根据深圳市的发展特点从多个角度构建经济高质量发展综合评价指标体系，并且开展了对应的实证研究。凌连新和阳国亮同样根据区域的不同发展条件和发展特色，从三个维度对大湾区构建经济高质量发展综合评价指标体系进行分析。

（三）经济高质量发展代理变量的研究

通过文献研究发现，目前关于经济高质量发展的概念界定除了可以通过构建经济高质量发展综合评价指标体系，还可以选择其他的代理变量进行替换，但是这个代理变量的选择，目前在国内和国外的学术界还没有统一的认识。国内有些学者已经选择使用不同的经济指标对经济高质量发展进行替代。如张月友等人根据地域条件和企业的发展情况选择使用全要素生产率来替代经济高质量发展变量。陈诗一和陈登科等人同样采用劳动生产指标对经济高质量发展进行界定。很多学者都认为单一的代理变量不能用来衡量经济高质量发展，经济的发展应该包含社会发展的各方面，因此学者们认为建立有效的综合评价指标体系是最优的衡量方法，从影响经济发展的各维度来界定高质量发展，可以保证代理变量选择的有效性。张军扩等人指出高质量发展的确包含了社会发展的很多层面，其中最重要的是确定建立指标体系的各指标具体的权重。周世军和赵丹丹认为经济高质量发展应该以当前国家发展宏观背景为理论，建立综合评价指标的准则层应该以"五位一体"发展理论为原则。赵顺招和翁焕斌认为应该在结合发展的大背景条件下，逐步推进供给侧结构性改革，协助区域性经济高质量发展。

综上所述，很多学者都根据自己的研究内容和方法建立了对应的综合评价指标体系，但是在准则层和对应的个体指标的选取上都有异曲同工之处。在经济指标上，选择使用经济增长作为经济发展层面的衡量标准，国内很多学者会使用GDP 的不同增长情况来表现，当然对于不同地区的经济发展特色，有些学者会采用地区的泰尔指数来衡量当地的经济发展情况。需要注意的是，不同指标的选取只是在当前研究下是合适的，换到不同地点或者不同的时间节点，最终的结果会大相径庭。因此，要研究经济高质量发展的综合评价指标测定，需要在结合前人研究的基础条件下，选择一些通用的指标，也需要根据自身研究优势和局限性，增加或者减少一定的指标，这样才能保证研究的有效性。

（四）经济高质量发展实施路径研究

经济高质量发展需要有科学的发展指导思想和正确的发展理念。国内很多地区最近几年开始实施经济高质量发展，但经济发展的前提必须要有科学的发展指导思想。经济高质量发展是在新发展理念的指导下应运而生的，其中"创新、协调、绿色、开放、共享"是当前经济高质量发展的发展标准，指导着新常态环境下我国经济高质量发展。按照新发展理念的五个发展维度，现阶段我国经济高质量发展应该涉及社会发展的各方面，除经济方面之外，也包含了人民生活、生态环境等内容。现今关于经济高质量发展的实施路径研究主要是从新发展理念的五个维度进行探讨的。

（1）创新层面。创新是引领经济发展的核心驱动力。学者们开始对经济高质量发展中的创新发展进行不断测度和研究。金碚认为创新发展是经济快速发展的主要动能因子，只有坚持有效的成果生产和转化，才能促进某些实体经济完成有效的结构性改革，实现经济的动能转化。王靖华与李鑫认为经济高质量发展是一个非常丰富的发展内容，其中，创新发展能够为完成其他方面的协调发展提供一定的动能。创新站在新发展理念的首位，同样应该肩负起发展的首要责任，提供完成所有发展所需的动力，将传统的不利于可持续发展的发展模型摒弃，使用集约和高效性的发展模型，才能实现有效产业转型升级，才能在创新发展中不断把握发展的制胜点，推动我国经济早日实现高质量发展。

（2）协调层面。创新是为发展提供动能，协调就是在有发展动能的同时，对生产所需的生产资料和资源进行有效的配置，保障经济高质量发展具有持续性。李伟认为，经济高质量发展包含很多维度的发展区域，并且各区域之间是有一定联系的，要想实现经济高质量、持续性发展，就需要处理好各区域之间互惠互利的关系，这才是实现区域经济高质量发展的明智选择。王彩明和李健认为，协调是统筹区域经济高质量发展的重要举措。首先，要加强各区域的组织领导，各发展领域都很重要，都是必不可少的，为了促进经济高质量发展的有效性和持续性，需要加强统一领导；其次，需要加强各区域之间的交流合作；最后，还需要明确自身的优点与不足，补齐自身短板，在重点区域释放该有的经济活力，才能保障区域经济高质量发展的有效进行。

（3）绿色层面。绿色发展主要强调在追求经济发展高质量的同时注重保护生态环境，不能以破坏生态环境为代价换取高额的经济收益。在加强经济高质量建设的同时，需要将生态环境保护考虑进来，在生产的同时减少污染、控制污染，最好是阻断污染的发生，这样才能保证经济高质量发展带来的社会效益是绿色健康的。卿青平和王瑛认为，在全力加强经济高质量建设，打造更好的社会生活环境的同时需要着重考虑经济建设和生态环境保护之间的密切关系，国内各地区要根据自身地域特点，结合发展需求探索经济高质量发展与绿色发展的有效实施路径。李庆认为绿色是经济高质量发展的鲜明底色，在生产的过程中要注重污染防治，让经济在青山绿水的大地上生机勃勃。

（4）开放层面。开放是我国从站起来、富起来到强起来的行动指南，并且坚持开放政策也是时代发展的趋势。只有互相都打开国门，面对重要的难题，各国把握自己的地域优势，才能增加更多有深度、有质量的合作外交，才能不断扩展开放的新局面，助推各地区实现自身的经济高质量发展。张德勇认为开放政策是经济高质量发展中完善经济发展体系的重要一环，需要通过市场的调节机制促进政府更优质的服务质量，最终推广更加开放的经济高质量建设。只有各地区建立更好的开放政策，完成更加全面和更加深入的交流与合作，才能助推各地区经济高质量发展。

（5）共享层面。只有完成前面四方面新发展理念，才有更多的精神财富和物质财富促进共享服务的推进。鲁毅认为人们对美好生活的追求是经济高质量发展的最终目标，所以在共享阶段需要从人们各种需求出发，例如解决就业问题、医疗服务问题和知识财富问题等。还有很多学者也认为要贯彻实践共享发展理念，要坚持人的主体意识，努力改善民生，推动经济高质量发展。当然只有以后的共享经济成果或者精神成果更好服务人民的生活，才能助推各地区的经济高质量发展。

本书旨在探究 A 省经济高质量发展与绿色发展的耦合协调，以期为 A 省高质量发展和可持续发展策略提供参考。从经济高质量发展和绿色发展耦合协调发展来说，经济是 A 省建设的前提和中心，经济的高质量发展可以为 A 省地区发展提供更多的发展动力和多重经济建设的可能性。从新发展理念出发，A 省是数据瑰宝地区，可以从现实数据和调研数据中探索社会关系中的多种可能性，促进创新发展，助推 A 省经济高质量发展。

第二节 绿色发展概念界定与测度

一、绿色发展概念界定

在国际学术界，并未提出绿色发展的明确概念，1989 年，David Pierce 在所著《绿色经济蓝图》一书中提出"绿色经济"的概念，主张建立一种可持续发展的经济模式。2000 年后，安德鲁·多布森在《绿色政治思想》一书中指出，要解决当前世界面临的各种生态环境问题，就需要把"绿色发展"的观念纳入国家的政策之中，把"环保"的改革落实到社会生活中去。国外学者对"绿色发展"的研究最开始是从人与环境的关系视角进行的，主要探讨的是人类在追求发展的过程中给生态环境所造成的伤害，在明晰了环境问题产生的原因之后，进而提出针对性改善措施。如 1991 年，Jacobs 在《绿色经济》一书中从对环境的承诺出发，通过对环境经济政策的研究，强调"人类与自然界其他部分的关系"，讨论了如何利用经济工具、绿色指标来治理环境，以及解决市场的外部性问题。此后，就这个问题，国外其他学者也展开了广泛的研究，大体上可分为以下四个方面。

（1）内涵。Fabio Sabatini 通过人类发展、城市生态系统健康状况和社会福利指数来衡量经济发展质量，认为人类、自然环境、社会资本这三个方面都对经济发展质量形成制约，此后，他对迄今为止文献所确定的三种社会资本类型（即联结、桥梁和连接）与意大利"经济发展质量"之间的关系进行了实证考察。Mark Deakin 和 Alasdair Reid 以环境评估所必须达到的标准去评价城市发展的可持续性，主张用环境能力与可持续性去衡量经济发展质量，确保建设所需的环境能力能够承载城市相应的经济发展。

（2）评价体系。Hall 与 Kerr 利用绿色指数来评价美国各州的生态环境质量。Liu 等人则从生产与产出两方面来评价经济增长质量，生产指标主要有医疗卫生、劳动、环境资源和社会保障、物质资本、教育，产出指标主要有收入差距和环境污染、国内生产总值、就业率，此外，作者对我的经济增长质量进行了实证研究，主要利用的是全要素生产率方法。

（3）影响因素。Shironitta 论证了产业结构对绿色发展水平的驱动作用，作为研究补充，Walz 论证了创新技术对绿色发展水平的影响，综合来看，需要对这两者进行科学调控，达到均衡状态，才能够有效促进绿色发展，提升绿色发展水平，减少由于不合理经济发展而带来的能源消耗的和二氧化碳排放问题。

（4）实现路径及对策。Mlachila 等人认为要提升发展质量，需要同时考虑内在性质和社会因素，内在性质要保证体制质量，社会因素要考虑政治稳定和金融发展，并据此提出一个增长质量指数。Vatn M 则更为重视政治因素，他认为政治体制对是否能实现可持续发展来说是至关重要的，同时为了实现绿色发展，需要配以相应的环境监管战略。

在这一引入背景下，国内学者也开始重视绿色发展内涵的研究。关于绿色发展的概念，王玲玲和张艳国认为绿色发展是一种新发展理念，是要在发展的同时考虑生态环境修复力以及环境承载力，通过对环境实施保护从而实现可持续发展。胡鞍钢和鄢一龙认为绿色发展是实现人与自然和谐相处，互利共生的新发展理念。王勇认为绿色发展是解决经济增长和资源环境约束冲突的新发展模式。Long 等人认为绿色发展是一种追求可持续增长的发展模式，其目标是实现资源能源效用最大化。在综合参考上述绿色发展概念研究的基础上，本书认为绿色发展的目标是实现经济、资源、生态环境三方面协调可持续发展，要使人类社会发展和自然生态环境维持稳态平衡，是一种新发展模式。

二、绿色发展测度

（一）绿色发展测度概述

虽然国外学者对绿色发展的内涵研究正在不断深化，但由于其广泛性，还没能形成统一的概念界定。此外，国外学者热衷于探讨关于绿色发展成果的核算标准以及哪些因素能影响绿色发展水平。

关于利用什么指标、建立什么体系来对绿色发展成果进行核算这一研究主题，国外学者所做的相关研究大体上分两种角度：一是核算绿色 GDP；二是建立多维度综合评价指标体系。

（1）通过核算绿色 GDP 去衡量绿色发展成果。James Tobin 认为要摒弃原有的测度方式，这是因为它只关注经济发展速度，而忽略了生态环境也对经济的增长有着显著影响。因此，他提出要将环境的影响纳入传统 GDP 的测算模型之中，从净经济福利指标、绿色 GDP 着手去对发展成果进行测度。Leiper 认为从 GDP 视角去核算绿色经济成果时，一方面要考虑在测算框架中引入新因素（资源环境效益），另一方面还要减去两个数值：一个是在经济活动进行过程中所造成的生态环境恶化损失；另一个是经济活动过程中所消耗的自然资源价值。基于这些研究成果，联合国就核算体系做出调整，在传统国民经济核算体系的基础上，改进性地提出了环境与经济核算体系（简称 SEER）。与此同时，学术界关于绿色 GDP 指标的测量研究仍在如火如荼地进行着。Stjepanovic 认为要从定量和定性两个方面综合考量，才能进行更为严谨的绿色 GDP 替代测量研究，定量是需要采用通用算法，定性是需要考虑机会成本这一概念。Boyd 对自然价值的核算进行了研究，并指出了当下研究中所存在的缺陷：一方面，绿色 GDP 要求计算出所使用的自然资源带来的效益；另一方面，又缺乏与这些资源相关的市场定价指标，也就是说，从绿色 GDP 与市场经济平等的视角来看，自然价值的核算仍然是一个难题。Kunanuntakij 等人选取泰国作为研究对象，采用 EIO-LCA 方法为其设计了一个绿色 GDP 核算模型，主要是对成本端进行了深入研究，分别包括退化类成本、防御类成本、消耗类成本。在众多学者对绿色发展理念不断进行深入研究之后，大家一致认为，在进行绿色发展成果核算时，不仅要考虑环境对经济发展的影响，而且还要考虑到社会福利等多个方面的因素，据此，针对绿色发展成果衡量的综合评价指标体系应运而生。

（2）通过构建综合评价指标体系去衡量绿色发展成果。目前国外学者在建立综合评价体系时主要考虑到的指标有环境可持续性、包容性增长、可持续发展以及绿色增长等几个方面，这些指标强调环境与经济都要纳入社会考量范围之内。联合国规划署在 2012 年出版了一本绿色经济维度测量的书籍——《绿色经济：迈向绿色经济的测度》，书中提出绿色经济下需要考虑的二级指标有 14 个，三级指标有 40 个，指标构建主要考虑的是政府干预、包容性增长、环境主题、有利于实现更广泛社会福利的政策等多个方面，只有综合考量多个指标，才能对绿色发展成果作出更为准确的测量。美国加利福尼亚州政府从低碳经济的视角出发，构建了以其为核心的评价体系，该体系分为五个部分，即能源效率体系、可再生能源体系、低碳经济体系、交通运输体系、绿色科技创新体系，将对绿色发展成果的测量转而对这五个体系效益的衡量。随后，世界银行构建了一个绿色政策评价体系，该体系是以环境、生态和经济为核心。耶鲁大学和哥伦比亚大学构建了一个综合评级体系，该体系以环境健康与生态系统活力为核心。

由于各国家、地区和城市发展的异质性，目前学术界就绿色发展并未形成统一标准的指标体系，主要还是依据绿色发展的概念，从经济、社会、资源和环境四个维度构建指标体系，所选指标侧重于生态环境和经济的协调发展。从绿色发展内涵出发构建评价指标体系，可以系统全面地反映绿色发展水平，但由于所选的维度过于宏大，对不同维度的界定也比较模糊，导致指标选取具有较强的随意性，基于此标准建立的绿色发展指标体系往往缺乏代表性和说服力。

国内对绿色发展测度体系的研究也在不断深化。2016 年，国家发展和改革委员会（简称国家发改委）就这个问题发表了文件《绿色发展指标体系》，设计了 7 大类 56 个指标，分别是资源利用、环境治理、环境质量、生态保护、增长质量、绿色生活、公众满意程度。与此同时，学者们则从不同视角出发对测评体系进行了研究。2013 年，郑红霞对绿色发展评价指标体系进行了一个较为全面的回顾，主要围绕着三个方面进行介绍，分别是绿色发展多指标测度体系、绿色国民经济核算体系、绿色发展综合指数。但随着绿色发展相关知识的不断完善以及局面不停变迁，评价体系随之也发生了较大变化。斯丽娟在 2018 年运用政策文本量化的方法针对农村的绿色发展问题进行了研究，总结出农村绿色发展政策的演进规律与特征。李晓西以 12 个指标为计算基础，在社会经济和生态环境两大维度均为可持续发展的视角下，构建出人类绿色发展指数，利用这个指数对123 个国家的绿色发展指数进行了测算和排序。魏敏等人针对经济高质量发展水平测量进行了研究，构建出包含 10 个子系统共 53 个测量指标的测度体系，子系统主要涉及经济结构优化、市场机制完善、经济成果惠民和生态文明建设等，其中，生态文明建设利用的是绿化环保和污染减排两个准则。刘亚雪等人针对经济高质量发展水平测量进行了研究，主要是在创新、协调、绿色、开放、共享的基础上，考虑了一个新的稳定发展指标，而稳定发展又通过产出、价格、就业三者的波动程度来进行衡量。

　　关于有哪些因素影响了绿色发展这一问题，学者们也进行了广泛的研究，就研究成果来看，主要集中于经济增长、外商直接投资、技术创新以及环境规制等方面。例如，李鹏涛在 2017 年就中国环境库兹涅茨曲线进行了实证研究，结果显示，人均经济增长与废水、废气治理之间均呈现倒 U 形关系，这说明在经济不断增长的过程中，对环境的影响具有阶段性差异。随后，有学者就以同样视角出发，思考人均收入对绿色生产率的影响，经过一系列的实证研究后，发现二者之间是正 U 形关系。Copeland 选取美国为研究对象，针对外商直接投资与绿色发展水平之间的影响关系进行了研究，经过实证研究后，结果显示，二者之间呈现出负相关的关系。Liang Song 等人对 2000 年至 2015 年期间我国各省的碳排放强度进行了实证研究，认为技术创新有助于减少碳排放，提升环境质量，从而促进地区绿色发展。胡森林等人对长三角地区 2003—2018 年的面板数据进行了实证研究，结果显示，环境规制对城市的绿色发展水平具有显著影响，具体来看是呈现倒 U 形关系，也就是说，当环境规制过强，反而会影响该地区绿色发展水平的提升，同时，作者还提出，在环境规制与城市绿色发展水平间存在着一个中介路径，起作用的中介变量是技术创新，即环境规制主要是通过技术创新来对城市的绿色发展水平产生作用。

　　绿色生产效率是测度绿色发展水平的重要指标。生产率理论的发端始自古典经济学，斯密与萨伊等古典经济学家分析了资本、劳动与土地等要素对经济增长的贡献，演变为早期研究中常用的单要素生产率。由于不同要素之间具有替代性，为了更准确地度量投入与产出的关系，在单要素生产率理论的基础上引入了全要素生产率概念，由 Hiram Davis 最先提出，定义为总产出与全部（而非个别）投入要素的比率。1957 年，索洛使用经济增长率扣除劳动与资本贡献的"索洛余值"表征全要素生产率，这一无法由要素投入解释的剩余反映了技术进步、制度创新、组织优化等因素对经济增长的贡献。

虽然经济在不断增长，但是环境污染、环境恶化问题也越来越突出，同时，绿色发展理念开始深入人心，在这样的背景之下，学界意识到传统全要素生产率忽视了经济增长过程中的资源消耗和污染排放，对测算结果的扭曲将导致政策误判，绿色全要素生产率（简称绿色生产率）作为对这一缺陷的改进应时而生。换言之，绿色生产率（又被称为环境生产率）是兼顾环境绩效的全要素生产率。最初，相关研究在测算绿色生产率时将污染排放与资源消耗一起作为要素投入引入生产函数中，但有学者指出污染排放是与经济增长一同出现的伴生物，界定为生产过程中的非合意产出更符合其特征，后续研究在测算时大多沿用这一设定，以此来定义绿色全要素生产率。

国内学者在这方面的研究，主要是在梳理绿色发展相关内涵的基础之上，通过建立 SBM-Undesirable 模型、ivTobit 或 Fractional Response 模型、泰尔指数、非径向方向距离函数 Super-DEA 模型、空间马尔科夫链等对我国城市的绿色经济效率进行测度，并且对这些城市的绿色发展效率时空分异特征和绿色发展效率时空演变过程进行了测度与刻画。高赢基于松弛测度的 DDF 与 Luenberger 指数分析法，选取了"一带一路"中的 52 个国家 1995—2016 年的数据进行了实证分析，通过分析这些区域低碳绿色全要素生产率（TFP）的影响因素，得出了各国的低碳绿色发展现状。岳立通过分析黄河流域 2005—2017 年 57 个城市的面板数据，计算出了每个城市的绿色发展效率，采用的是 Super-SBM 模型，构建的是 Tobit 模型，实证分析结果得出影响黄河流域各城市绿色发展效率的因素有经济发展、产业结构升级、城镇化、外资利用、科技水平，环境规制对绿色发展效率的影响并不显著。

（二）绿色发展测度的指标及方法

经过上述分析可以总结出，国外针对绿色发展的测度研究实际上集中体现在两种方法中：一是通过计算可持续发展指数或者构建绿色相关经济指数来衡量绿色发展成果；二是通过构建多维度的综合评价指标体系来衡量绿色发展成果。这两种方法从不同的视角提供了对绿色发展程度评价的手段。

第一，通过计算可持续发展指数或者构建绿色相关经济指数来衡量绿色发展成果。例如，早在 2011 年，联合国就向各国倡议要迈向绿色经济，认为绿色经济是缓解贫困的核心，为各国提出了一系列可持续发展目标，然而遗憾的是，这份报告并没有给出一个具体的衡量标准，即仍然缺少针对可持续发展水平高低的评价体系。随后，有两所大学针对这个问题进行了相关研究，分别是耶鲁大学和哥伦比亚大学，他们认为环境可持续性指数（ESI）可以用来衡量世界各国的绿色发展水平程度，并且他们还就这个指数进行了共同测算，这一研究填补了当时绿色发展水平衡量指标的空白。此外，经济合作与发展组织（OECD）也曾在2009年发布《绿色增长和可持续发展》报告，建立了结合生产、消费和环境问题的衡量框架，选取了23个具体指标，反映了五个方面的情况，具体来说是生产的环境效率、消费的环境效率、经济自然资产、生活环境质量、政策反应这五个方面，最终从经济、环境、社会福利三个维度形成了一套指标体系，进而来对绿色增长程度进行评价。联合国环境署2020年在《什么是包容性绿色经济?》中对绿色经济衡量作出建议，认为应该包含三个方面的指标，分别是经济转型、资源效率、人类福祉，这个衡量框架的提出，为其他各国制订相关政策提供了有用参考。

第二，通过构建多维度的综合评价指标体系来衡量绿色发展成果。这个方面的研究成果主要体现为三种方式，反映在两个层面，具体来说就是，评估环境效率、绿色经济增长效率、绿色发展效率三种方式，国家和省份两个层面。

就国家层面来说，国外学者的研究大多是基于对经济合作与发展组织成员国的环境效率进行的。举例来说，Zaim和Taskin选取了经济合作与发展组织25个成员国进行实证研究，利用非参数方法对各国1980—1990年的面板数据进行了测算，目的是核算出各国二氧化碳排放的环境绩效指数，结果显示，在1980—1990年间，25个成员国的环境绩效呈现U形变化，也就是说，随着时间的变迁，环境绩效先下降至最低点，随后一系列政策实施，环境绩效又逐步提升。Fare等人利用DEA模型测算经济合作与发展组织成员国的环境效率指数，Arcelus和Arocena利用DEA模型测算了经济合作与发展组织成员国的绿色生产效率，进一步探讨了四种策略对于绿色生产效率的影响。Rashidi和Saen利用DEA模型测算了经济合作与发展组织成员国的生态效率指数。Zhou等人选取了30个经济合作与发展组织成员国进行实证研究，利用非径向的DEA模型对各国1998—2002年的二氧化碳排放量进行核算，开发了两种基于松弛的效率度量来建模环境绩效，在这两种措施中，一种是综合指数，另一种是可用于估计环境法规的指数，研究发现技术进步有助于提升环境绩效。Nahman等人通过构建绿色经济综合评价指标体系测量了多个国家的绿色经济发展水平，并进行数值比较，研究发现，过于依靠开发自然资源过活的国家绿色绩效指数普遍较低。Kasztelan通过构建绿色发展综合评价指标体系测量了多个国家的绿色发展水平，并进行数值比较，之后还依据绿色发展水平的高低，采用Hellwig分类法对不同的国家进行了分组，一共是21个国家，分成了四组，这四组国家的绿色发展水平相似，在显示最高水平的第一组中，只有一个国家——丹麦。相反，在分析的21个国家中，有12个国家均属于第四组。

就省份层面来说，Coli等人为了确定各种组织对环境的影响，对2004年意大利各省的环境绩效进行了测算，使用的是以数据包络分析技术为代表的非参数效率测量方法，该方法根据环境绩效进行修改，考虑三种变量，即输入、输出和不期望的输出，为了对意大利各省的表现进行评级，作者还提出了一种线性规划方法的变体，并将分析扩展到包括存在的环境危害，研究发现，意大利各省的环境绩效普遍较高，从区域均值来看，东北部的环境绩效显著大于南部。

综上所述，可以看出，国外针对绿色发展的测度研究较为成熟。国内学者在借鉴国外研究成果的基础之上，针对我国情境下的绿色发展水平测度进行了不同层面、不同方法的探索研究，涉及的层面包括不同的省份和城市，比如长三角地区、黄河流域等，涉及的方法包括建立单个或多个指标进行绿色发展水平及效率的衡量，常见的有绿色发展指标、绿色发展综合指数、绿色发展效率三种。现有研究提供了对绿色发展程度评价思考的不同视角。

（1）绿色发展指标。这是 2011 年"十二五"规划中所提出的一项政绩考核指标，围绕绿色发展这个核心进行，主要是一些与绿色的、可持续发展有密切联系的指标，比如说利用清洁煤炭比例、单位国内生产总值用水量等单个或多个指标。李少林和陈满满考虑"煤改气""煤改电"政策实施后对绿色发展的影响，主要考虑的三个维度是空气质量、能源效率和居民能源消费。田晖和宋清探究创新驱动对城市绿色发展的影响，从工业排放角度构建三个指标来衡量绿色发展，分别是单位 GDP 下的工业烟尘排放、工业废水及烟尘排放量、工业 SO_2 排放量。刘耀彬等人利用面板门槛模型探究金融深化对绿色发展的影响，绿色发展程度用单位污染物排放换来的 GDP 代替，此外，还考虑了一系列会影响绿色发展水平的指标作为控制变量，有能源消耗、产业结构、人力资本、环境规制。和立道等人在考虑我国财政分权的前提条件下，探究了节能环保支出对绿色发展的影响，在衡量绿色发展的指标方面，考虑的是能源消耗、环境质量和空气污染。

（2）绿色发展指数。2017 年我国首次发布该指数，该指数构建的核心思想是通过选取一系列具体指标从多维度去对绿色发展成果进行衡量，例如经常考虑的维度有资源、环境、生态、经济等，可以从多维度、多层面综合反映绿色发展成效。此外，还有学者认为应该把绿色产品、绿色出行、绿色建筑、公共绿地等纳入指标体系，这可以直接引导公众关注绿色生活方式的形成。绿色发展指数及其指标导向，不论是对企业发展，还是对社会和公众生活都将产生很大的影响和引导力。在采用绿色发展指数对绿色发展进行衡量时，常用方法有熵值 TOPSIS 法、熵值法、线性加权综合法、因子分析法、专家赋权法。由于绿色发展指标体系涉及的指标较多，尤其是针对不同省份、不同城市、不同县域等的具体情况，学者们在进行相关研究时，选取的指标多而杂，只存在少数指标被大家共同认可。因此，这表明关于绿色发展指数体系的具体构成还未达成共识，由于认知偏差，指标的选取仍存在较大差异性。

（3）绿色发展效率。首先，效率是指一个人活动的有效性，强调的是投入与产出的比例，从这个角度上来理解绿色发展效率，即绿色发展效率是指经济与环境的效益比值，意思是人类应该在保证经济发展的同时，兼顾环境利益和降低资源投入。其次，现有文献在绿色发展效率这一块的实证研究大多是从工业、城镇化等方面来进行分析，主要以若干工业环境污染排放指标为非期望产出，反映了地理空间工业绿色发展整体水平，但没有反映主体的绿色活动，测度方法以DEA、SBM-DEA、ESDA、Tobit、Super-SBM、DEA-CCR、SBM-DDF、GNDDF、SBM、Undesirable 和环境 RAM 模型居多。最后，学者们也不全是只关注工业的绿色发展效率，比如还有学者以农业、农村、矿业等为研究对象去探究绿色发展效率。

综上所述，绿色发展指标、绿色发展指数、绿色发展效率这三种方法侧重点不同，各有优缺。具体来说，绿色发展指标属于是抓取重点，考虑单个或多个指标，有很强的针对性和操作性，但缺点是指标的选取一旦有所侧重就会失去衡量的全面性和系统性，结果也就会出现偏差。再看绿色发展指数，它是从多层面、多维度去对绿色发展成果进行系统综合的评价，这样的方法显而易见有着全面性、综合性、系统性，但也会带来诸多难题，比如数据多而杂，有的不易获取甚至缺失数据，就只能通过其他衡量方式来进行替代，由此带来偏差；此外，数据处理的工作量也会加大，而且关于指标的选取也存在一定的差异，还未形成共识。再者，现有研究对指标的选取大多是从经济和绿色生产两个方面来进行，忽略了绿色生活相关的指标，但不可否认的是，在提倡低碳出行、关注个人碳足迹的今天，绿色生活将变得越来越重要。诸如此类的问题都会对最终的研究结论带来影响。最后是绿色发展效率，其研究对象主要集中在工业领域，有很强的针对性，主要是关注工业环境污染排放指标，这不可避免地带来一些局限性。

三、绿色发展研究概述

（一）绿色发展内涵研究

截至目前，国外对于绿色发展的内涵主要有以下几种不同的认知，不同的认知侧重点不同。第一种认知强调经济的绿色增长，认为绿色产业将为未来的经济增长提供动力。第二种认知主张必须在经济发展过程中坚持绿色发展理念，减少污染和降低碳排放，以应对越来越严峻的气候变化问题。第三种认知是强调社会包容性，考虑社会所处的阶段，以经济的绿色发展促进社会进步。此外，国外学者 Motloch、Gaedel 等人以及联合国工业发展组织（UNIDO）还将绿色发展的理念拓展到工业领域中，对工业行业的绿色发展内涵给出针对性的解释。

国内关于绿色发展的研究开始得相对较晚，但是自从 1978 年我国改革开放以来，国内大量研究人员对其越发重视，进行了大量的研究，尤其是在发展观和绿色发展理论的研究方面。胡鞍钢是国内最先对绿色发展这一思想进行研究的学者。截至目前，国内学者仍未对绿色发展的内涵形成统一的共识。有些学者更加注重生态和经济两大系统的协调发展，而有些学者则更加注重生态、社会和经济三大系统的协调发展，认为和谐的社会系统是绿色发展不可或缺的一部分。但是已有的研究成果对绿色发展的本质却有着一致的认识，学者们普遍认为绿色发展应该包含"增进社会福利、保护环境和节约资源、发展经济"三个核心要素，更加侧重生态保护、社会进步和经济发展的协调统一，是一种具有保护环境、节约资源、促进社会发展特点的新型发展模式，能同时实现经济效益、社会效益和生态效益。

按照认知的深度，对绿色发展的内涵进行划分，可以分为早期的可持续发展观与当前的绿色发展观。

早期的可持续发展观主要包含以下三个方面。

（1）资源环境要素投入。以资源环境要素投入为基础的可持续发展观，要求在当前需求和未来需求之间取得平衡，既考虑到环境资源作为社会经济发展的必要条件，又要依靠科技进步、体制改革等手段，提高生产效率，尽可能用最少的人力、物力与财力等资源实现最大的经济效益、社会效益、生态效益，实现经济、社会及生态协调统一的可持续发展。

（2）资源环境承载力制约。以资源环境承载力制约为基础的可持续发展观，认为应该依靠高科技和人造资本而不是资源环境和自然资本来实现经济的增长，在发展经济的同时强调保护生态环境、节约资源，摆脱资源环境承载力对经济发展的束缚，解决环境保护和经济发展之间的矛盾，追求经济、社会、生态之间协调统一的可持续发展，其是对发展的本质、规律和趋势的科学认识。

（3）资源环境要素投入与资源环境承载力制约。以资源环境要素投入与资源环境承载力制约为基础的可持续发展观，则认为在国土空间规划、清洁生产、循环经济、环境污染治理、生态修复等各方面要同时充分考虑到社会与经济的发展和资源环境的承载力。人类社会在发展经济的过程中要充分认识到生态环境的承载能力，在当前生态环境承载能力的约束下制定适合的经济发展规划，进而实现经济、社会与生态环境的协调统一可持续发展。一旦超过了生态环境的最大承载能力，就会引发一系列令人难以想象的恶果，损害经济与社会的可持续发展，极大危害人类健康幸福。

虽然早期的可持续发展观是对于以往传统粗放发展模式的一种优化创新，但是对于为何要选择"绿色发展"这个问题并没有给出很有说服力的理由，导致早期的可持续发展观在生产实践中难以产生较大的指导作用。

当前的绿色发展观按照历史的逻辑逐步演化，依次经历了生态资本论、绿色生产力论与绿色资产论三个阶段。

（1）生态资本论的目标是维持生态资本存量的非减性，强调在经济发展的过程中重视生态资源节约利用和生态环境建设，保证生态资本存量不减少。此外，以绿色创新为基本途径，不断增加生态资本，为后续的经济社会发展提供充足的生态资本供应，实现人与自然的和谐共生。

（2）绿色生产力论主张可以通过绿色生产来发展经济，进而降低资源使用、减少碳排放和环境破坏，让投资、科技、生产、产品和经济往绿色方向转型，降低经济发展对消耗资源和破坏生态环境的依赖，摆脱资源环境对经济可持续发展的束缚。

（3）绿色资产论是基于生态环境容量和资源承载力的绿色发展观，强调在生产实践中转变发展方式，使经济发展绿色化，让绿色带动经济发展，不仅能让人类享受源源不断的绿色福利，同时还能让绿色资产价值得到提升；以人与自然的和谐和人与自然的共荣为本质内涵，主张和谐是最基本的绿色发展目标，把人与自然共荣作为绿色发展的终极目标；而生产发展、生活富裕和生态繁荣则在绿色资产论的宗旨和目标里得到了有机的统一，是发展的最高境界，它把人与自然的和谐、共同发展当作终极目标。

综上所述，对于绿色发展而言，早期的可持续发展观是当前的绿色发展观的基础，而后者是在前者的基础上逐步发展而来的，两者都是对传统发展模式的优化革新，都把资源环境承载力当作经济社会可持续发展的基础，但是两者也有不一样的地方。首先，早期的可持续发展观主要以结果为导向，而当前的绿色发展观则主要以过程为导向；早期的可持续发展观强调社会、经济和资源环境的可持续发展，而当代绿色发展观则认为人类可以通过投资、科技、生产、消费等的绿色化转型来创造大量的绿色资本，提高资源环境的承载力。其次，具体的区别主要表现在对生态环境的认识和实践目标两方面。在对生态环境的认识上，可持续发展观认为主要通过保护生态环境的手段来实现代际间的生态环境公平和生态资源的可持续使用；而绿色发展观则认为保护生态环境只是最基本的要求，更重要的是创造绿色资产，把绿色资产增长当作人类社会发展的一个指标。在实践目标上，可持续发展观强调当代人在生产生活中应该尽量减少生态资源的消耗，给后代人留下充足的生态资源来满足后代人发展的需要；而绿色发展观则认为当代人可以通过投资、技术、生产、产品等的绿色化转型来创造更多的绿色资产，不仅追求满足当代人发展的需要，也能满足后代人发展的需要，还能创造更多的生态资源盈余。因此，无论是在生态环境的认识上还是在实践的目标上，当前的绿色发展观都是对早期的可持续发展观的进步演化。

通过梳理国内外有关绿色发展内涵的研究发现，虽然对于绿色发展的概念界定目前仍然存在一定的争议，但是国内外学者也在逐步的研究中就绿色发展的本质达成了共识。认为绿色发展是指在实现经济社会发展的过程中，把实现人与自然的和谐共处作为初级目标，在此基础上实现人与自然的共荣，通过绿色科技创造更多的绿色资产，用绿色消费满足人们的日常需求，达到经济发展、人民幸福、生态良好的协调统一。绿色发展的内涵包括以下三个方面：第一，经济增长和发展是绿色发展的基础和保障；第二，绿色技术是绿色发展的途径；第三，人与自然和谐共生是绿色发展的最终目标。

（二）绿色发展理念的演变与研究

绿色发展观主要起源于绿色经济和可持续发展理论。20 世纪 60 年代，英国、美国、德国和法国等西方主要发达国家面临日益严重的环境污染问题，已经发展到了威胁人类生存的程度，这让学者们开始思考经济发展应该和生态环境保护维持怎样的关系。在 1962 年发行的书《寂静的春天》中详细描述了人类在生产生活的过程中对自然环境的破坏，呼吁在发展经济的同时也要关注生态环境的保护和减少资源的浪费，于是绿色环保理念开始在西方发达国家兴起。随着人类社会的进一步发展，人类的活动消耗了大量的生态资源和对环境造成了严重的污染，对环境在许多方面的影响已经超过环境能承受的极限，人类社会面临着资源、环境、人口与经济社会发展失衡的巨大挑战，甚至人类的生存已经受到了威胁。于是皮尔斯最先提出了"绿色经济"理念，他认为不能为了经济增长而忽视生态问题，在发展经济的同时也应该强调环境保护、资源节约。人类社会的经济发展应该遵循生态资源可持续、资源合理分配、生态友好这三个原则，重点关注经济社会的发展如何对环境产生影响，解决污染问题，Haines 等人则从经济发展与资源环境的关系出发，主张新的绿色发展模式。20 世纪 80 年代以来，国际社会相继发布《增长的极限》《我们共同的未来》《里约环境与发展宣言》等一系列文件，进一步阐述了绿色发展的重要性。

我国的绿色发展思想是在吸收国外的先进思想和反思传统的经济发展模式的基础上产生的，经历了一个不断深化认知的过程。改革开放以来，我国的经济建设取得巨大成就，但是环境污染和生态破坏等问题也越加严重，对人类社会的生存和发展造成了巨大的威胁，人们的环保意识开始觉醒并不断加强，经济社会发展开始追求绿色经济。人与自然的协调统一是绿色发展的前提，其包含经济、生态、社会等多个方面，是可持续发展理念的边界拓展，强调整体、协调、系统的发展，绿色发展思想的提出是发展价值的转变，以人为本、社会进步、尊重自然与生态发展的价值目标是绿色发展的最终目的。中国的绿色发展模式经历了一个由初级到高级、由简单到复杂的动态过程，从单一的绿色经济到包括环境、政治、经济、文化等既相互独立又相互依存、作用的诸多方面。21 世纪，我国要实现经济高质量增长和生态美好的双赢就必须转变发展方式，走绿色发展道路，不断推动绿色经济发展。

（三）绿色发展实施路径研究

何福平认为，在发展经济、建设生态文明的过程中必须坚持经济、社会和生态协调发展的指导方针，要实现以绿色发展为指导思想的发展。李伟认为，绿色发展的道路相较于传统的资源依赖型的发展模式是一种创新的发展模式，在发展理念、生产方式、消费方式等方面都是一场深刻而全面的变革，将会有意识地去降低生产和消费过程中的能耗和污染。张念瑜认为，绿色发展是人类进行制度改革与技术升级来降低能耗和减少污染，实现经济、社会与生态协调发展的必由之路。田光辉认为，绿色发展是以生态环境容量和资源承载力为前提，以效率、和谐、可持续为目标，以环境保护作为重要支柱的新型经济和社会发展模式。李周认为，绿色发展是一个以合乎生态环境容量和资源承载力要求为基础，以清洁能源为动力，以资产绿化为保障，兼顾人类福祉与生态福祉的发展模式。王如松主张，绿色发展过程的本质是生态发育的过程，居民在思想理念及生产生活中行为的绿化是建设生态文明的核心。张凯指出，在工业领域中实现工业结构的最优化，进而减少资源的损耗和对环境的污染就是"绿色发展"。邓远建认为，绿色发展是以效率、和谐、持续为目标，以生态农业、循环工业和绿色服务产业为基本内容的新型经济增长方式和社会发展形态。

在对绿色发展进行科学评价的研究中，国内学者从不同角度出发，建立了不同的绿色发展评价指标体系。牛文元最先提出五大指标体系是独立的可持续发展评价模型理论框架。为了探究经济系统、社会系统与自然系统的相互作用机制及协调发展道路，胡鞍钢构建了"三圈模型"来评价绿色发展。方恺和黄伊佳等人把 DEA 分析法与环境投入产出分析法相结合，以厦门市为研究对象，构建了以生态效率为基础的针对城市绿色高质量发展进行评价的评价指标体系。胡书芳以浙江省制造业为研究对象，综合发展指标（总量指标、发展效率指标、发展潜力指标）和绿色指标（资源消耗指标、环境影响指标），构建了制造业绿色发展综合评价体系。王淑婧和李俊峰以长三角城市群为研究对象，构建包含高质量绿色环境基底、高质量绿色创新产业、高质量绿色核心动力、高质量绿色发展绩效四个维度的评价体系，探讨高质量绿色发展的均衡状况，并分析了其影响因素。黄敦平和李沂泓等人以淮河生态经济带为研究对象，从新发展理念五个维度出发，使用因子分析和聚类分析方法构建了高质量发展评价指标体系。黄羿等人构建了包含产业环境友好程度、循环经济发展水平、生态城市建设力度三个维度的绿色发展评价指标体系来对我国城市的绿色发展进行评价。锁箭和汤瑞丰从绿色能源的角度出发，构建了中国绿色能源高质量发展评价体系，运用熵权 TOPSIS 方法评价了我国各省区绿色能源高质量发展水平。陈劭锋运用资源环境绩效指数法，对世界范围内的主要国家的绿色发展状况进行了综合评价与对比分析，其结果揭示了各国绿色发展的水平以及在世界上的地位及其动态变化趋势。朱帮助和张梦凡构建了包含环境质量、生态保护、资源利用、环境治理、增长质量、绿色生活几个维度在内的绿色发展评价指标体系。

（四）区域绿色发展研究

选择不同的对象作为研究样本可能将会得到不同的研究结论，目前国内学者选择绿色发展的研究主体时，主要采用简单方便的以行政区域为标准，和比较符合实际的以地理、经济片区为标准两种。

（1）关于选择行政区划作为研究主体的绿色发展研究。行政区域边界划分明确、区域特征突出，同一区域内的发展重点、经济政策、发展水平均存在较小的差别，而不同行政区域则存在较大的区别，对不同行政区域的绿色发展水平进行研究比较能得到有效的研究结果。张欢等人选择湖北省各地级市为研究主体，分别对其绿色发展水平进行评价与比较。杨仁发选择我国省级区域为研究主体，确定工业水平与绿色发展为研究对象，研究两者的关系与作用机制，并同时探索了生态环境与绿色发展在该作用机制中的中介效应。欧阳志云等人以我国所有的地级市为研究主体，分别对其绿色发展水平进行测度和评估，并探索不同地区影响绿色发展的主要因素。

（2）关于选择地理、经济片区为研究主体的绿色发展研究。由于社会的迅速发展、科学技术尤其是交通和通信技术的快速进步，导致不同行政区域间的地理空间距离缩小，人文交流与经济交流迅速加快，人才流动、信息流动、资本流动和原材料流动效率不断提高，因此国内有部分学者开始选择地理、经济片区为研究主体，对其绿色发展水平进行研究。长江经济带是我国经济最为发达、发展最为活跃的地区之一，吴传清和黄磊从区位差异、产业结构、协同机制三个维度出发对长江经济带的绿色发展进行研究，探索如何在较为发达地区践行绿色发展道路。黄河流域是我国最为重要的生态地带之一，黄河流域地区的绿色发展对我国来说具有重大的生态意义和经济意义，姜长云等人从生态承载、金融市场、人力资本、产业协调、经济发展等角度出发，探索黄河流域地区如何在资源环境约束的条件下实现绿色发展，并提出相关对策和建议。任保平等人和崔盼盼等人则从不同的维度出发，构建了测度、评估黄河流域高质量发展水平的指标体系，并对该区域经济、生态的时空耦合特征进行剖析与评价。于法稳和方兰详细地阐述了黄河流域绿色发展、生态保护过程中的重点、难点并提出了建议和对策。田金平等人运用多准则排序法，摆脱地理分隔的束缚，以国家级经济开发区为研究主体，对其绿色发展水平进行测度和评估，并提出相应的建议和对策为各地打造绿色发展高地提供参考。

第三节　经济高质量发展与绿色发展互动理论分析

近年来，国内外大批学者从理论层面、内涵关系层面和实证层面出发，对绿色发展与经济高质量发展进行了大量研究，取得了一定的成果。

（1）在理论层面的研究中，学者主要从绿色发展理念角度出发，深入分析目标地区的实际情况，通过案例研究以及其他合适的方法与工具，寻求经济高质量发展对策。王海英以湖北省西部地区的绿色发展示范区为研究对象，深刻剖析了当前存在的严重问题，并针对性地提出了促进绿色经济高质量发展的六条建议。夏煜与肖文海针对江西省绿色发展存在的突出问题，提出要通过绿色发展推动高质量发展，实现两者的良性互动，使两者达到协调耦合的状态，要通过优化布局协调区域发展，变"绿"为"金"，走百姓富、生态美、产业旺的绿色高质量发展之路。程会强深入研究中新天津生态城可持续发展建设等案例，总结经验以期为全国生态文明建设和绿色发展提供借鉴。刘帅从"创新、协调、绿色、开放、共享"新发展理念出发，使用层次分析法计算指标权重，构建了辽宁经济高质量发展评价指标体系，发现绿色发展对辽宁经济高质量发展影响最显著，而开放发展与创新发展的影响较弱，协调发展与共享发展的影响最弱。高欢以黑龙江省佳木斯市为研究对象，从当前发展阶段存在的问题出发，研究绿色发展理念下佳木斯市如何实现经济高质量发展。

（2）在绿色发展与经济高质量发展内涵关系层面的研究中，首先，部分学者认为绿色发展其实本质上就是经济发展。谷树忠认为绿色发展是以绿色经济为核心，以资源节约、环境友好与生态保育为特征，以绿色经济、绿色社会、绿色政治、绿色文化为要素的发展。石敏俊则认为绿色发展应满足以下两个要求：第一，要摆脱经济增长以资源环境负荷为代价的困境，也就是要求经济活动要遵循自然规律，改善资源与环境的可持续性，发展绿色经济；第二，要让资源环境的可持续发展成为生产力，要使绿水青山真正成为金山银山，发挥自然生产力在经济发展中的作用，推动经济高质量发展。其次，有些学者认为绿色发展是经济高质量发展的重要内容与关键要素，假如经济发展是以破坏生态环境为前提，那就偏离了经济建设的根本目标。刘志彪认为要从新发展理念的角度出发建立综合评价体系，来综合评估高质量发展，高质量发展应该是创新成为第一动力、协调成为内生特点、绿色成为普遍形态、开放成为必由之路、共享成为根本目的的发展。任保平和李禹墨主张高质量的发展应该也包含生态环境的高质量发展，高质量发展是经济效益、社会效益和生态效益相统一的发展，以往的发展评价体系只考虑GDP，只关注经济增长已经不再适应社会发展的需要。综上所述，真正的新时代中国特色社会主义经济高质量发展不能缺少绿色发展。

（3）在实证层面的研究中，学者主要从绿色发展的生态环境、绿色城镇化、绿色金融、技术创新等视角出发，用熵权法、耦合协调度模型和灰色关联等方法或工具来分析各个视角下经济高质量发展的协调程度与影响。

1）生态环境方面。杨镒泽评估了 2012—2018 年西安的绿色发展水平，发现西安经济的发展在很大程度上是以生态环境破坏为代价而取得的，建议在未来的高质量发展过程中以科技创新为动力，大力构建绿色经济体系。张建威和黄茂兴运用熵权法，从时空维度对 2008—2018 年黄河流域经济高质量发展和生态环境的耦合协调发展状况进行定量测度，研究结果发现：黄河流域经济高质量发展、生态环境质量及二者的耦合协调水平均有不同程度地提高，呈现"拮抗-磨合"的演进态势；区域间耦合协调发展的速度不同，上游省份与下游省份的耦合协调发展水平提升较快，而中游省份提升较慢。魏振香对 2008—2018 年我国 30 个省份的实际数据进行研究，构建了生态可持续与经济高质量发展的综合评价指标体系，结合耦合度和 PVAR 模型实证分析两系统间的耦合与互动发展，通过分析发现，在这 11 年间，各地绿色发展与经济高质量发展整体上皆呈现稳定上升趋势，并且耦合协调度也逐年稳步上升。

2）绿色城镇化方面。Luping Shi 选取 2006—2018 年黄河流域 9 个省份的绿色城镇化水平面板数据，运用主成分分析法和因子分析法对各省份的绿色城镇化水平进行测度和评价，发现对绿色城镇化水平有显著正向影响的因素包括经济发展水平、技术创新水平、城市规模三种，对绿色城镇化水平具有反作用的因素有产业结构、外商直接投资（FDI）、教育水平三种。吕洁华运用 2006—2018 年省级面板数据，分析我国绿色城市化发展水平及其时空演变特征，并考察其与经济增长之间的互动关系。研究发现，长期而言，经济增长对绿色城镇化发展没有显著影响，但二者关系呈现显著结构性变化。

3）绿色金融方面。绿色金融方面研究成果较多，考虑绿色金融与经济高质量发展之间的关系，周敏基于 2014—2019 年我国 30 个省级行政区的面板数据，探究了绿色金融作用于我国经济高质量发展的内在机理，研究表明，绿色金融在一定程度上能促进经济高质量的发展。周琛影也针对二者关系进行了研究，研究结论从综合维度与分维度两个方面进行了阐述，综合维度的结论与周敏研究结果相同，分维度方面，绿色金融会抑制经济稳定发展，同时，对经济高效发展不具有显著影响，具有显著正向影响的分维度之间效应大小也存在不同。范宁威在研究这二者关系时，考虑了企业技术创新作为中介。结果表明：绿色金融对经济高质量发展存在显著正向作用，企业技术创新发挥中介作用；通过异质性分析，绿色金融对东部、中部、西部 3 个地区的经济高质量发展均呈显著正相关，传导路径也同样显著为正，其中中部地区效果最为显著。

4）技术创新方面。袁宝龙从绿色发展出发构建超效率 SBM 模型，按规模、结构、技术、制度四个维度构建影响湖南经济高质量发展的计量回归模型。研究结果发现：高新技术产业发展、创新效益和能源强度对湖南经济高质量发展具有促进作用，但是对结构、知识产出和规模呈现抑制作用。吴阳明研究科技创新与产业结构升级对经济高质量发展的影响，分别测算了独立效应与协同效应，结果显示：在独立效应方面，二者均有助于推动经济高质量发展，但作用偏弱；在协同效应方面，二者协同与经济高质量发展呈显著正相关，且表现出"1+1>2"的效果。杨洪伟研究科技创新效率与经济高质量发展之间的关系，利用多模型分析两者时空耦合关系及其障碍因素，研究发现：经济高质量发展水平缓慢波动上升，整体水平不高，二者耦合协调的障碍因素为共享发展>协调发展>创新投入>创新发展>开放发展>创新产出>绿色发展。

第四节　本　章　小　结

　　本章首先介绍了经济高质量发展与绿色发展的概念、内涵与测度的发展，目前对经济高质量发展的概念研究，可以从新发展理念层面、供给侧结构性改革与高质量发展的关系角度、具体学科领域研究的角度和宏微观的角度进行定义；对于绿色发展目前学术界还没有明确的定义，但是从认识的深度来看，可将绿色发展的内涵划分为早期的可持续发展观和当前的绿色发展观。因此，本书通过文献整理建立经济高质量发展与绿色发展评价体系。

　　其次，本书对经济高质量发展与绿色发展的概念测度进行梳理总结，在文献整理的基础上通过融合经济高质量发展与绿色发展评价指标建立指标体系，并且使用熵权法进行权重的测定。

　　最后，本书梳理了经济高质量发展与绿色发展的互动关系研究，主要从理论层面、内涵关系与实证层面对其展开了探索研究。本书在文献综述的基础上，通过实证手段来判定 A 省经济高质量发展与绿色发展的耦合协调度。

第三章　研究的理论基础

第一节　研究理论

一、可持续发展理论

不可否认，人类在进行经济发展的同时必定伴随着自然资源的消耗，并且随着时间更迭，为了满足人类更多的需求，自然资源也必定面临着越来越大的压力，但不加节制地索取，不采取任何措施去保护，终有一天，自然资源会耗竭，如此，不仅会影响人类经济的发展，更会威胁人类的生存，那么，如何在经济发展的同时也维护好自然生态就变成了一个十分重要、十分紧迫的议题，也是当代所面临的一个巨大考验。

1983 年联合国成立环境与发展委员会，目的是重审地球上环境与发展的严峻问题，最后于 1987 年以报告形式提交了研究成果，名为《我们共同的未来》，该书以持续发展为基本纲领，探讨了一系列重大经济、社会、环境问题，提出了可持续发展的概念，即"既满足当代人发展的需求，又不对后代人满足其需求的能力构成危害"，这表明，发展不应该建立在牺牲后代人发展资源的基础之上，在当下，就应该关注发展的可持续问题。当然，这并不意味着可持续发展否定了当下的发展模式，它强调的是要以发展为前提，在通过发展获得足够的资金、更加进步的技术之后，要反过来解决生态问题，而不仅仅是将大量的资金和创新的技术去追逐更高的经济增长。可持续发展否定的是以高消耗为条件的发展，否定的是不计代价的盲目发展，反对的是不顾自然阈值的发展，它的主要思想是从环境友好的角度出发，在追求经济发展的同时考虑到生态阈值，不能突破底线，要在生态承载力范围内发展，并且要统管全局，将资源、环境、人口看作一个整体，最终建立起可接受的、可循环的健康发展。

（一）可持续发展的内涵

首先，要求经济增长带来的环境破坏程度要低于自然生态的自我净化能力；其次，对于自然资源的索取存在着一个阈值，一旦超过这个阈值，再进行资源索取便会导致整体的负效益；最后，可持续发展也意味着公平发展，从国际发展的路径公平，国家、地区、部门间公平乃至个人发展机会公平。

（二）可持续发展存在的障碍

首先，可持续发展是对世界整体提出的，考虑的是综合利益最大化，但由于发展的不均衡性，这对于部分不发达地区来说也许不是促进发展的最优选择，这些地方目前的经济发展程度不高，难以抽出精力去考虑除了经济发展以外的其他要求。其次，可持续发展重视的是发展的可持续性，考虑的是长期发展的潜力，现在的保护是为了将来更久远的发展，是一种长期的资源最优配置手段，但是从经济人假设的角度来看，经济人在进行决策时更在意短期利益，考虑的是当下利益最大化问题。最后，可持续发展既然是针对世界整体所提出来的要求，那必然是需要全人类会同起来共同努力，但从管理的角度来说，各方立场不同，这么多方向的分力难以协调一致。那么，为了解决这些障碍，首先要做的就是要动员全民参与，从世界的角度来说要充分发挥联合国的作用，给予欠发达地区更多的发展经济选择，从单个国家的角度来说要充分发挥政府和市场的作用，通过采取一系列的激励与约束政策，使绿色发展的理念深入人心，同时，明确资源产权，对资源进行合理定价，提升资源的获得代价，降低对资源过多的需求，比如碳税、碳限额等措施手段。

二、生态效益理论

生态效益理论是建立在生态经济学基础之上的，生态经济学是20世纪60年代后期建立起来的一门独立的学科，它是结合经济学和生态学的相关知识，研究范围涵盖生态经济结构、功能以及生态经济效益等，逐渐发展成为保护资源环境的理论依据。生态效益是指人类在进行生产活动时对环境所产生的影响，假如这种影响是好的，即这种生产资料的投入会改善生态环境或者提升生产环境，那么这就意味着生态效益好，反之，如果这种生产资料的投入会恶化生态环境，那就意味着生态效益差。常与生态效益联系的概念是生态经济效益，生态经济效益需要从经济与生态两个维度去进行考量，需要综合经济效益和生态效益，意思是说，人们为了达成特定目的将生产要素投入生产活动当中，生产要素在经济系统和生态系统之中流动，同时又对经济系统和生态系统产生重要影响，当然，生态系统制约着经济系统的发展，但又参与着经济系统的一切运作，从这个角度来说，协调好经济效益和生态效益二者之间的关系将是正确看待发展的关键。

具体来说，经济效益与生态效益二者的关系是对立统一的。一方面，说它们是对立的，是因为任何经济活动的进行，任何经济效益的取得，都是以消耗一定的生态资源为基础的，并且随着人类社会需求的不断增长，给生态环境带来的压力也在与日俱增，不可否认的是，哪怕科技、经济多么发达，都难以避免会在生产过程中给生态系统造成负面影响。因此，从这个角度来说，人类对于自然的利用或改造过程一定要符合自然客观规律，尽量将这种对自然的影响降低到最低。另一方面，说它们是统一的，原因如下。第一，经济系统的运转是以生态系统提供的生态资源为基础的，新的要素不断投入到生产当中去，经济系统才能持续发展，即经济效益的发展有赖于生态效益的支持。第二，在发展初期，人类在开展一系列生产活动时如果带来的生态效益很差，那么短期经济效益就会上升，但当生态效益持续下降，那么一定会反过来制约经济效益的进一步提高，具体说来，生态效益存在一个阈值，当生态效益连续下降到阈值以下时，经济效益就会难以上升甚至出现下降，这是因为可供经济持续发展的环境沃土已经被破坏，难以为经济发展提供所需要的资源，即经济效益的发展需要考虑生态效益的阈值。第三，经济效益增长的同时，也要让生态效益得到一定程度的增长，经济效益的提高可以为生态效益带来更多资金和技术，生态效益的提高可以为经济效益带来更多的资源，二者协同相得益彰形成一个良性循环，即经济效益和生态效益密不可分，需要相互协调，相互统一。

三、绿色发展理论

绿色发展在环境问题日趋严重的情境下显得十分重要，它是人类回顾历史发展进程后所要做出的必然选择，人类发展进程中所经历的工业化阶段、城市化阶段，重经济轻环保，给自然环境带来了诸多伤害，在这样惨痛的经历教训中，提出绿色发展理念具有相当重要的意义。绿色发展理念是一种追求长期可持续、有生机、有未来的发展，不仅考虑了经济价值，而且融合了生态价值和人文价值的考量，意思是说，真正健康的发展应该是多种价值的统一协和体，而不是只偏重某一方面的价值。过多重视经济价值，则生态破坏严重，人文价值也无法得到满足，这种偏科性的发展方式最终会伤及发展的根本。曾经的发展理念是"先发展，后治理"，在这样观念的引领之下，以生态的牺牲为代价换来的短期经济利益上涨，最终也会因生态提供的资源减少而不再上升甚至倒退，如今需要对这样的发展理念进行反思，要认识到循环经济、可持续发展、绿色经济的重要性，绿色发展不仅仅意味着经济的发展，同时它还应该体现人的价值取向与生态取向。绿色发展理念认为发展成果应该共享，尊重每一位社会成员的需求，认为每一位社会成员的基本需求都应该得到满足，要不断地去提高人民的生活水平，把人作为发展的中心，实现人与自然的和谐。

新时代经济要追求高质量发展，而高质量发展的要求是公平、绿色、可持续，可以说，绿色发展是高质量发展的基础。一方面，绿色发展是经济与生态的统一，而高质量发展是政治、文化、社会、经济、生态文明建设"五位一体"协同发展，后者是在前者基础之上提出来的。另一方面，绿色发展要求大力发展低污染、低能耗的新型绿色产业，而高质量发展就是要在这个基础上扩大发展范围。高质量发展与绿色发展都强调质量与数量，这两者之间的关系不是对立的，只有达到了一定的数量，才能构建出高质量发展的基础。

四、资源与环境经济学理论

资源与环境经济学是一门分属于经济学下的学科，其运用经济学的相关原理去探索合理调节经济活动和环境之间物质交换的基本规律。众所周知，资源是稀缺的，原因大致有以下四点。第一，随着人类社会的发展，在不断进行各种生产活动时必然会消耗一定的资源，对资源的需求在不断增加，有限的资源逐渐走向稀缺，而资源的稀缺又制约着人类社会经济的发展。第二，从资源本身的特点来说，其本身就不是无限的，部分资源具有绝对稀缺性。随着这部分资源的不断消耗，可采用的越来越少，使资源的稀缺问题变得更加突出。第三，人口的不断增加也在加剧资源的稀缺。1990—2025 年世界人口将增加 32 亿人，大量人口的增加会加剧资源短缺问题。第四，生态恶化造成了资源的稀缺。在生产活动进行过程中，不注意对生态环境的保护，使得生态环境的可再生能力受损甚至消失，某些可再生资源也因环境的改变而转变成了不可再生资源，生态环境的破坏降低了部分资源的可再生性，由此造成了资源的稀缺。

正是由于资源存在稀缺性，再加上环境被破坏的不可逆性，使得资源环境对经济发展具有重大意义。第一，资源环境是经济发展的基础。在发展初期，生产活动尚未进行，且生态环境未遭受任何破坏的时候，资源充足，生态良好，此时资源环境对于经济的发展具有推动作用，但随着生产活动进行，生态环境遭受了破坏，资源也开始减少，不再像最初时那么富裕，此时资源环境就会对经济发展形成制约。第二，经济的不断发展从一定层面来说是有利于资源环境的，这是因为随着经济不断发展，技术也在不断推陈出新，会将落后的、污染大的设备工艺淘汰，转用新型清洁工艺等，能缓解一定程度的资源环境问题。第三，资源环境与经济结构相互影响。资源环境的特点决定了要采用何种经济结构，特定的资源要求适当的经济结构与之相匹配，而判断一个经济结构是否合理的标准又往往是看它对资源的利用程度，越能充分利用，就说明资源与结构的适配度越高，能用比以前更少的资源取得相同甚至更好的效果，从这个层面来讲，二者相互利用。

五、聚集经济理论

20 世纪初，经济学家 Weber 在《工业区位论》中对聚集经济做出如下定义：存在内在联系的工业企业为追求经济效益和节约成本而按一定规模布局在特定地点，由空间聚集所带来的经济效果称为聚集经济。在此定义的基础上，Weber 进一步将聚集的形态划分为高低两个等级：单个企业由于需要扩大生产规模而形成的聚集为低等级的聚集；多个企业为了更多的经济效果，在利益的驱使下将会不断向特定空间集中，此为高等级的聚集。除了企业的聚集能产生更多的经济效果外，人口的聚集也有相同的作用。例如，人们在特定的地点集中形成居民聚集区将会扩大该地区的市场规模，由于运输成本和销售成本的降低将会吸引大批的企业在此区域进行生产和销售，从而获得更多经济效益。又比如，企业在此区域聚集不仅为当地居民提供更多商品选择，而且也为他们提供了更多就业机会。企业和人口作为经济人，为了追求最大收益始终会向这些已经率先形成聚集的区域集中，而聚集经济效应还将源源不断吸引企业和人口向该区域集中，由此形成了聚集—吸引—聚集的循环发展模式，最终将促使该地区形成城市，并且城市的规模将不断扩大。再者，有些学者还从经济地理学、创新经济学、组织经济学等视角对聚集经济进行了相关研究。总的来说，由于聚集而产生的经济效益主要来自以下几个方面：第一，居民的聚集扩大了市场规模，降低了企业生产成本和运输费用，方便企业与消费者间的供销关系；第二，聚集完善了社会基础设施，提升了公共服务水平；第三，企业的集中使劳动力人口聚集，提高了城市运行效率并促进了经济增长；第四，产业聚集有利于提升该区域竞争力和创新优势。

自从我国改革开放以来，国内以经济特区、经济开放城市和经济开发区等为典型代表的聚集经济已经成为经济快速增长的重要引擎。聚集效应同时推动产业企业和人口向经济发达的地方转移和集中，因此，聚集效应同时在企业和人口推动城市建设和经济发展的过程中发挥作用。从人口聚集推动经济发展的角度来看：第一，人口聚集为企业生产提供充足的劳动力资源，大大降低了企业的用人成本，同时也使企业的创新能力得到增强，充足且具有创新精神的劳动力资源是经济社会发展的基础和前进的力量；第二，人口聚集使得公众对消费和公共利益的总需求增加，消费需求将吸引相关企业向该区域聚集以获得较多的经济利益，而公众对公共利益需求的增加将吸引更多的社会、政府投资注入到该区域的基础设施和公共服务设施的建设中来，社会服务水平的提升进一步提高企业生产和销售效率，最终扩大经济规模和加快社会发展。

六、累积因果理论

累积因果理论由缪尔达尔首先提出，后经卡尔多等人进一步发展形成完善的理论模型，其也被称为循环累积因果理论。累积因果思想包含两层含义：第一层含义是凡事皆有因果；第二层含义是因果关系是不断累积的。累积因果思想来源于 20 世纪 40 年代缪尔达尔对美国黑人问题与民主问题的讨论，他把社会经济活动看作一个不断发展的动态系统，这个系统由技术、经济、社会、文化、政治等因子有机组成，这些因子相互联系、相互作用，共同推动经济社会向前发展。一个因子发生变化一定会对另一个因子产生一定的影响，而这个影响又会反过来作用于前一个因子，进一步加强它们之间的相互作用，因此，整个系统以循环累积的方式朝某个方向发展并不断强化，从而形成累积性的循环发展趋势。与此同时，缪尔达尔基于循环累积因果原理，提出了回流效应与扩散效应来解释经济发达地区与其他不发达地区之间的相互作用和影响。回流效应类似于马太效应，是指由于发达地区具有先发优势，占据了更多的生产要素和拥有更大规模的消费市场，不发达地区的各种生产要素为了追求更大的经济效益而向发达地区流动，使得发达地区拥有更多的发展资源从而发展得更快，而不发达地区则由于缺乏发展资源更加难以发展，造成了地区间的差距越来越大。不过，由于资源的有限性，所以回流效应也是有限的。扩散效应与回流效应正好相对，扩散效应是指资本资源和劳动力由发达地区向不发达地区扩散，这主要是由于发达地区发展至一定程度后会面临人口密度高、资本过剩、污染严重与自然资源不足等问题，使得发达地区生产成本增加导致经济效益减少，这是由于追求经济利益，各种发展要素将自然地向不发达地区流动。一般来说，若某区域初始优势比其他区域更强，那么凭借已有的优势该区域将获得更多的发展资源进而将得到较好发展。总而言之，累积因果理论主张经济发展首先是从具有初始优势的发达地区开始，然后这些地区通过累积因果效应不断吸引发展资源获得持续快速发展，根据所处的发展阶段不同，发达地区和不发达地区间存在不同强度的扩散效应或回流效应，而区域经济是否能得到协调发展，主要取决于所处的发展阶段和回流效应与扩散效应的强度。

七、系统动力学理论

福瑞斯特于 20 世纪 60 年代创立的系统动力学，是一门以系统理论为基础、以计算机仿真模拟技术为手段、以系统内部信息交互为研究对象的学科。系统理论认为，系统是指由若干相互联系、相互作用的部分所组成的在一定的环境中具有特定功能的有机整体，系统具有整体性、层次性、功能性、相关性等特点。关于系统的认识，系统动力学也持相同的看法，因此，当面临问题时主张通过在系统内部寻找问题的根源来解决问题。系统动力学将定性分析和定量研究的方法相结合来处理复杂交互的问题。首先建立系统模型，对系统概念、内部元素以及系统内部信息反馈因果逻辑进行定性分析，然后再对系统内部要素进行定量计算分析，定量反映系统内部要素及其反馈机制的演变。系统动力学中将系统要素定义为变量，变量之间相互作用，变量间的相互作用关系通过信息传递形成"流"，而"流"的返回流称为反馈，若干条信息流形成反馈系统，可通过对反馈系统的行为和内部要素的分析研究系统的演变规律。基于对系统内部行为规律的认识，可以通过模型预测不同政策的影响和预测系统未来的变化趋势，以此为决策提供参考依据。系统动力学已在土地资源规划、城市建设和发展、国家产业政策、可持续发展等方面得到逐步深入和更广阔的实践与应用。

经济高质量发展与绿色发展耦合协调是一个非常复杂的系统性问题，两者之间的各方面、各因素相互影响、相互作用，互动关系极其复杂。目前，对于经济发展与绿色发展之间互动关系的研究仍以单一的定性分析或定量分析为主，因此难以深入探讨两者之间的互动关系。运用系统动力学，可以将定性和定量的分析方法相结合，进而能更好地理解两者之间互动的内在机理，找到解决问题的方法和途径。此外，由于系统动力学能实现较大时间跨度的仿真模拟，所以其也可以用来很好地处理周期性问题。再者，对于复杂的社会经济系统而言，难以避免地会出现某些数据缺失的情况，因此，如果利用精确的方法或定量模型来研究经济高质量发展和绿色发展的互动关系问题将是极其困难的，而系统动力学则可以很好地解决这个问题，这是因为它可以在有限数据的基础上采用计算机仿真模拟技术。最后，系统动力学不仅可以研究现有情况，而且可以使用情景分析的方法预测系统未来运行的趋势，以此为决策提供参考依据。因此，采用系统动力学研究经济高质量发展和绿色发展的互动关系和耦合协调是非常合适的。

八、耦合协调理论

（一）耦合

耦合原本是一个物理学概念，后被学者们拓展到经济学和社会学等领域，指子系统或内部要素间相互作用、彼此配合，最终形成有机整体。绿色发展与经济高质量发展及其内部要素相互支撑和约束最终形成的城市系统便是两者的耦合。耦合的概念有两层含义：第一，子系统及系统内部要素有统一的目标和方向，通过共生、协同等相互作用实现整体的耦合；第二，系统整体结构更加稳定，更能发挥系统的作用。学者们使用耦合度来评估子系统或系统要素间相互作用强度的大小，进而定量评估系统由无序朝有序发展过程中协同的作用。当两个子系统间的相互关系为共生和促进时，则表示两个系统为良性耦合；若两个系统间的相互关系表现为相互约束和阻碍时，则表示两个系统为恶性耦合。

（二）协调

协调理论以马歇尔的供求论为基础，马歇尔认为均衡即为协调，也就是当边际收益等于边际成本时，供求双方实现资源的最优配置，此时便实现了协调，此均衡价值论成为协调与协调发展的重要理论基础。在马歇尔之后，经济学家帕累托提出了帕累托最优的概念，他认为在不损害一方利益的情况下另一方的情况得到改善，则实现了帕累托改进，这也就是协调的标准。协调是指各系统或系统内各元素之间为达到理想状态而相互促进、相互作用的一种关联状态和过程。系统论认为因为系统整体功能的实现有赖于这种协调状态，所以子系统的状态良好并不完全意味着系统整体功能可以很好地被实现。因此，当各子系统间相互作用、相互促进有助于推动整个系统的功能实现达到理想状态，进而实现城市可持续和高质量发展，便认为绿色发展与经济高质量发展达到了协调。此外，用协调度来评估系统或系统内部要素间的和谐程度，在耦合度的基础上反映协调状态的良性程度。

（三）耦合协调

将耦合和协调结合起来便得到了耦合协调，其是指子系统或系统内部因素间通过共生、支撑或协同的相互作用关系，达到系统的理想状态。耦合协调度则是用来表征子系统或系统内部因素间相互作用的强度与和谐程度，能有效反映系统的耦合协调水平。对于经济高质量发展系统与绿色发展系统而言，子系统及各系统内部要素间在发展过程中的良性互动可以使系统发展成为和谐高效的系统，而耦合协调度则能有效反映两者发展的同步性和水平。当系统达到优质耦合协调时，不仅意味着系统达到了高效稳定的状态，而且也意味着子系统或内部要素间通过相互促进实现了各自的优质发展。经济高质量发展与绿色发展复合系统的耦合协调不仅取决于两个子系统各自的发展状态，而且也受该系统中的环境承载力、资源容量、经济规模和经济质量等因素的影响。对于经济高质量发展与绿色发展而言，当两个子系统间或系统要素间相互共生、促进或支撑时，子系统间达到既耦合又协调的良好状态，整个系统将会产生耦合协调放大效应，形成高效稳定、快速发展的有机整体。

第二节　本章小结

本章主要阐述了 A 省经济高质量发展与绿色发展耦合协调机制研究的理论基础，可持续发展理论以发展为前提，通过提供可持续发展所需的资金、技术来缓解或者规避环境破坏与自然资源枯竭等问题，促进环境友好发展。生态效益理论说明了生态效益与经济效益之间的辩证关系，在进行生产时会带来一定的经济效益，同时也可能会对生态效益造成影响，另外在经济效益提升的同时也会提出较高的生态效益要求。绿色发展理论对"先污染，后治理"的行为进行了反思，提出了绿色发展是经济高质量发展的基础，在高质量发展的过程中强调循环经济、低碳经济、生态经济的重要性。资源与环境经济学理论说明了经济建设与环境建设的辩证关系，资源环境是经济发展的物质基础，资源充足、环境良好，资源环境对经济发展起到了推动作用，同时经济发展会推动技术进步，从而能够更好地应对资源短缺、环境破坏问题。发展较好的经济体有较强的实力对相关技术进行研发，改进资源的利用方式，提升环境优化技术的水平，资源环境问题可能会得到缓解。对于聚集经济理论，市场规模扩大可以产生大规模市场经济，聚集发展可以降低企业生产成本和运输费用，方便企业间的生产协作，改善与消费者间的供销关系，促进社会基础设施、公共服务水平的提升和充分利用，产业聚集有利于提升该区域竞争力和创新优势。对于累积因果理论和系统动力学理论，它们将社会经济活动看作一个动态的系统，社会经济制度由技术、社会、经济和政治等因子演变形成，这些因子间相互联系、相互作用，并且这种作用是不断循环累积的，当其中的一个因子受到外界影响，同时会对系统里面的其他因子产生影响。耦合协调理论可反映子系统或系统内部因素间通过共生、支撑和协同的良性关系相互作用、相互促进，在当前 A 省经济高质量发展与绿色发展的背景下，探究其中内部良性关系与相互作用具有重要意义。

第四章　A省经济高质量发展
与绿色发展现状分析研究

第一节　A省经济高质量发展现状分析

一、A省经济发展现状

近年来，A省按照国家发展战略确定经济和社会发展目标，坚持"五位一体"总体布局，坚持新发展理念，结合地域发展优势，大力发展优势产业，协助传统产业转型升级，创造了一个又一个经济高峰，新经济发展是A省当前的发展新动力。

（一）GDP现状

根据A省统计局发布的数据，2021年A省全年的地区生产总值为19586.42亿元（见图4-1），相较于2020年，2021年稳步增长了8.1%的经济总量，相较于2019年，两年下来平均增长了6.3%。按照三大产业的占比和划分来看，相较于2020年，第一产业增长7.7%，第二产业增长9.4%，第三产业增长7.3%。

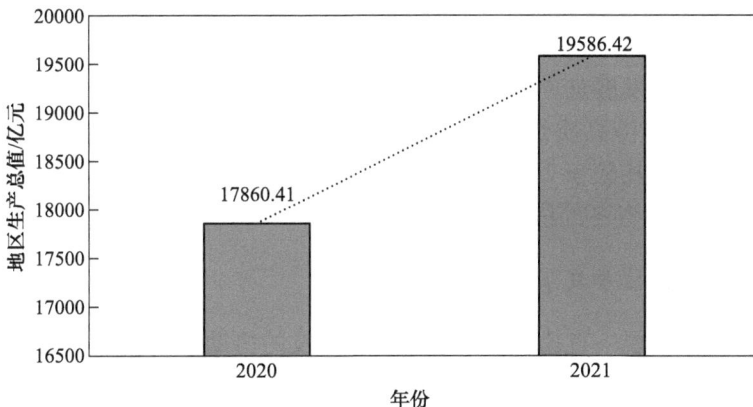

图4-1　2020年与2021年A省地区生产总值

（二）农业发展

A省2021年在农业方面的发展比较稳定，农业发展主要包括种植业、林业和畜牧业等，总体比 2020 年增长 9.2%。在 A 省 2021 年农业发展中，种植业总额相较于 2020 年增长 8.8%；A 省林业发展相较于 2020 年，比种植业增长低缓一些，增长了 7.9%；A 省畜牧业的发展占比大于种植业，相较于 2020 年增长 10.3%。A 省气候四季分明，比较适合农业发展，因此农业一直都处于稳定增长的阶段，见表 4-1。

表 4-1　2021 年 A 省农业发展现状

指　标	绝对数/亿元	比 2020 年增长/%
农林牧渔业总产值	4691.97	9.2
种植业	3123.71	8.8
林业	319.82	7.9
畜牧业	958.96	10.3
渔业	69.83	14.6
农林牧渔业及辅助性活动	219.65	7.9

（三）对外经济发展

A 省 2021 年对外经济发展的总进出口额达到 654.16 亿元，相较于 2020 年，整体增长了 19.7%。进出口占比的份额中，总出口增长了 13.0%，总进口增长了 44.6%。A 省经济的发展也在慢慢与世界舞台接轨，最近几年对外经济贸易一直呈现曲线上升发展的趋势。

二、A 省新经济发展特点

A 省的新经济发展是现在全省经济发展的主要动力，A 省新发展模式、产业形态在助力 A 省经济高质量发展，逐渐释放经济增长的压力。2019 年，A 省整体的经济生产总值相较于 2018 年总体提升了 8.3%。A 省新经济最近几年也在稳步增长，支撑着 A 省各经济业态逐步完善升级。

（一）新产业稳步发展

A 省的农业发展一直比较突出，在新兴科技的协助下，A 省已经创建了多个特色农业产业优势。其中，在农用新机械科技的应用下，相较于 2018 年，2020 年 A 省的灌溉机械总动力提升到 3000 万千瓦，并且农用新机械科技也在促进农业发展中起到了节约资源的作用。在农产品的发展成果中，2020 年 A 省的果园区面积达到了 1169.2 万亩（1 亩＝666.7 平方米），如图 4-2 所示。A 省的茶文化也非常出名，2020 年茶产业园区面积达到了 714.63 万亩；蔬菜及食用菌种植的整体面积达到了 2266.99 万亩。

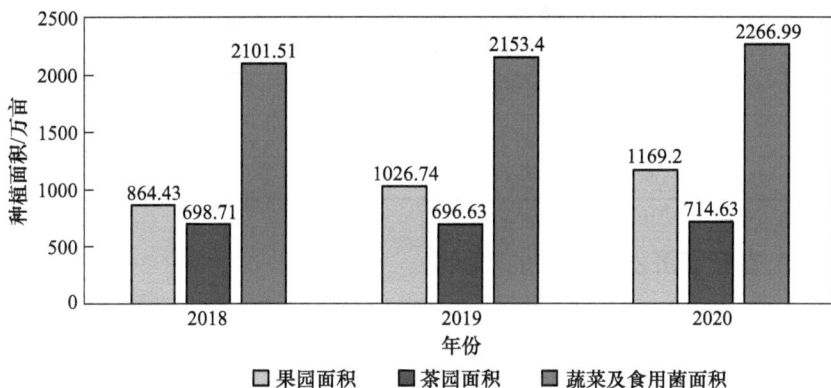

图 4-2　主要农产品种植面积

A省除了在农业方面的发展非常突出，最近几年在新兴科技产业发展上的成就也非常突出。2020年，A省的制造业发展总体生产总值在全省GDP占比达到了73.1%，在最近两年的发展下提升了2.5%。其中，航空制造和电子材料制造也在逐年稳步提升。第三产业中，在优质服务业的发展下，A省的服务业发展也在稳步推进。2020年，A省整体的文化产业产值达到了95.07亿元。同年的互联网服务业和信息科技的软件服务业也在稳步提升。

（二）新业态、新模式持续涌现

随着全国消费业态和新形势的逐渐发展和升级，在农村发展的推进下，消费升级在助力农村电商不断进步和完善。在电商消费阶段，2020年A省在网上实现的消费总额比2019年整体增长了115.1%，快递业务收入也整体提升了14.5%。随着新兴业态发展的不断完善，A省科技创新孵化业最近几年也在稳步发展。在科技发展的推动下，2020年A省科技创新孵化园达到了42家。

（三）新动能稳步持续聚集

在新发展理念的推动下，创新也在刺激A省释放各种经济发展活力。从2020年A省统计发现，同年通过的技术创新合同数量有3438项，其中比较实用的一些技术创新产品数量达到了27000多个。2020年，A省新兴行业的发展也在为区域经济发展积攒动力。同年的技术产业发展比2019年增长了10.2%，其中通信制造业、信息科技服务业在新兴科技的发展中不断升级完善。在A省道路建设的同时，全省的信息基础建设也在不断完善优化。2020年，A省的通信光缆总长度达到了123.05万千米，全省的移动网络和移动电话普及率在逐步提升，其中全省的5G基站建成了20000多个，见表4-2。

表 4-2　A省信息基础建设

年份	光缆线路长度/万千米	互联网出省带宽/Gbit·s	5G基站/个	5G电话用户
2018	96.9	9130	—	—
2019	114.14	12000	1362	12.11
2020	123.05	17000	20721	980.46

三、A省新经济发展存在的不足

(一) 新经济规模较小，支撑能力较低

最近几年A省新经济发展在不断升级完善。2020年，A省在新兴科技的推动下农业创新、新型工业和服务业发展都展示出非常强的驱动能力，但是当前的新经济发展的趋势在三大产业中的占比还比较低，没有建立完整的发展新经济渠道。受到2019年年底新冠疫情的影响，2020年的技术创新发展出现了一定的乏力现象，并且呈现出回落趋势，与全国的发展相比，A省2020年的技术制造业增长速度低于全国增长速度的8.4%。虽然有些新兴行业的发展速度很快，但是由于与A省的优势行业结合得不是很紧密，经济发展的后驱动力比较缺乏。

(二) 科技创新投入较少，研发能力不足

在技术创新发展层面，A省在创新研发方面起步较晚，而且研发投资的渠道也不够明确，因而在研发创新方面落后于全国的平均研发水平。纵观近几年A省在科技创新方面的短板，第一是创新发展的优质产品研发能力较弱，2020年A省统计局登记的专利总数是2268件；第二，在科技创新人才上的缺乏，人才引进是A省需要努力的方向；第三，创新研发的氛围不够浓厚，研发的活跃度还有待提升。A省2020年研发资金投入占总产值的比例只有0.9%，比全国研发投资占比的平均水平低1.3%。

第二节　A省绿色发展现状分析

A省包含9个市州，各市州的经济发展水平、工业发展情况、工业企业内部科研创新能力各异。因此，本节从税收数据和工业发展角度对A省绿色发展现状进行分析，通过现状研究寻求解决发展问题的路径。

一、A省绿色发展现状

(一) 生态与环境建设

A省生态环境建设一直在全国处于领先地位，2021年A省创建了生态自然

保护区 89 个，享有国家级称号的有 11 个。2021 年年末 A 省统计局数据显示，保护区的面积已经达到 8500 km²。2021 年在生态环境建设的推动下，全省造林的面积达到了 2410 km²，森林的覆盖率达到了 62.12%。在生态环境的保护下，全省的优质空气天数也在逐年攀升，并且全省的水资源处理、生活垃圾处理和大气污染处理率也在技术创新的推动下逐渐提升。2021 年，A 省的生态与环境建设在稳步发展，结合 A 省天然的环境优势，可以借助旅游业和畜牧业发展将 A 省的生态环境建设得更加美好。

（二）资源节约

在经济建设的推动、环境的约束下，新能源的开发和有效使用是刺激绿色增长的有效渠道。本节对能源消耗的使用情况进行研究发现（见图 4-3），A 省 2013 年到 2020 年能源消耗总量在逐年降低，说明了 A 省在践行资源节约型的发展模式。到 2020 年年底，A 省万元生产总值能耗为 0.671 吨标准煤/万元，已经比全国的平均水平低很多。在可持续发展战略的引导下，虽然 A 省的能源消耗总量在全国区域比较低，但是为了践行资源节约发展，还是需要不断创新资源节约型发展模式，努力开创绿色发展道路建设。

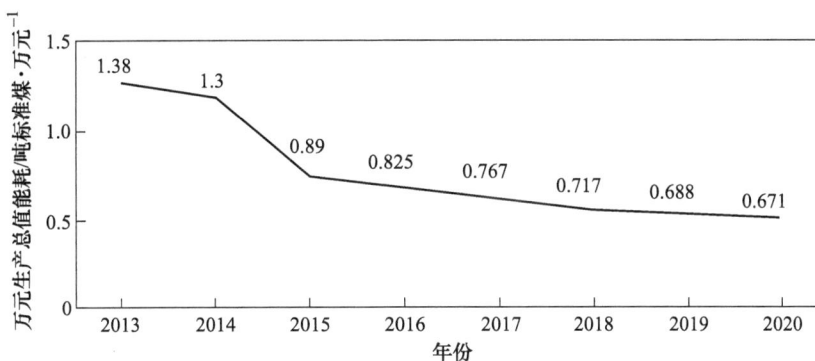

图 4-3　万元生产总值能耗

（三）污染控制

在绿色发展的现状分析中，还有比较重要的一方面就是污染控制。现今某些企业为了激发经济驱动力，有时会以污染生态环境为代价来赚取高额的经济利润。因此，为了践行绿色发展战略，需要严格控制各种废物对生态环境造成的破坏。如今比较突出的就是工业"三废"的污染控制，在生活上还有水资源污染控制、城市污水和生活垃圾的控制等。A 省可以结合新兴产业发展优势，通过新产业来刺激污染防治，从源头上遏制污染的产生。

根据A省统计局数据（见表4-3），最近几年A省工业"三废"的排放量整体呈现下降趋势。但是工业废水在经济的刺激下还是出现了回涨的现象。这说明A省在新经济刺激下，对生态环境造成污染的各种工业废物已经得到初步控制，但是还需要在废物控制和废物利用的基础上创新发展，努力做好各种废物的友好控制和有效循环使用。

表4-3　工业"三废"排放总量 （t）

年份	二氧化硫排放总量	废水排放总量	固体废物排放总量
2011	837101.37	20625.51	16.38
2012	837101.37	23398.78	13.38
2013	778581.28	22898.35	33.41
2014	702426.79	32674.17	1.39
2015	598896.35	29174.07	6.19
2016	411783.3	16399.27	0.02
2017	462953.73	17380.97	2.7
2018	375343.36	17982.01	0.79
2019	185499.37	204418914	—

二、从税收数据看绿色发展现状

在过去几年中，信息化建设在税务系统中受到大力的推广，从而得到并积累了大量的企业经营数据，涵盖了企业经济活动的各个方面。尤其是2016年金税三期系统的上线，各种类型的数据变得越来越系统化和标准化，使用税收数据来反映经济管理状态已经变得越来越成熟。

（一）税收收入和纳税户总数保持稳定，绿色经济健康增长

总体而言，近年来A省环境保护税的税收收入与环境税纳税人数基本保持稳定。2021年第二季度，环境保护税收入达到2.17亿元，8808户家庭缴纳环境保护税。与2018年第二季度相比，环境保护税税收收入仅增长了3.65%，环境保护税纳税人数则下降了1.27%。与此同时，A省2021年第二季度的GDP较2018年第二季度增长了28.77%（按可变价格计算），这表明A省经济增长迅速，在有效控制污染方面也取得了成功。

（二）气体和水污染纳税户数增多

根据环境保护税的纳税数据，气体与水污染物的纳税户数最多。2021年第二季度，纳税环境保护税的家庭为8808户，其中，噪声、固体污染物、气体污

染物以及水污染物的纳税户数分别为 354 户、292 户、4791 户和 3371 户，占全部纳税户的 4.0%、3.3%、54.4% 和 38.3%。由此可见，气体污染物和水污染物的纳税户数合计占比较大，达到了总纳税户数的 92.7%。

需要关注的是，从环境保护税的税收收入角度来看，对气体污染物征收的环保税最高，2021 年第二季度，对气体污染物征收的环保税收入为 1.48 亿元，在全部环境保护税税收收入中占比 68.2%。

三、从工业发展看绿色发展现状

衡量一个地区绿色发展水平，不仅取决于各种污染的绝对产量，还取决于污染物的最终排放量，因此，绿色发展的重要表现也包括控制工业污染的能力。截至 2021 年，全省共创建国家级绿色工厂 42 个，绿色工业园区 9 个，绿色供应链 1 个，绿色设计产品 6 种；省级绿色工厂 94 个，绿色工业园区 18 个，绿色供应链 2 个，绿色设计产品 6 种。同时在工业发展上，依旧存在一些缺点。

（一）工业单位能耗很大

2021 年，A 省工业增加值为 5337.5 亿元，四川省为 15428.2 亿元，重庆市为 7888.7 亿元，云南省为 6555.8 亿元。工业综合能耗方面，A 省 2021 年工业能源消耗为 5423.30 万吨标准煤，四川省为 13740.7 万吨标准煤，重庆市为 8563.1 万吨标准煤，云南省为 8893.84 万吨标准煤。工业用水方面，A 省 2021 年工业用水消耗总量为 20.0 亿立方米，四川省为 21.8 亿立方米，重庆市为 19.3 亿立方米，云南省为 15.7 亿立方米。仅从工业能源消耗情况来看，A 省工业能源消耗总量较小，但从单位工业增加值能耗来看，A 省单位工业增加值能耗 1.02 吨标准煤/万元，高于四川省的 0.891 吨标准煤/万元和重庆市的 1.075 吨标准煤/万元。此外，A 省 2021 年工业单位耗水量为 56.532 万立方米/万元，要高于四川省的 29.687 万立方米/万元和重庆市的 41.304 万立方米/万元。单位工业增加值综合能耗和工业单位耗水量反映出 A 省工业单位能耗相对较大，未来，降低 A 省工业企业单位能源消耗将是 A 省绿色发展需要解决的关键问题。

（二）技术能力不足

工业技术直接影响企业的生产效率、转化能源效率和处理污染能力。A 省规模以上工业企业的年度研发支出在十年间增长了 340%，从 2011 年的 27.5 亿元增长到了 2021 年的 121.06 亿元，年平均增长率达到 34%，A 省工业企业在短短十年间实现了 9.5 倍的增长，有效发明专利申请数量从 2011 年的 990 件增至 2021 年的 9357 件。对科技研发的开发和投资不仅可以提高经济效益，还可以减少工业污染。A 省在工业技术研发方面同周边省市相比依然还有较大差距。A 省

2021年工业技术发展与试验研究有效发明专利申请数量为9357件，四川省为48898件，重庆市为24388件，云南省为11021件。西南地区内的其他省市除云南省外，在工业技术有效发明专利数量上都远远超过A省。可以看出，A省工业技术水平仍然相对较低。分析原因，还是因为省内工业企业缺乏科技创新意识，以及对先进工业技术的消化和吸收。此外，省内技术创新氛围不强，政府部门还应该加大对省内工业企业的自主创新激励力度，目前还没有充分发挥好省内工业创新的科研力量。

第三节　本　章　小　结

本章主要是对A省经济高质量发展与绿色发展现状进行了阐述。在经济高质量发展方面，近年来A省新经济在促进全省经济平稳运行、稳中提质中发挥了重要作用，但也面临一些问题和挑战，针对新经济规模偏小、创新投入不足等问题，需按照省委、省政府"一二三四"总体工作思路，进一步加大新经济发展的推进力度，助力新型工业化、新型城镇化、农业现代化、旅游产业化，促进全省经济高质量发展。在绿色发展方面，要想更好地实现A省绿色发展，亟待解决的问题是尽快地实现A省内工业企业对清洁能源的有效利用，降低不必要的资源消耗，减少工业"三废"污染物排放。要从根本上解决工业高能耗、高污染问题，必须要从提高A省工业企业自主创新能力、企业生产效率和管理水平等方面入手。

第五章　A省经济高质量发展
与绿色发展耦合协调度模型构建

第一节　A省经济高质量发展与绿色发展
评价指标体系建立原则及步骤

一、评价指标体系建立原则

经济高质量发展与绿色发展均为复杂系统，为了对二者进行有效合理的定量分析，在建立评价指标体系时应遵循以下几个原则。

（1）系统全面性。经济高质量发展与绿色发展是高维度特性，因此在构建综合评价指标体系的过程中，应该着重把握经济高质量发展与绿色发展全面性、复杂性和整体性，在对经济高质量发展与绿色发展进行测定时，应该在前人研究的基础上把握好各准则层和对应的指标选取，防止存在指标疏漏和指标之间的不恰当关系。

（2）研究目的性。在考虑对经济高质量发展与绿色发展的进行测定时，应该考虑研究目标，根据以往学者对经济高质量发展与绿色发展的测定，并不是选取的测量指标越多越好，而是要根据具体的研究计划和目的对指标进行选取，最后构建的评价指标需要贴合本研究目标。

（3）科学可行性。站在科学性的视角，在构建经济高质量发展与绿色发展综合评价指标时，选取的评价指标应该具有明确、可获取的特性，不能存在模糊和无法获取的特点，以保障能够完成后续的实证研究。

二、评价指标体系建立方法

本书在构建评价指标体系时，秉承系统全面性、研究目的性和科学可行性的原则，综合采用理论分析法、频数统计法和访谈法，采用定性、定量相结合的方法确定评价指标体系。

（1）理论分析法。在构建经济高质量发展与绿色发展综合评价指标体系的过程中，在前期应该结合研究背景、研究目的与意义，在前人研究的基础上对评价体系的各准则层和各指标体系进行确定。

（2）频数统计法。在确定经济高质量发展与绿色发展综合评价指标体系的各评价指标时，可以对以往的研究文献进行频数统计，挖掘合适成熟的高频评价指标体系，对经济高质量发展与绿色发展建立初步的评价体系。

（3）访谈法。通过前期的理论分析和频数统计，可以对经济高质量发展与绿色发展的综合评价体系进行初步的建立，但是考虑到建立综合评价体系的适用性和科学性，还需要与当地的专家进行咨询，对评价指标进行修正和完善，最终确立符合区域发展的经济高质量发展与绿色发展的综合评价指标体系。

第二节　A省经济高质量发展与绿色发展评价指标体系

一、经济高质量发展评价指标体系

首先，根据前面对经济高质量发展概念的界定和分析，以及参考核心期刊相关文献，从经济规模和经济质量（创新、协调、绿色、开放、共享五个维度）对经济高质量发展水平进行评价。创新准测层用于衡量经济发展的创新效用；协调准则层用于衡量经济发展过程中的协调水平；绿色准则层用于衡量经济发展方式的绿色水平；开放准则层用于衡量经济对外开放及互联互动水平；共享准则层用于衡量经济发展成果的共享水平。

其次，通过对经济高质量发展评价梳理与相关引用较高的文献，对具有相同数据的不同语言表达的指标进行合并统计，获取到经济高质量发展初步筛选的指标，见表5-1。

表 5-1　A省经济高质量评价指标体系

一级指标	二级指标	三级指标	指标代码	单位	指标性质
经济高质量发展（A）	创新（A1）	发明专利授权量	A11	项	+
		每万人口在校大学生数	A12	人	+
	协调（A2）	城乡收入比	A21	—	−
		城镇登记失业率	A22	%	−
	绿色（A3）	建成区绿化覆盖率	A31	%	+
		城市污水日处理能力	A32	万吨	+
	开放（A4）	地区进出口总额	A41	亿美元	+
		海外旅游者接待人数	A42	人	+
		本年登记外商投资企业数	A43	个	+
	共享（A5）	每万人口医院床位数	A51	张	+
		人均拥有公共图书馆藏量	A52	册	+
		每万人拥有公共厕所个数	A53	个	+

最后，结合前面对经济高质量发展的概念界定和研究目的对指标进行筛选。经济规模衡量经济发展的基本面，经济规模保障经济质量的发展同时也是经济质量发展后的成果。从创新、协调、绿色、开放和共享五个维度衡量经济质量。创新是引领发展的动力，充足的科技创新人力资本是创新驱动发展的基础，充足的科技创新资金支持是创新驱动发展的保障，发明专利数量是创新驱动发展的具体体现，因而以城市发明专利授权量和每万人口在校大学生数衡量创新程度。根据协调发展理论，城乡收入比越协调则意味着产业结构越合理，以城乡收入比和城镇登记失业率衡量经济协调发展的程度，越协调则对经济高质量发展的推动越强。绿色就是以更少的污染排放和增加绿化覆盖率达到经济发展的目标，建成区绿化覆盖率越高则经济高质量发展的"绿色程度"越高，政府对城市污水处理能力越高则表示对经济高质量发展越重视力度越大，因此，绿色从建成区绿化覆盖率和城市污水日处理能力来测度。开放能提高城市经济的外向性，吸引外商投资、出口货物、引进先进技术可提高生产效率和形成国际循环经济，经济开放程度用地区进出口总额、海外旅游者接待人数和本年登记外商投资企业数衡量。共享是经济发展的最终目标，经济共享可以通过接受教育来提高人力资源水平，通过医疗服务来维持人力资源质量，通过稳定就业提高人均可支配收入，最终实现发展成果社会共享。因此，从每万人口医院床位数、人均拥有公共图书馆藏量和每万人拥有公共厕所个数来衡量共享程度。

综上所述，最终构建了创新、协调、绿色、开放、共享五个维度共 12 项指标的经济高质量发展水平评价指标体系（见表 5-1），其中，城乡收入比和城镇登记失业率为负向指标，其余均为正向指标。

二、绿色发展评价指标体系

根据前面对绿色发展概念的界定和分析，以及参考核心期刊相关文献，从环境增长力、环境承载力和环境管理力三个维度对绿色发展水平进行评价。环境增长力准则层用于衡量环境发展的增长效用；环境承载力准则层用于衡量环境效用的承载力水平；环境管理力准则层用于衡量环境保护能力水平。

随后通过对绿色发展评价梳理与相关引用较高的文献，对具有相同数据的不同语言表达的指标进行合并统计，获取到绿色发展初步筛选的指标，见表 5-2。

结合前面对绿色发展的概念界定和研究目的对指标进行筛选。从环境增长力、环境承载力和环境管理力三个维度衡量绿色发展。环境增长力表达了在抑制环境恶化和生物多样性丧失的条件下，追求经济增长和发展，其中包含了国家经济增长和研究发展的资金投资等，因此以人均 GDP、单位 GDP 能耗、第三产业增加值占比和全社会固定资产投资增长率来衡量环境增长。根据可持续发展理论，当环境污染力度小于自然环境自净能力时，自然环境呈现可持续发展趋势，

表 5-2　A省绿色发展评价指标体系

一级指标	二级指标	三级指标	指标代码	单位	指标性质
绿色发展（B）	环境增长力（B1）	人均 GDP	B11	元	+
		单位 GDP 能耗	B12	吨标准煤/万元	−
		第三产业增加值占比	B13	%	+
		全社会固定资产投资增长率	B14	%	+
	环境承载力（B2）	人均水资源量	B21	m³/人	+
		人均森林面积	B22	m²/人	+
		二氧化硫排放量	B23	t	−
		一般工业固体废物综合利用量	B24	万吨	+
	环境管理力（B3）	环境支出占地方财政支出比重	B31	%	+
		人均公园绿地面积	B32	m²/人	+
		燃气普及率	B33	%	+
		生活垃圾清运量	B34	万吨	+

由于环境承载力可以体现在水资源和森林资源的储备率还有生活垃圾的处理率，于是选择人均水资源量、人均森林面积、二氧化硫排放量和一般工业固体废物综合利用量来衡量环境承载力。对于环境管理力，政府对自然环境的管控力度，资金的投入使用、绿色建设以及生活必需品等的安排可以体现对环境的管理，于是选择环境支出占地方财政支出比重、人均公园绿地面积、燃气普及率和生活垃圾清运量来衡量环境管理力。

综上所述，最终构建了环境增长力、环境承载力和环境管理力三个维度共 12 项指标的绿色发展水平评价指标体系（见表 5-2），其中，单位 GDP 能耗和二氧化硫排放量为负向指标，其余均为正向指标。

第三节　A省经济高质量发展与绿色发展评价模型的构建

一、数据来源

本书所有数据主要来源于 A 省各市州 2011—2020 年统计年鉴，部分来源于各市州政府工作报告。对于少数数据缺失，用指数平滑法进行补齐。

二、数据处理

（1）无量纲，正向指标：$X'_{ij} = \dfrac{X_{ij} - X_{i\min}}{X_{i\max} - X_{i\min}}$；负向指标：$X'_{ij} = \dfrac{X_{i\max} - X_{ij}}{X_{i\max} - X_{i\min}}$。

（2）计算第 j 指标在第 i 年份的贡献度：$P_{ij} = \dfrac{X'_{ij}}{\sum\limits_{i=1}^{m} X'_{ij}}$。

（3）计算熵值：$E_j = \dfrac{-1}{\ln m} \sum\limits_{i=1}^{m} P_{ij} \ln P_{ij}$。

（4）权重：$\omega_j = \dfrac{1 - E_j}{\sum\limits_{j=1}^{n}(1 - E_j)}$。

三、模型构建

（一）综合评价指数

构建高质量发展的综合评价指数体系：$f(x) = \sum\limits_{i=1}^{m} \omega_j X'_{ij}$。

构建绿色发展的综合评价指标体系：$g(x) = \sum\limits_{i=1}^{m} \omega_j Y'_{ij}$。

（二）耦合度评价模型

参照韩增林和赵玉青等人的研究，对物理学中的容量耦合模型进行推导，构建出 A 省高质量发展与绿色发展的耦合度模型：

$$C = \left\{ \frac{f(x) \times g(x)}{[f(x) + g(x)]^2} \right\}^{\frac{1}{2}}$$

（三）耦合协调度评价模型

由于耦合度不能反映两系统协调发展水平的高低，故引入耦合协调度模型：

$$D = \sqrt{C \times T}$$
$$T = \alpha f(x) + \beta g(x)$$

式中　C——耦合度；

　　　D——两系统的耦合协调度，取值范围为 $D \in [0, 1]$；

　　　T——两系统的综合协调指数；

　α, β——待定系数，表述对耦合系统协调发展的贡献程度，考虑到在该耦合系统中，高质量发展与绿色发展是同等重要的，故将 α 和 β 均赋值为 0.5。

为了更加直观地反映 A 省整体与 9 个市州高质量发展与绿色发展的耦合协调情况，将耦合协调度划分为 10 个等级，见表 5-3。

表 5-3　耦合协调度等级评估标准

序号	耦合协调度值	耦合协调等级	序号	耦合协调度值	耦合协调等级
1	0.0000~0.1000	极度失调	6	0.5000~0.6000	勉强协调
2	0.1000~0.2000	严重失调	7	0.6000~0.7000	初级协调
3	0.2000~0.3000	中度失调	8	0.7000~0.8000	中度协调
4	0.3000~0.4000	轻度失调	9	0.8000~0.9000	良好协调
5	0.4000~0.5000	濒临失调	10	0.9000~1.0000	优质协调

第四节　本 章 小 结

　　本章在前面二者互动关系理论分析的基础上，分别构建经济高质量发展与绿色发展的评价指标体系，并建立经济高质量发展与绿色发展耦合协调评价模型，为后续经济高质量发展与绿色发展的综合发展水平、经济高质量发展与绿色发展协调关系的测度与分析做准备。

第六章 A省经济高质量发展与绿色 发展耦合协调评价及互动关系验证

第一节 A省经济高质量发展与绿色发展耦合协调关系研究

一、评价指标的权重求解

通过第五章数据的处理办法，对A省经济高质量发展与绿色发展指标体系进行了权重求解，各指标的权重结果见表6-1。

表6-1 A省指标权重求解结果

一级指标	三级指标	权重	一级指标	三级指标	权重
A	A11	0.0815	B	B11	0.0656
	A12	0.0688		B12	0.0733
	A21	0.0602		B13	0.1336
	A22	0.0392		B14	0.0811
	A31	0.0713		B21	0.0428
	A32	0.1122		B22	0.1147
	A41	0.1561		B23	0.0876
	A42	0.0558		B24	0.1017
	A43	0.0870		B31	0.0610
	A51	0.0501		B32	0.0658
	A52	0.0835		B33	0.0967
	A53	0.1344		B34	0.0760

二、A省经济高质量发展指标分析

经济高质量发展通过创新、协调、绿色、开放、共享五个指标来衡量，其中，创新考虑的是发明专利授权量、每万人口在校大学生数；协调考虑的是城乡收入比、城镇登记失业率；绿色考虑的是建成区绿化覆盖率、城市污水日处理能力；开放考虑的是地区进出口总额、海外旅游者接待人数、本年登记外商投资企业数；共享考虑的是每万人口医院床位数、人均拥有公共图书馆藏量、每万人拥有公共厕个数。

在得到 A 省经济高质量发展指标体系的权重之后，可求出创新、协调、绿色、开放、共享的衡量值。

（一）创新

A 省 2011—2020 年创新指数如图 6-1 所示。首先，2011 年的发明专利授权量与每万人口在校大学生数为这十年间的最低值，因此数据处理后的 2011 年创新指标数值为 0。其次，可以看出本省创新指数在这十年间整体呈上升趋势，这说明 A 省的整体创新能力取得了很大的提升，创新水平在逐年改善。尤其是 2012—2016 年曲线上升幅度大，增长率为 1183.74%，追溯至原始数据，可以发现 2012 年发明专利授权量仅 635 项，但到了 2016 年已升至 2036 项，增长率为 220.63%，这得益于要在 960 万平方千米土地上掀起"大众创业""草根创业"的新浪潮，形成"万众创新""人人创新"的新势态，也是 A 省地方政府积极贯彻新发展理念，注重知识产权保护和引导创新、创业的成果。最后，还可以看出 A 省创新指数在 2016—2020 年上升幅度放缓，增长率为 41.74%，追溯至原始数据可以发现专利授权数与每万人口在校大学生数增速均放缓，表明 A 省的创新水平进入稳中求进的新阶段。

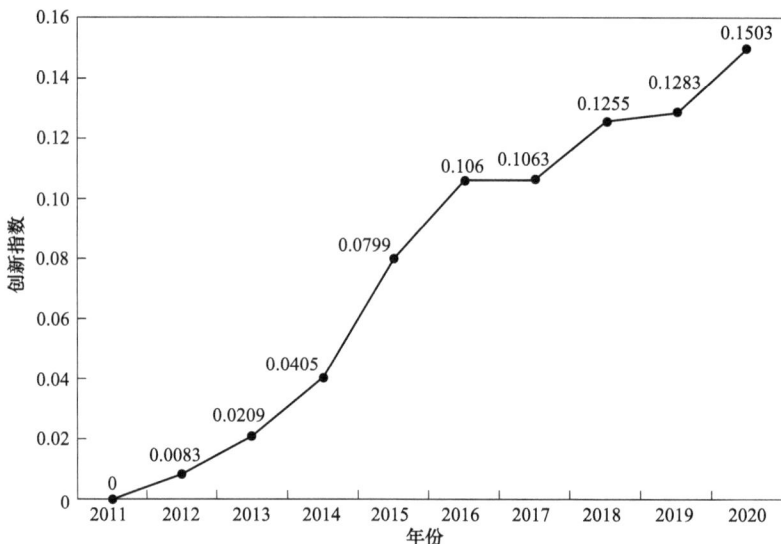

图 6-1　A 省创新指标发展趋势

（二）协调

A 省 2011—2020 年协调指数如图 6-2 所示。首先，可以看出 A 省协调指数在这十年间整体呈上升趋势，这说明 A 省的整体协调能力取得了很大的提升，管理水平在逐年改善。尤其是 2011—2014 年曲线上升幅度大，增长率为 858.93%，追溯至原始数据，可以发现 2011 年城乡收入比为 3.98，2014 年下降至 3.38，增长率为 −15.06%，表明城乡居民收入差距继续缩小，收入分配的格局持续优化，人民群众的获得感、安全感、幸福感持续提升。其次，还可以看出 A 省协调指数在 2015—2019 年继续上升但幅度放缓，增长率为 27.42%，追溯至原始数据可以发现城乡收入比与城镇登记失业率降速均放缓，表明 A 省的协调水平进入稳中求进的新阶段。最后，协调指数在 2020 年突然降低，相比 2019 年下降 34.94%，追溯至原始数据，2019 年的城镇登记失业率为 3.11%，2020 年的城镇登记失业率为 3.75%，同比增长 20.58%，表明 2020 年城镇失业人口激增，这主要是因为疫情突发而导致就业困难，从而失业人口增多。

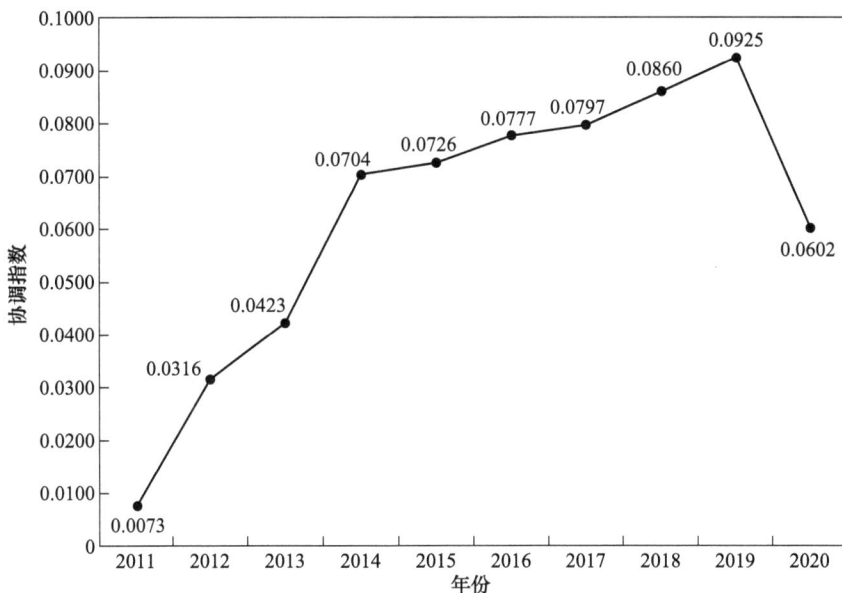

图 6-2　A省协调指标发展趋势

（三）绿色

　　A 省 2011—2020 年绿色指数如图 6-3 所示。首先，2011 年的建成区绿化覆盖率与城市污水日处理能力为这十年间的最低值，因此数据处理后的 2011 年绿色指标数值为 0。其次，可以看出 A 省绿色指数在这十年间整体呈上升趋势，这说明 A 省的整体绿色水平取得了很大的提升，生态情况在逐年改善。最后，可以发现图 6-3 中 2013 年的绿色指数有异常，追溯至原始数据，可以发现 2013 年的城市污水日处理能力为 188.5 万吨，比 2012 年的 124.8 万吨增长了 51.04%；

2014 年为 140.8 万吨，比 2013 年下降了 25.31%。

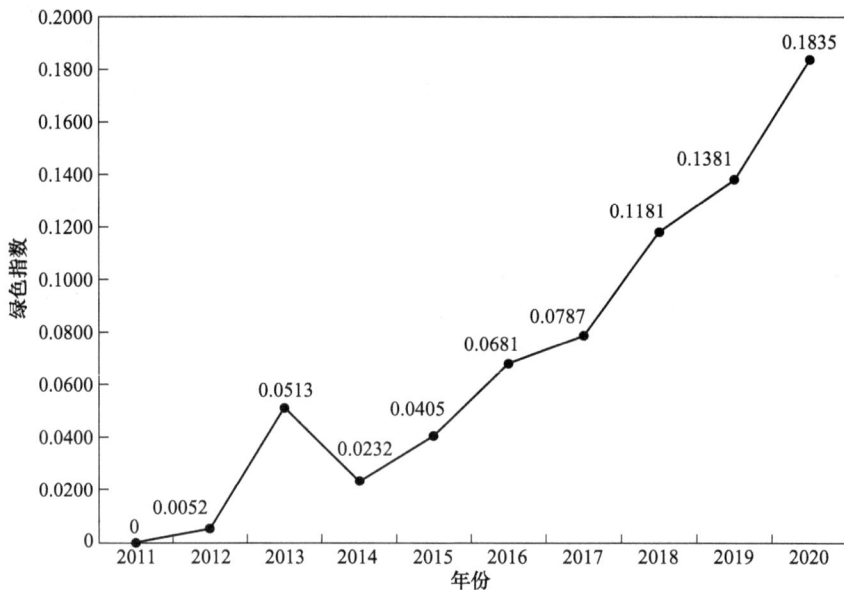

图 6-3 A省绿色指标发展趋势

（四）开放

A 省 2011—2020 年开放指数如图 6-4 所示。首先，可以看出 A 省开放指数

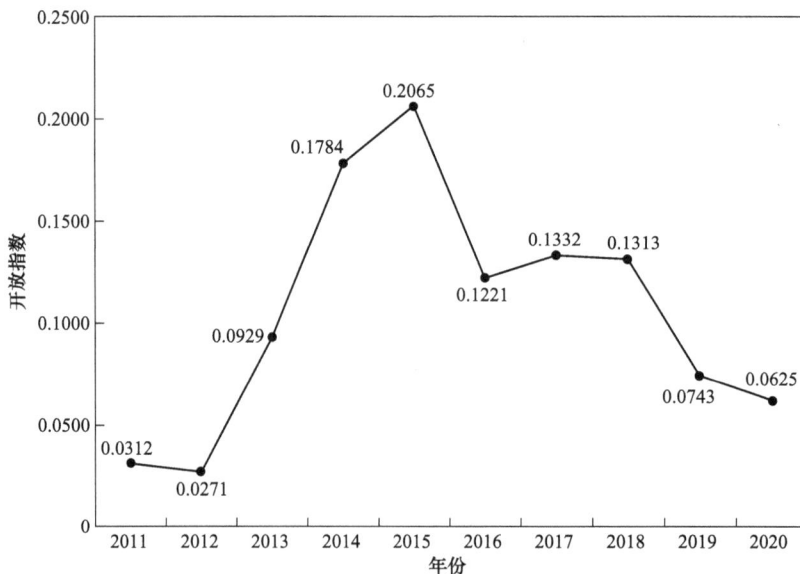

图 6-4 A省开放指标发展趋势

在这十年间整体波动剧烈，这说明A省整体的开放能力处于不断调整的状态，存在较大的不确定因素。尤其是2012—2015年曲线上升幅度大，增长率为661.99%，追溯至原始数据，可以发现2012—2015年地区进出口总额增长97.8%，海外旅游者接待人数增长38.07%，登记外商投资企业数增长94.19%，表明在这期间A省对外开放程度逐渐提升，与外部交流日益密切。其次，在2016年出现断崖式下跌，同比下降40.87%，追溯至原始数据，可以发现2015年地区进出口总额为98.9亿美元，在2016年下降至46.9亿美元，同比下降52.58%，而其余两个指标均为上升，因此可知2016年A省进出口额下降使得贸易开放程度下降，究其原因：2016年世界经济艰难复苏，2016年我国进出口总值下降0.9%，其中出口下降2%。最后，2016—2020年开放指数仍在持续下跌，下降48.81%，这主要是因为海外旅游者接待人数与登记外商投资企业数急速下降。总体来看，A省的开放水平还有很大的提升空间。

（五）共享

A省2011—2020年共享指数如图6-5所示，可以看出A省共享指数在这十年间整体呈上升趋势，这说明A省的整体共享能力取得了很大的提升，共享水平在逐年改善。首先，共享指数在2012年处有突然升高，相比2011年上升492.86%，追溯至原始数据，可以发现每万人口医院床位数增长18.85%，人均拥有公共图书馆藏量增长17.65%，每万人拥有公共厕所个数负增长2.10%，说

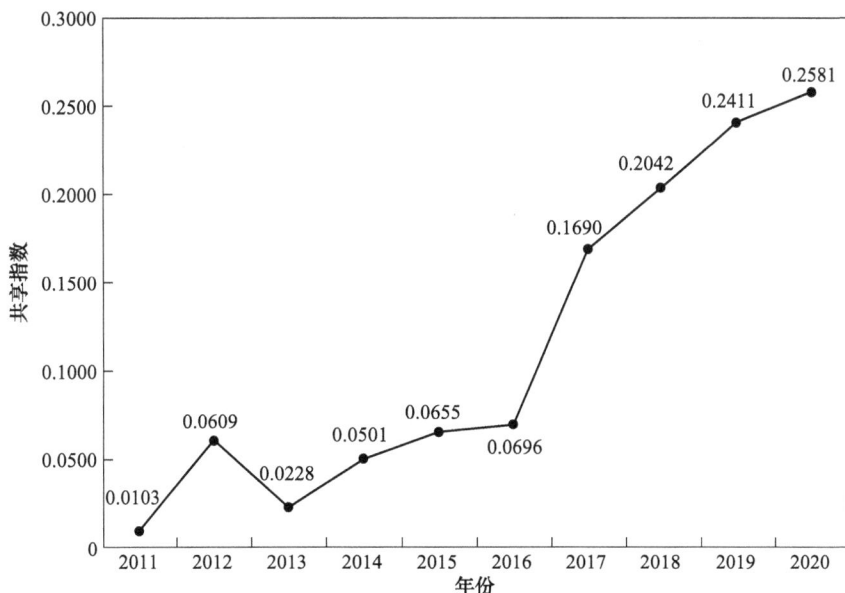

图6-5　A省共享指标发展趋势

明是医院床位数与图书馆的书籍藏量带来了共享指数的上升。其次，A省共享指数在2013—2015年上升但幅度不大，增长率为186.96%，追溯至原始数据，可以发现，每万人口医院床位数增长19.33%，人均拥有公共图书馆藏量增长6.06%，每万人拥有公共厕所个数增长9.59%，表明A省的共享水平进入稳中求进的新阶段。最后，2016—2020年曲线上升幅度大，增长率为270.88%，追溯至原始数据，可以发现每万人口医院床位数增长20.11%，人均拥有公共图书馆藏量增长22.86%，每万人拥有公共厕所个数增长62.56%，表明共享水平提高，人民群众的获得感、安全感、幸福感持续提升，共享水平进入高速发展阶段。

三、A省绿色发展指标分析

绿色发展通过环境增长力、环境承载力与环境管理力三个指标来衡量。其中，环境增长力考虑的是人均GDP、单位GDP能耗、第三产业增加值占比、全社会固定资产投资增长率；环境承载力考虑的是人均水资源量、人均森林面积、二氧化硫排放量、一般工业固体废物综合利用量；环境管理力考虑的是环保支出占地方财政支出比重、人均公园绿地面积、燃气普及率、生活垃圾清运量。

在得到A省绿色发展指标体系的权重之后，可求出环境增长力、环境承载力与环境管理力的衡量值。

（一）环境增长力

A省2011—2020年环境增长力指数如图6-6所示。首先，可以看出A省环

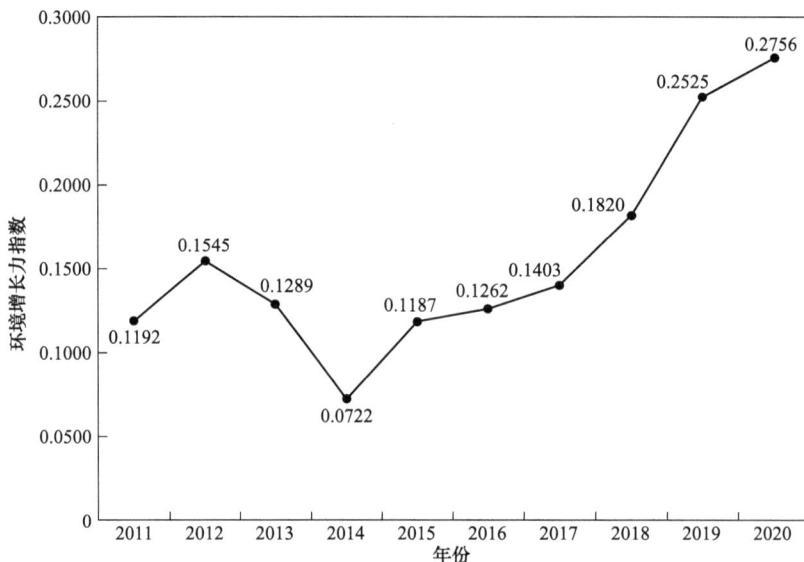

图6-6　A省环境增长力指标发展趋势

境增长力指数在这十年间整体呈上升趋势，这说明A省的绿色发展水平在逐年提升，生态环境得到改善。其次，还可以看出A省环境增长力指数在2012—2014年呈下降趋势，下降53.27%，追溯至原始数据，可以发现人均GDP增长了34.09%，单位GDP能耗下降了9.09%，第三产业增加值占比下降6.69%，全社会固定资产投资增长率下降55.56%，表明A省的环境增长力方面具有较大的提升空间。最后，2014—2020年曲线上升幅度大，增长率为281.63%，追溯至原始数据，可以发现人均GDP增长了74.39%，单位GDP能耗下降了48.46%，第三产业增加值占比增加14.13%，全社会固定资产投资增长率下降86.44%。这表明A省的环境增长力在这七年间得到了较为稳定的发展。

（二）环境承载力

A省2011—2020年环境承载力指数如图6-7所示，可以看出A省环境承载力指数在这十年间整体呈上升趋势，这说明A省的整体环境承载力取得了很大的提升，绿色发展水平在逐年改善。首先，环境承载力指数在2012年有突然升高，相比2011年上升2464%，追溯至原始数据，可以发现人均水资源量增长55.47%，人均森林面积下降1.59%，二氧化硫排放量下降5.72%，一般工业固体废物综合利用量增长20.53%，说明是人均水资源量、二氧化硫排放量、一般工业固体废物综合利用量的改善带来了环境承载力指数的上升。其次，A省环境承载力指数在2012—2018年上升但增速平缓，增长率为143.21%，追溯至原始

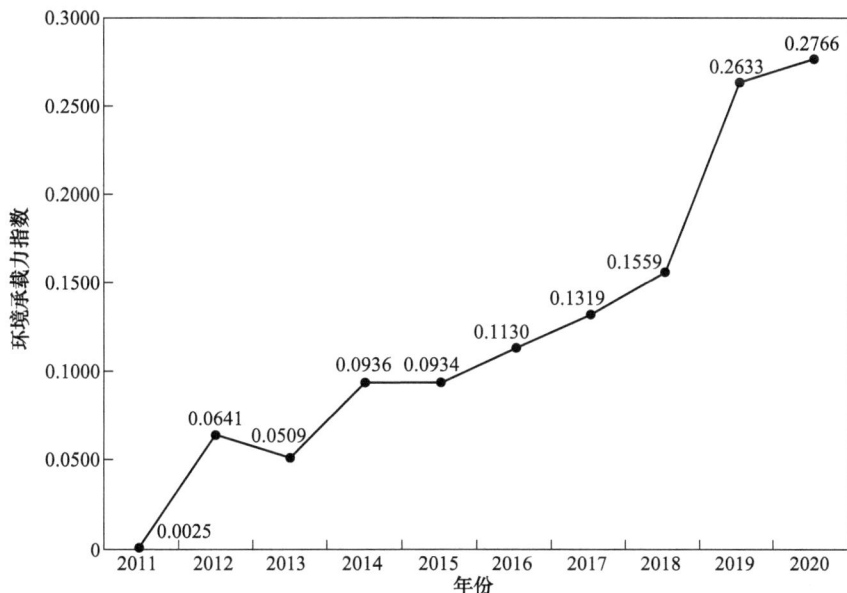

图6-7　A省环境承载力指标发展趋势

数据,可以发现,人均水资源量下降 2.7%,人均森林面积上升 29.93%,二氧化硫排放量下降 33.96%,一般工业固体废物综合利用量增长 7.49%,表明 A 省在这期间各地方政府开始重视绿色发展,积极绿化,采取措施对二氧化硫进行减排,环境承载水平进入稳中求进的新阶段。最后,2018—2020 年曲线上升幅度大,增长率为 77.42%,追溯至原始数据,可以发现人均水资源量增长 26.48%,一般工业固体废物综合利用量增长 27.09%,表明 A 省绿色发展水平提高,人民群众的获得感、安全感、幸福感持续提升。

(三)环境管理力

A 省 2011—2020 年环境管理力指数如图 6-8 所示。首先,可以看出 A 省环境管理力指数在这十年间整体呈上升趋势,这说明 A 省的整体环境管理能力取得了很大的提升,绿色发展水平在逐年改善。其次,2011—2018 年曲线平稳攀升,增长率为 994.62%,追溯至原始数据,可以发现在 2011—2018 年间,环境支出占地方财政支出比重增长 8.38%,人均公园绿地面积增长了 146.18%,燃气普及率增长了 35.72%,生活垃圾清运量增长了 34.49%,这表明 A 省地方政府积极贯彻新发展理念,积极绿化,倡导使用清洁燃料,绿色发展取得一定成效。最后,还可以看出 A 省环境管理力指数在 2018—2019 年明显攀升,增长率为 33.74%,追溯至原始数据可以发现环境支出占地方财政支出比重增长 18.62%,人均公园绿地面积增长了 8.71%,燃气普及率增长了 8.82%,生活垃圾清运量增

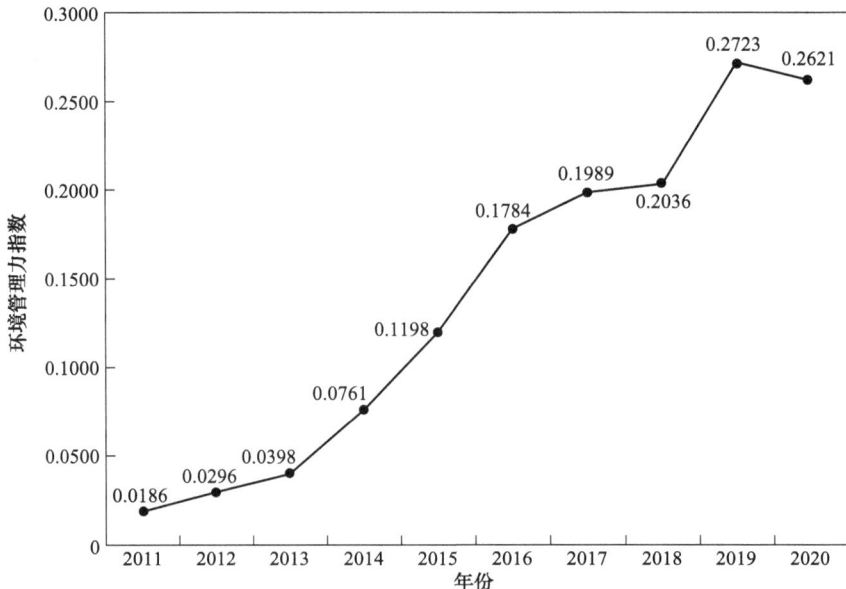

图 6-8   A省环境管理力指标发展趋势

长了 4.85%，而在 2020 年环境管理力指数又出现小幅度下降，波动幅度在合理范围，属于正常战略调整。

四、A省经济高质量发展与绿色发展的总体特征

根据上述研究方法，利用 A 省 2011—2020 年的数据，计算出 A 省经济高质量发展与绿色发展的综合评价指数，见表 6-2。从时间维度上来说，2011—2020年 A 省绿色发展水平指数只在 2013 年出现短暂性降低，这从一定程度上表明新发展理念在 A 省得到有效落实，取得了不俗成就，而经济高质量发展指数总体趋势向上，只在 2016 年出现短暂性降低。总体来看，A 省经济高质量发展与绿色发展存在着较为明显的时空差异，二者呈现趋同优化发展，由此可见，在 A 省走出一条经济高质量发展与绿色发展协调耦合的现实路径是可期的。

表 6-2 A省经济高质量发展与绿色发展的综合评价指数　　　　（％）

年　份	$F(x)$	$G(x)$
2011	4.88	14.04
2012	13.30	24.82
2013	23.03	21.96
2014	36.25	24.20
2015	46.51	33.20
2016	44.35	41.76
2017	56.69	47.10
2018	66.52	54.16
2019	67.43	78.81
2020	71.46	81.43

五、A省经济高质量发展与绿色发展的耦合协调特征

按照上述研究方法，计算出 A 省经济高质量发展与绿色发展的耦合度及耦合协调度，见表 6-3。就耦合度 C 而言，2011—2020 年 A 省经济高质量发展与绿色发展的耦合度 C 均处于 0.4~0.5 这一区间，表明经济高质量发展与绿色发展两个系统开始耦合，但耦合状况仍不够理想，依然存在着很大的上升空间。

表 6-3 A省经济高质量发展与绿色发展的耦合度及耦合协调度

年　份	C	D
2011	0.4376	0.2035
2012	0.4766	0.3014

续表6-3

年　份	C	D
2013	0.4999	0.3353
2014	0.4900	0.3848
2015	0.4930	0.4432
2016	0.4998	0.4639
2017	0.4979	0.5083
2018	0.4974	0.5478
2019	0.4985	0.6037
2020	0.4989	0.6176

就耦合协调度 D 而言，从图6-9可以看出，A省经济高质量发展与绿色发展的耦合协调度在时间序列上呈现出上升的趋势，按照耦合协调度的等级划分，A省经济高质量发展与绿色发展的耦合协调度从中度失调上升到初级协调，这表明耦合协调情况虽逐年改善，但耦合程度仍处于初级协调阶段。

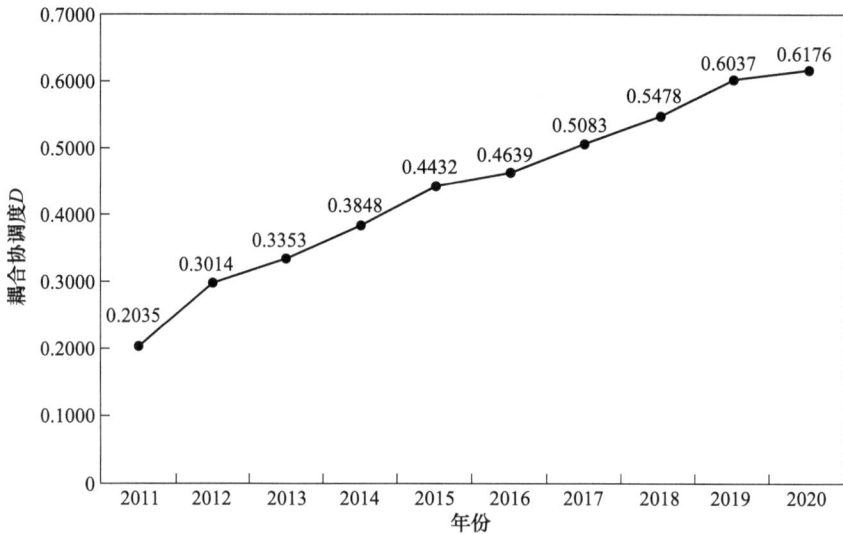

图6-9　A省经济高质量发展与绿色发展的耦合协调度 D

第二节　BB市经济高质量发展与绿色发展耦合协调关系研究

一、评价指标的权重求解

本节对BB市经济高质量发展与绿色发展指标体系进行了权重求解，各指标的权重结果见表6-4。

表6-4　BB市指标权重求解结果

一级指标	三级指标	权重	一级指标	三级指标	权重
A	A11	0.0810	B	B11	0.0590
	A12	0.0875		B12	0.0947
	A21	0.0439		B13	0.0667
	A22	0.0271		B14	0.1064
	A31	0.0471		B21	0.0929
	A32	0.1643		B22	0.0578
	A41	0.0906		B23	0.1705
	A42	0.0451		B24	0.0506
	A43	0.0868		B31	0.1180
	A51	0.0447		B32	0.0439
	A52	0.2400		B33	0.0750
	A53	0.0419		B34	0.0645

二、BB市经济高质量发展指标分析

BB市经济高质量发展也通过创新、协调、绿色、开放、共享五个指标来衡量，衡量每个指标的分量也与上文保持一致。

在得到BB市经济高质量发展指标体系的权重之后，可求出创新、协调、绿色、开放、共享的衡量值。

（一）创新

BB市2011—2020年创新指数如图6-10所示。首先，可以看出BB市创新指数在这十年间整体呈锯齿状上升趋势，这说明BB市的整体创新能力取得了很大的提升，创新水平在逐年改善。其次，2011—2012年曲线上升幅度大，增长率为276.11%，追溯至原始数据，可以发现2011年每万人口在校大学生数仅694.76人，但到了2012年已升至1044.25人，增长率为50.3%。2012—2013年曲线下降幅度大，下降88.57%，追溯至原始数据，可以知道发明专利授权量在2013年上升24.71%，但每万人口在校大学生数下降44.99%，仅574.4人。最后，还可以看出BB市创新指数在2013—2016年逐步上升，增长率为886%，表明BB市的创新水平进入稳中求进的新阶段，2016—2020年处于波动式上升状态，这说明BB市在不断调整优化，以期取得更好的创新效果。

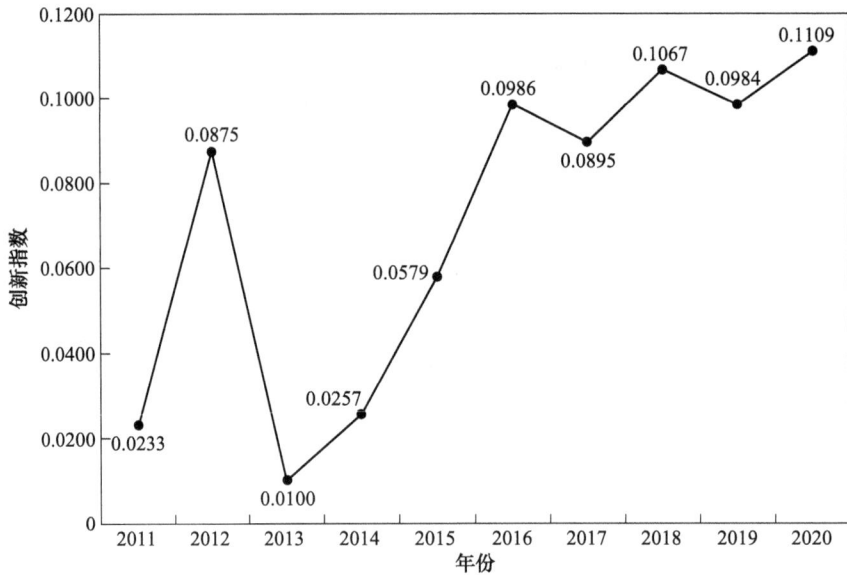

图 6-10　BB 市创新指标发展趋势

（二）协调

BB 市 2011—2020 年协调指数如图 6-11 所示。首先，可以看出 BB 市协调指

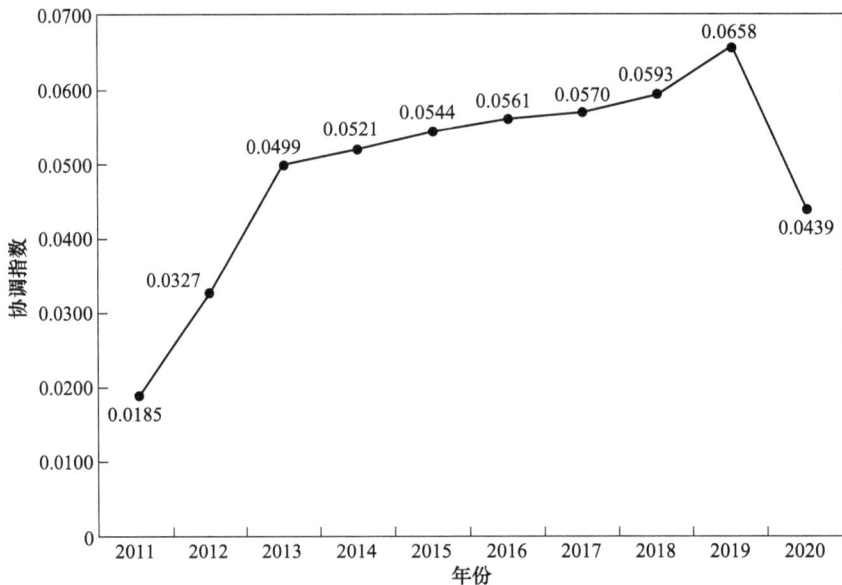

图 6-11　BB 市协调指标发展趋势

数在这十年间整体呈上升趋势，这说明 BB 市的整体协调能力取得了很大的提升，管理水平在逐年改善。尤其是 2011—2013 年曲线上升幅度大，增长率为169.73%，追溯至原始数据，可以发现 2011 年城乡收入比为 2.63，2013 年下降至 2.38，增长率为 -9.69%，2011 年城镇登记失业率 3.29%，2013 年下降至2.96%，下降了 10.03%，表明城乡居民收入差距继续缩小，城镇失业人员数量减少，收入分配的格局持续优化，人民群众的获得感、安全感、幸福感持续提升。其次，还可以看出 BB 市协调指数在 2013—2019 年继续上升但幅度放缓，增长率为 31.86%，追溯至原始数据可以发现城乡收入比与城镇登记失业率降速均放缓，表明 BB 市的协调水平进入稳中求进的新阶段。最后，协调指数在 2020 年突然降低，相比 2019 年下降 33.28%，追溯至原始数据，2019 年的城镇登记失业率为 2.96%，2020 年的城镇登记失业率为 4.04%，同比增长 36.49%，表明 2020年城镇失业人口激增，这主要是因为疫情突发而导致就业困难，从而失业人口增多。

（三）绿色

BB 市 2011—2020 年绿色指数如图 6-12 所示。首先，可以看出 BB 市绿色指数在这十年间整体呈上升趋势，这说明 BB 市的整体绿色发展水平取得了很大的提升，生态情况在逐年改善。其次，可以发现 2011—2014 年曲线在短暂波动后

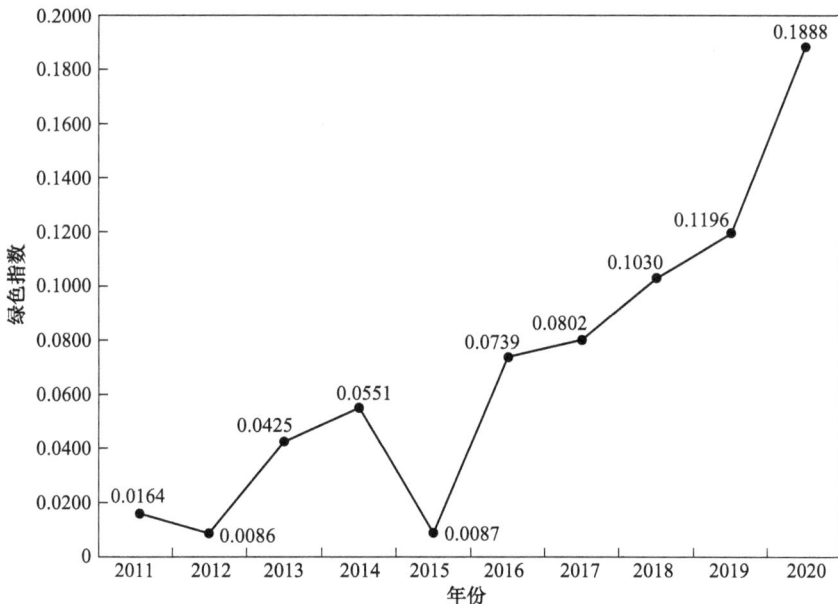

图 6-12　BB 市绿色指标发展趋势

继续上升，增长率为 235.98%，追溯至原始数据，建成区绿化覆盖率增长了6.77%，城市污水日处理能力增长了 9.72%，表明 BB 市 2011—2014 年绿色发展态势良好，平稳提升。但在 2015 年出现快速下降，这主要是因为建成区绿化覆盖率同比下降了 9.74%。此后 BB 市政府在改善绿化覆盖率的同时，加大了城市污水处理能力，从 2015 年的 71.7 万吨上升为 2016 年的 102.7 万吨，同比增长43.24%。最后，2016—2020 年曲线持续上升，追溯原始数据可以发现，建成区绿化覆盖率变化不大，但城市污水日处理能力在 2020 年已升至 194.4 万吨，表明 BB 市政府对污水处理的重视，绿色发展水平进入稳中求进的新阶段。

（四）开放

BB 市 2011—2020 年开放指数如图 6-13 所示。首先，可以看出 BB 市开放指数在这十年间整体波动剧烈，这说明 BB 市整体的开放能力处于不断调整的状态，存在较大的不确定因素。2011—2015 年曲线上升幅度大，增长率为214.42%，追溯至原始数据，可以发现 2012—2015 年地区进出口总额增长141.97%，海外旅游者接待人数增长 53.06%，登记外商投资企业数增长 5.80%，表明在这期间 BB 市对外开放程度逐渐提升，与外部交流日益密切。其次，2015—2018 年曲线逐渐下降，同比下降 37.59%，追溯至原始数据，可以发现2015—2018 年地区进出口总额下降 61.73%，海外旅游者接待人数下降 19.31%，登记外商投资企业数增长 73.97%，因此可以知道 2016 年 BB 市进出口额、海外

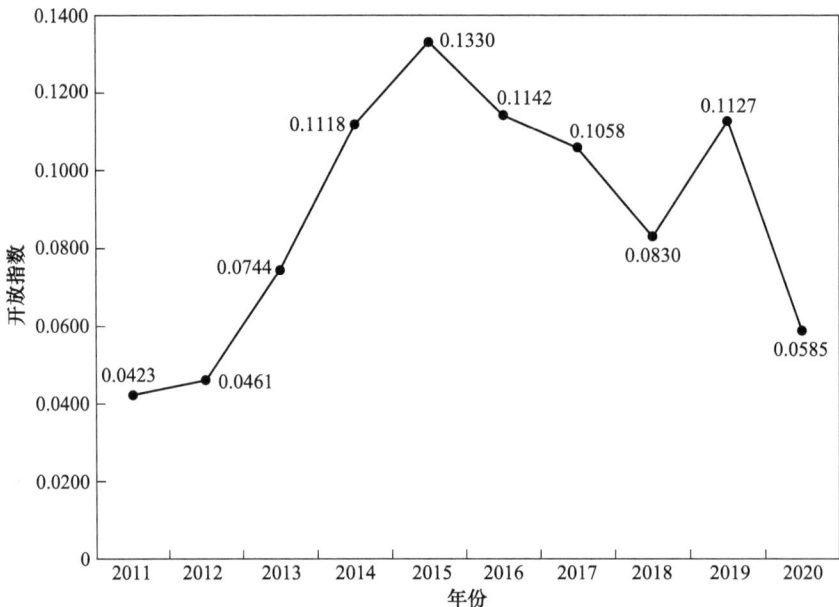

图 6-13　BB 市开放指标发展趋势

旅游者接待人数下降使得贸易开放程度下降，究其原因：2016年世界经济艰难复苏，2016年中国进出口总值下降0.9%，其中出口下降2%。最后，2019年开放指数突然上涨，这主要是因为地区进出口总额、海外旅游者接待人数与当年登记外商投资企业数小幅度上调，指数又于2020年下降，是因为海外旅游者接待人数与本年登记外商投资企业数大幅下降。总体来看，BB市的开放水平还有很大的回暖空间。

（五）共享

BB市2011—2020年共享指数如图6-14所示，可以看出BB市共享指数在这十年间整体呈上升趋势，这说明BB市的整体共享能力取得了很大的提升，共享水平在逐年改善。首先，共享指数在2011—2017年缓慢上升，表明BB市在此期间的共享水平进入稳中求进的阶段。其次，BB市共享指数在2017—2018年上升幅度大，增长率为239.34%，追溯至原始数据，可以发现，每万人口医院床位数增长2.45%，人均拥有公共图书馆藏量增长176.78%，每万人拥有公共厕所个数下降0.57%，表明BB市2018年的共享指数上涨主要是人均拥有公共图书馆藏量增长带来的。最后，2018—2020年曲线下降，负增长31.16%，追溯至原始数据，可以发现每万人口医院床位数下降7.59%，人均拥有公共图书馆藏量下降12.73%，每万人拥有公共厕所个数下降18.57%。BB市的共享水平还存在很大改善空间。

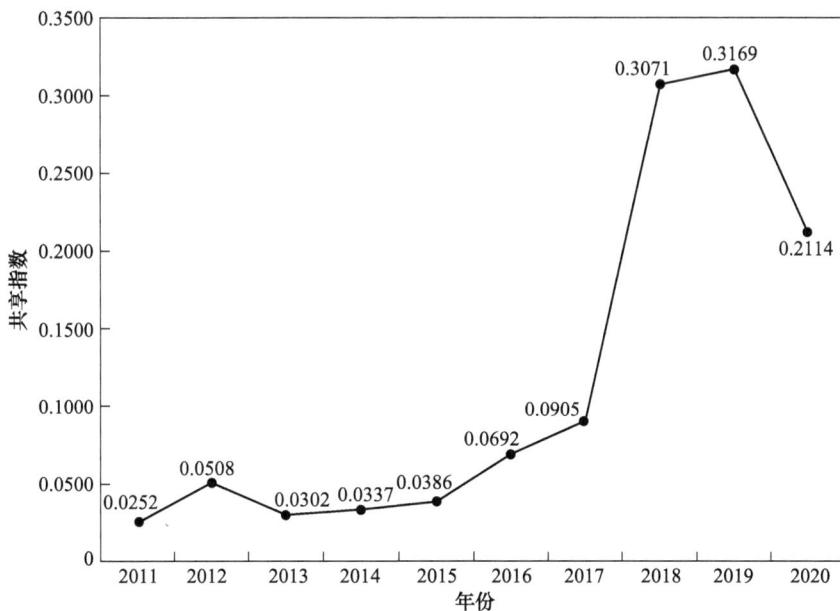

图6-14　BB市共享指标发展趋势

三、BB 市绿色发展指标分析

BB 市绿色发展也通过环境增长力、环境承载力与环境管理力三个指标来衡量。

在得到 BB 市绿色发展指标体系的权重之后，可求出环境增长力、环境承载力与环境管理力的衡量值。

（一）环境增长力

BB 市 2011—2020 年环境增长力指数如图 6-15 所示。首先，可以看出 BB 市环境增长力指数在这十年间整体呈上升趋势，这说明 BB 市的绿色发展水平在逐年提升，生态环境得到改善。其次，还可以看出 BB 市环境增长力指数在 2014—2015 年上升幅度大，增长了 58.21%，追溯至原始数据，可以发现人均 GDP 增长了 14.51%，单位 GDP 能耗下降了 40.48%，第三产业增加值占比上升 1.06%，全社会固定资产投资增长率上升 4.15%，表明 BB 市在不断调整环境增长力，处于稳中求进的阶段。最后，2015—2020 年环境增长力指数在波动中上升，属于正常调整，BB 市环境增长力在这十年间得到了较为稳定的发展。

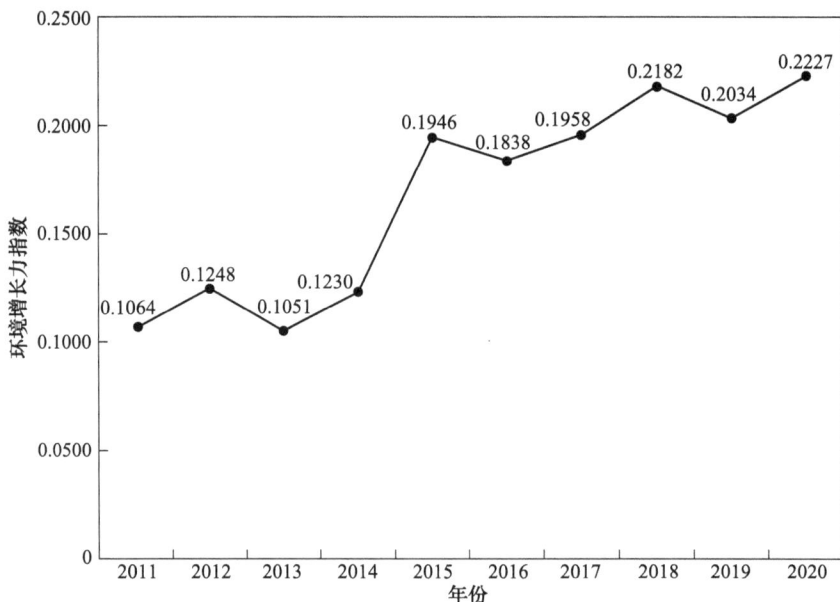

图 6-15　BB 市环境增长力指标发展趋势

（二）环境承载力

BB 市 2011—2020 年环境承载力指数如图 6-16 所示，可以看出 BB 市环境承载力指数在这十年间整体呈上升趋势，这说明BB市的整体环境承载力取得了很大的提升，绿色发展水平在逐年改善。首先，环境承载力指数在2012年突然升高，相比2011年上升144.31%，追溯至原始数据，可以发现人均水资源量增长83.12%，人均森林面积增长7.35%，一般工业固体废物综合利用量增长8.20%，到2013年数据降低55.35%，是因为人均水资源量下降34.13%，人均森林面积下降1.55%，二氧化硫排放量增长7.38%，一般工业固体废物综合利用量下降22.11%。其次，环境承载力指数在2014—2017年下降但降速平缓，表明BB市在这期间不断在进行调整优化。最后，2017—2019年环境承载力指数大幅度上升，同比增长141.91%，追溯至原始数据，可以发现，人均水资源量下降1.83%，人均森林面积上升13.2%，二氧化硫排放量下降63.48%，一般工业固体废物综合利用量增长42.68%，表明BB市在这期间地方政府开始重视绿色发展，积极绿化，采取措施对二氧化硫进行减排，环境承载水平进入快速发展的新阶段。2020年曲线略微下降，主要是调整了人均水资源量与人均森林面积。BB市绿色发展水平在不断提高，但还有较大改善空间。

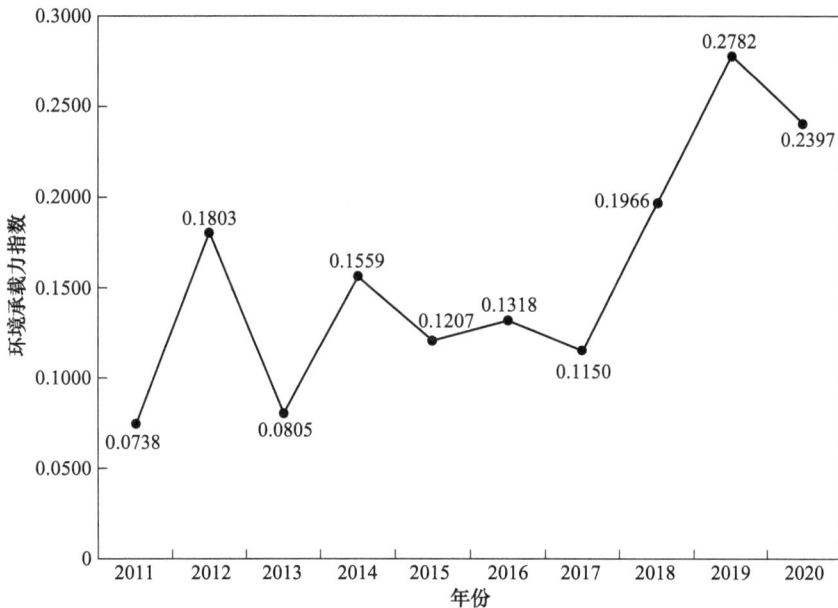

图6-16　BB市环境承载力指标发展趋势

（三）环境管理力

BB市2011—2020年环境管理力指数如图6-17所示。首先，可以看出BB市环境管理力指数在这十年间整体呈上升趋势，这说明BB市的整体环境管理能力取得了很大的提升，绿色发展水平在逐年改善。其次，2011—2014 年曲线平稳攀升，增长率为 666.92%，追溯至原始数据，可以发现在 2011—2014 年间，环境支出占地方财政支出比重增长 41.83%，人均公园绿地面积增长了 63.38%，燃气普及率增长了 1.23%，生活垃圾清运量增长了 47.84%，这表明 BB 市地方政府积极贯彻新发展理念，积极绿化，倡导使用清洁燃料，绿色发展取得一定成效。最后，还可以看出 BB 市环境管理力指数在 2016 年明显下降，这主要是环境支出占地方财政支出比重指标下降了 34.04%，而后面几年曲线在波动中前进，波动幅度在合理范围，属于正常战略调整。

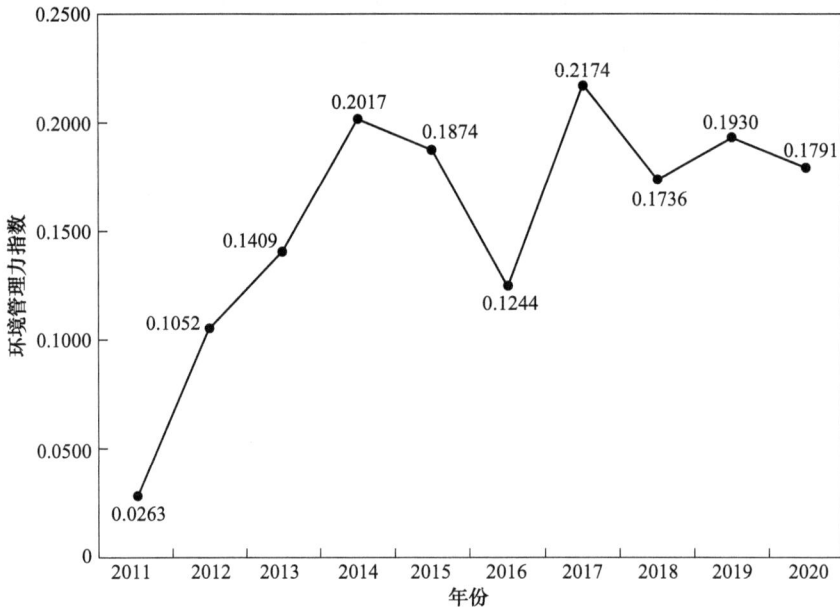

图 6-17　BB 市环境管理力指标发展趋势

四、BB 市经济高质量发展与绿色发展的总体特征

根据上述研究方法，利用 BB 市 2011—2020 年的数据，计算出 BB 市经济高质量发展与绿色发展的综合评价指数，见表 6-5。从时间维度上来说，2011—2020 年 BB 市绿色发展水平指数震荡式上升，在 2013 年、2016 年、2020 年均出现降低，这从一定程度上表明 BB 市在不断调整绿色发展相关政策部署，以期取得更好效果，但实际成效与理想效果之间的差距值得深思。经济高质量发展指数总体趋势向上，但在 2013 年、2020 年出现短暂性降低，尤其是 2020 年，经济高质量发展指数同比下降 14%，当时各项政策的适配性值得考虑。再单看 2016 年，BB 市绿色发展指数同比下降 12.46%，同年经济高质量发展指数却同比增长

40.68%，二者在这一年出现了不同方向的变化。总体来看，BB市经济高质量发展与绿色发展存在着较为明显的时空差异，二者总体呈现趋同优化发展，由此可见，于BB市而言，要实现经济高质量发展与绿色发展协调耦合是可期的。

表6-5　BB市经济高质量发展与绿色发展的综合评价指数　　（%）

年　份	$F(x)$	$G(x)$
2011	12. 56	20. 64
2012	22. 58	41. 03
2013	20. 71	32. 64
2014	27. 84	48. 06
2015	29. 28	50. 26
2016	41. 19	44. 00
2017	42. 30	52. 83
2018	65. 90	58. 84
2019	71. 33	67. 47
2020	61. 35	64. 16

五、BB市经济高质量发展与绿色发展的耦合协调特征

按照上述研究方法，计算出BB市经济高质量发展与绿色发展的耦合度及耦合协调度，见表6-6。就耦合度 C 而言，2011—2020年BB市经济高质量发展与绿色发展的耦合度 C 均处于 $0.4 \sim 0.5$ 这一区间，表明经济高质量发展与绿色发展两个系统开始耦合，但耦合状况仍不够理想，依然存在着很大的上升空间。

表6-6　BB市经济高质量发展与绿色发展的耦合度及耦合协调度

年份	C	D
2011	0. 4850	0. 2838
2012	0. 4785	0. 3901
2013	0. 4873	0. 3606
2014	0. 4819	0. 4276
2015	0. 4823	0. 4379
2016	0. 4997	0. 4614
2017	0. 4969	0. 4862
2018	0. 4992	0. 5580
2019	0. 4998	0. 5890
2020	0. 4999	0. 5601

就耦合协调度 D 而言，从图 6-18 可以看出，BB 市经济高质量发展与绿色发展的耦合协调度在时间序列上呈现出上升的趋势。首先，从数值上看，耦合协调度 D 在 2013 年与 2020 年出现短暂性下降，这与高质量发展指数下降有关。其次，BB 市耦合协调度在 2011 年的初始状态优于全省水平，但在研究期末 2020 年的耦合协调度却明显低于全省水平。这一数值的比较分析对于 BB 市政府来说有较好的警示意义。最后，按照耦合协调度的等级划分，BB 市经济高质量发展与绿色发展的耦合协调度从中度失调上升到勉强协调，低于全省水平。这表明，耦合协调情况虽逐年改善，但耦合程度仍有较大改善空间。

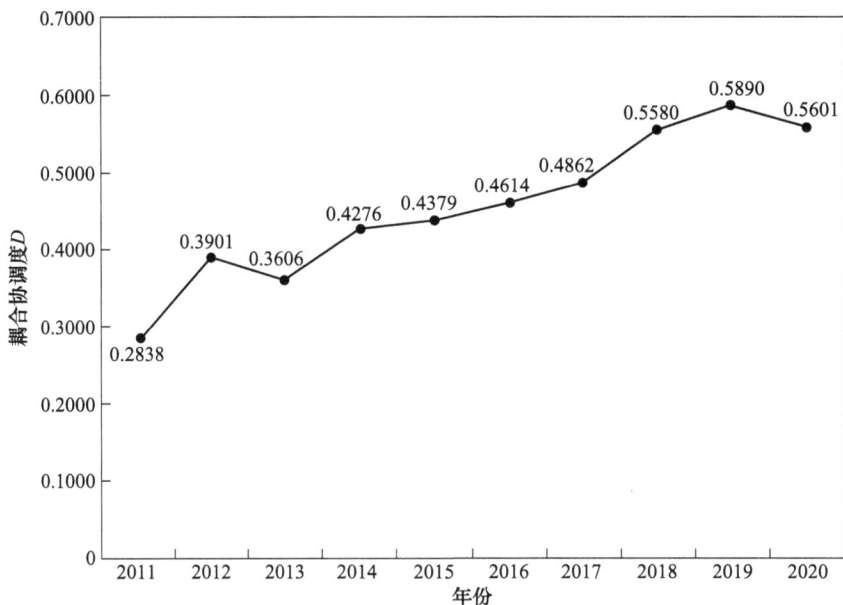

图 6-18   BB 市经济高质量发展与绿色发展的耦合协调度 D

第三节   CC 市经济高质量发展与绿色发展耦合协调关系研究

一、评价指标的权重求解

本节对 CC 市经济高质量发展与绿色发展指标体系进行了权重求解，各指标的权重结果见表 6-7。

二、CC 市经济高质量发展指标分析

CC 市经济高质量发展也通过创新、协调、绿色、开放、共享五个指标来衡量。

表 6-7　CC 市指标权重求解结果

一级指标	三级指标	权重	一级指标	三级指标	权重
A	A11	0.0488	B	B11	0.0571
	A12	0.0564		B12	0.0831
	A21	0.0312		B13	0.0614
	A22	0.0497		B14	0.0930
	A31	0.0527		B21	0.0661
	A32	0.1644		B22	0.0775
	A41	0.0684		B23	0.1172
	A42	0.2073		B24	0.0580
	A43	0.0693		B31	0.0994
	A51	0.0396		B32	0.0824
	A52	0.1305		B33	0.1152
	A53	0.0817		B34	0.0897

在得到 CC 市经济高质量发展指标体系的权重之后，可求出创新、协调、绿色、开放、共享的衡量值。

（一）创新

CC 市 2011—2020 年创新指数如图 6-19 所示。首先，可以看出 CC 市创新指

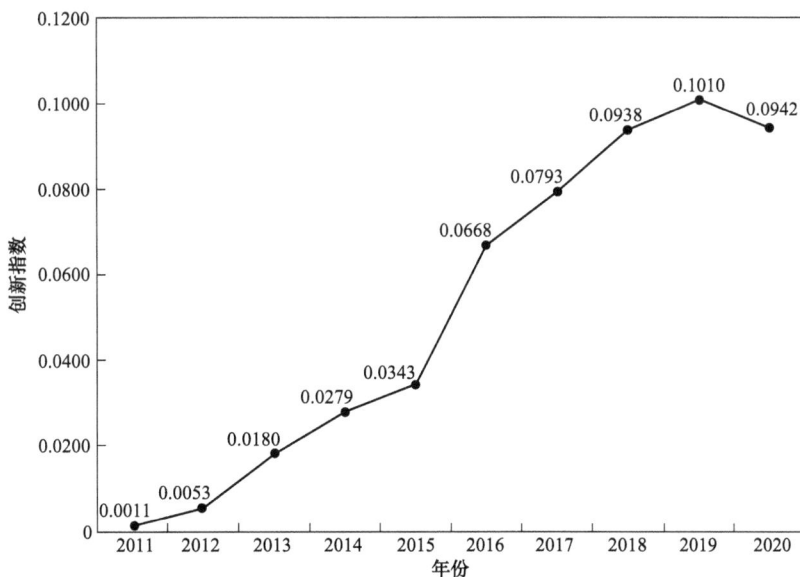

图 6-19　CC 市创新指标发展趋势

数在这十年间整体呈上升趋势，这说明 CC 市的整体创新能力取得了很大的提升，创新水平在逐年改善，创新水平处于稳中求进的阶段。其次，2015—2016年曲线上升幅度大，增长率为 94.75%，追溯至原始数据，可以发现 2016 年发明专利授权量比 2015 年增长了 74.07%，每万人口在校大学生数增长了 24.35%，这是 CC 市地方政府积极贯彻新发展理念，注重知识产权保护和引导创新、创业的成果。最后，曲线在 2020 年略微下降，主要是因为发明专利授权量下降，从 2019 年的 51 项下降至 2020 年的 42 项，同比下降 17.65%。CC 市创新水平稳中有进，可在不断调整优化中谋求新的经济发展机遇。

（二）协调

CC 市 2011—2020 年协调指数如图 6-20 所示。首先，2011 年的城乡收入比与城镇登记失业率为这十年间的最低值，因此数据处理后的 2011 年协调指标数值为 0。其次，可以看出本市协调指数在这十年间整体呈上升趋势，这说明 CC 市的整体协调能力取得了很大的提升，管理水平在逐年改善。尤其是 2012—2013年曲线上升幅度大，增长率为 485.96%，追溯至原始数据，可以发现 2012 年城乡收入比为 3.62，2014 年下降至 3.31，增长率为-8.67%，表明城乡居民收入差距继续缩小，收入分配的格局持续优化，人民群众的获得感、安全感、幸福感持续提升。再次，还可以看出 CC 市协调指数在 2013—2017 年波动上升幅度放缓，表明 CC 市的协调水平进入稳中求进的阶段。最后，协调指数在 2018 年突然上

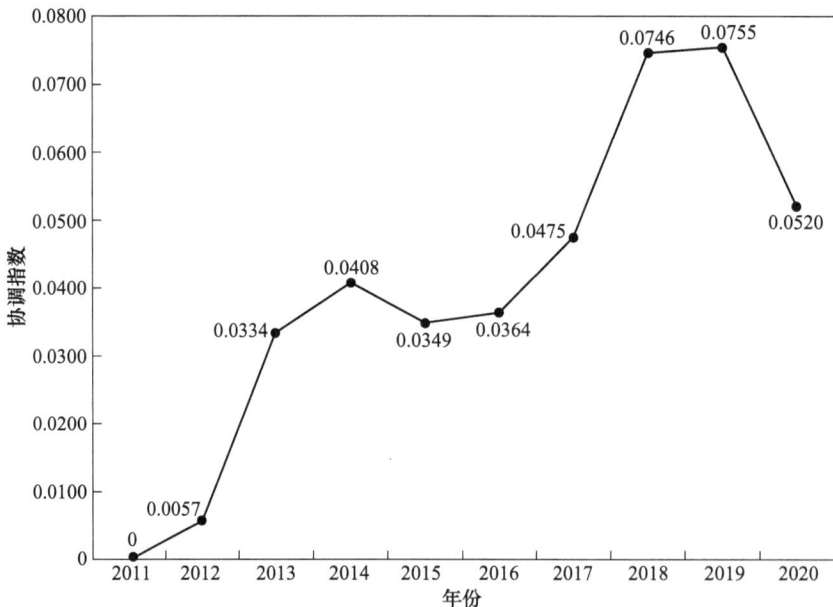

图 6-20　CC 市协调指标发展趋势

升，相比 2017 年上升 57.05%，追溯至原始数据，2017 年的城镇登记失业率为 3.83%，2018 年的城镇登记失业率为 3.48%，同比下降 9.14%，而曲线在 2020 年又突然下降，这主要是因为 2020 年的城镇登记失业率上涨至 3.87%，表明 2020 年城镇失业人口激增，这主要是因为疫情突发而导致就业困难，从而失业人口增多。

（三）绿色

CC 市 2011—2020 年绿色指数如图 6-21 所示。首先，可以看出本市绿色指数在这十年间整体呈上升趋势，这说明 CC 市的整体绿色水平取得了很大的提升，生态情况在逐年改善。其次，可以发现 2011—2017 年曲线在短暂波动后继续上升，表明 CC 市 2011—2017 年绿色发展态势良好，平稳提升。在 2017—2019 年出现快速上升，增长率 252.68%，这主要是因为城市污水日处理能力同比上涨了 97.79%。最后，2020 年曲线大幅下降，追溯原始数据，可以发现主要是城市污水日处理能力从 2019 年的 25.91 万吨下降至 2020 年的 16.43 万吨，同比下降 36.59%。CC 市绿色水平稳中有进，应在不断调整优化中谋求新的经济发展机遇。

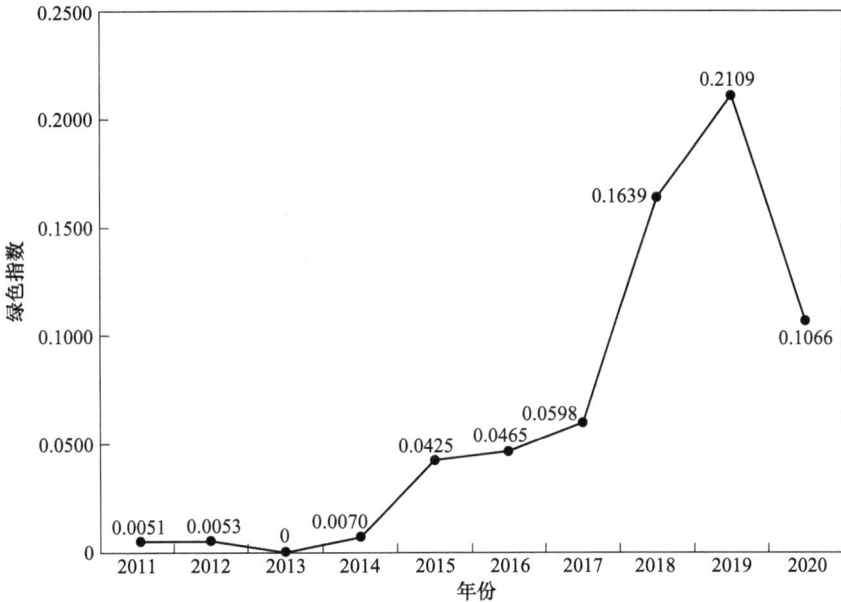

图 6-21　CC 市绿色指标发展趋势

（四）开放

CC 市 2011—2020 年开放指数如图 6-22 所示。首先，可以看出 CC 市开放指数在这十年间整体波动剧烈，这说明 CC 市整体的开放能力处于不断调整的状态，存在较大的不确定因素。2011—2016 年开放指数在波动中前进，表明 CC 市政府在不断调整开放水平，稳中求进。2016—2017 年曲线上升幅度大，增长率为 161.59%，追溯至原始数据，可以发现 2012—2015 年地区进出口总额增长22.90%，海外旅游者接待人数增长 336.27%，登记外商投资企业数下降21.05%，表明在这期间 CC 市对外开放程度逐渐提升，与外部交流日益密切，旅游业发展迅速，但投资吸引力不强。其次，在 2018 年出现断崖式下跌，同比下降 64.28%，追溯至原始数据，可以发现 2018 年地区进出口总额下降 37.80%，海外旅游者接待人数下降 89.27%，当年登记外商投资企业数增长 93.33%，表明2018 年 CC 市政府针对性提高了本市的投资吸引力，但未能兼顾贸易、旅游业的发展。最后，2018—2020 年开放指数仍在持续下跌，这主要是因为海外旅游者接待人数急速下降。总体来看，CC 市的开放水平还有很大的提升空间。

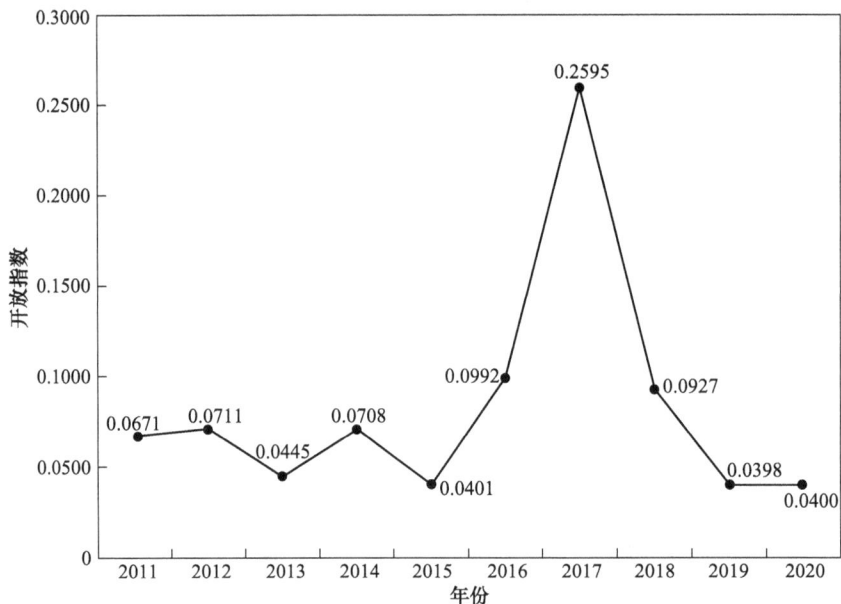

图 6-22　CC 市开放指标发展趋势

（五）共享

CC 市 2011—2020 年共享指数如图 6-23 所示。首先，可以看出 CC 市共享指数在这十年间整体呈上升趋势，这说明 CC 市的整体共享能力取得了很大的提升，共享水平在逐年改善。2011—2017 年曲线在平稳中上升，表明 CC 市的共享水平处于稳中求进的阶段。其次，2017—2018 年共享指数变化突然剧烈，同比增长 122.46%，追溯至原始数据，可以发现每万人口医院床位数增长 5.63%，人均拥有公共图书馆藏量增长 156.72%，每万人拥有公共厕所个数增长 19.27%，主要是图书馆的书籍藏量大幅上涨而导致了共享指数的上升。最后，CC市共享指数在 2018—2020 年上升但幅度不大，增长率为 35.23%，追溯至原始数据，可以发现，每万人口医院床位数增长 8.24%，人均拥有公共图书馆藏量增长 26.56%，每万人拥有公共厕所个数增长 24.57%。以上表明 CC市共享水平逐渐改善提高，人民群众的获得感、安全感、幸福感持续提升。

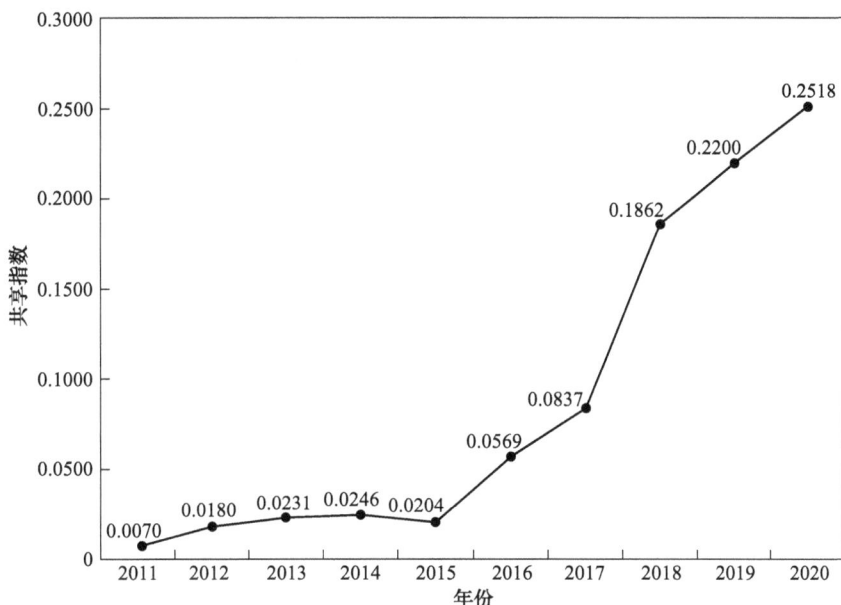

图 6-23　CC市共享指标发展趋势

三、CC市绿色发展指标分析

CC市绿色发展也通过环境增长力、环境承载力与环境管理力三个指标来衡量。

在得到 CC市绿色发展指标体系的权重之后，可求出环境增长力、环境承载力与环境管理力的衡量值。

（一）环境增长力

CC市 2011—2020 年环境增长力指数如图 6-24 所示。首先，可以看出 CC市环境增长力指数在这十年间整体呈上升趋势，这说明 CC市的绿色发展水平在逐年提升，生态环境得到改善。其次，还可以看出 CC市环境增长力指数在 2013 年突然下降，同比下降 22.87%，追溯至原始数据，可以发现人均 GDP 增长了 18.91%，单位 GDP 能耗下降了 0.11%，第三产业增加值占比增长 10.00%，全社会固定资产投资增长率下降 61.45%，表明 CC 市的环境增长力方面具有较大的提升空间。最后，2013—2020 年曲线波动上升，增长率为 125.20%，追溯至原始数据，可以发现人均 GDP 增长了 43.72%，单位 GDP 能耗下降了 55.13%，第三产业增加值占比增加 17.05%，全社会固定资产投资增长率下降 86.21%。这表明 CC 市的环境增长力在这七年间得到了较为稳定的发展。

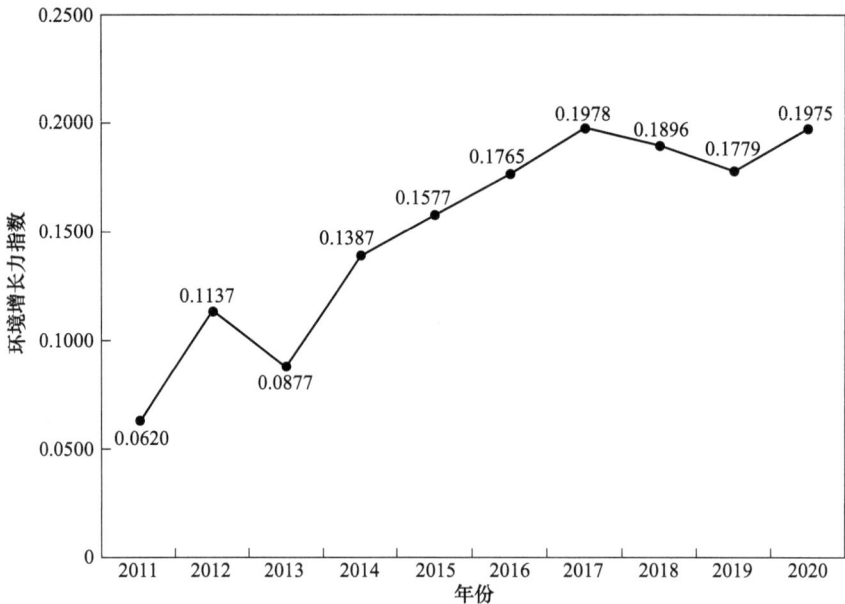

图 6-24　CC 市环境增长力指标发展趋势

(二) 环境承载力

CC 市 2011—2020 年环境承载力指数如图 6-25 所示。首先，可以看出 CC 市环境承载力指数在这十年间整体呈上升趋势，这说明 CC 市的整体环境承载力取得了很大的提升，绿色发展水平在逐年改善。其次，环境承载力指数在 2012 年突然升高，相比 2011 年上升 2012.5%，追溯至原始数据，可以发现人均水资源量增长 93.52%，人均森林面积增长 7.42%，一般工业固体废物综合利用量增长 31.21%，说明主要是人均水资源量、一般工业固体废物综合利用量的改善带来了环境承载力指数的上升。在 2013 年突然下降，主要是因为人均水资源量下降 45.04%，二氧化硫排放量下降 9.68%，一般工业固体废物综合利用量下降 26.77%。最后，CC 市环境承载力指数在 2013—2020 年持续上升，2017 年突然下降主要是因为二氧化硫排放量过多，后续不断优化调整减排量，曲线继续保持上升，表明CC市在这期间各地方政府开始重视绿色发展，积极绿化，采取措施对二氧化硫进行减排，环境承载水平进入稳中求进的新阶段，CC市绿色发展水平提高，人民群众的获得感、安全感、幸福感持续提升。

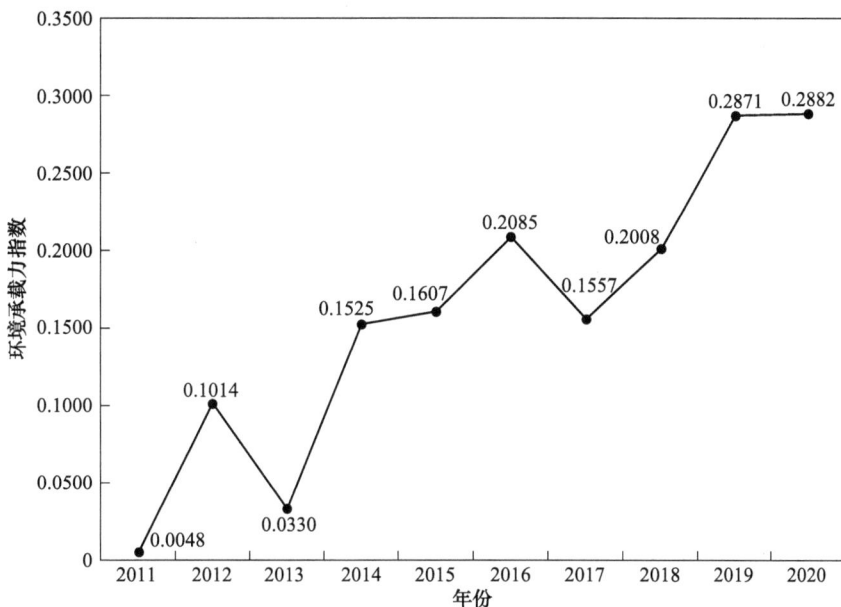

图6-25　CC市环境承载力指标发展趋势

（三）环境管理力

　　CC市2011—2020年环境管理力指数如图6-26所示。首先，可以看出CC市环境管理力指数在这十年间整体呈上升趋势，这说明CC市的整体环境管理能力取得了很大的提升，绿色发展水平在逐年改善。其次，2011—2017年曲线持续攀升，增长率为909.10%，追溯至原始数据，可以发现在2011—2017年间，环境支出占地方财政支出比重增长103.53%，人均公园绿地面积增长了663.51%，燃气普及率增长了86.98%，生活垃圾清运量增长了81.09%，这表明CC市地方政府积极贯彻新发展理念，积极绿化，倡导使用清洁燃料，绿色发展取得一定成效。断点2013年，主要是因为环境支出占地方财政支出比重下降。最后，还可以看出CC市环境管理力指数在2018年突然下降，负增长25.98%，追溯至原始数据，可以发现环境支出占地方财政支出比重下降16.14%，人均公园绿地面积下降2.39%，燃气普及率下降7.8%，生活垃圾清运量下降30.43%，后续调整了环境支出与燃气普及率，2019年指数回暖，而在2020年又出现小幅度下降，主要是因为环境支出下降，波动幅度在合理范围，属于正常战略调整。

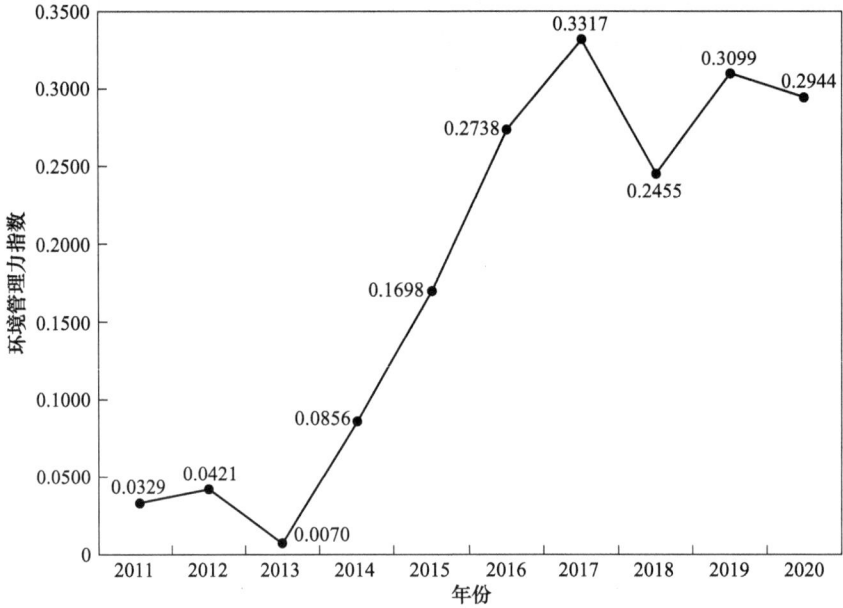

图 6-26 CC 市环境管理力指标发展趋势

四、CC 市经济高质量发展与绿色发展的总体特征

根据上述研究方法，利用 CC 市 2011—2020 年的数据，计算出 CC 市经济高质量发展与绿色发展的综合评价指数，见表 6-8。从时间维度上来说，2011—2020 年 CC 市绿色发展水平指数，只在 2013 年、2018 年出现短暂性降低，而经

表 6-8　CC 市经济高质量发展与绿色发展的综合评价指数　　　　（%）

年　份	$F(x)$	$G(x)$
2011	8.02	9.97
2012	10.54	25.72
2013	11.89	12.78
2014	17.09	37.68
2015	17.22	48.81
2016	30.58	65.88
2017	52.99	68.52
2018	61.12	63.59
2019	64.72	77.49
2020	54.46	78.02

济高质量发展指数总体趋势向上，只在 2020 年出现短暂性降低。总体来看，CC 市经济高质量发展与绿色发展存在着较为明显的时空差异，二者呈现趋同优化发展，由此可见，在 CC 市走出一条经济高质量发展与绿色发展协调耦合的现实路径是可期的。

五、CC 市经济高质量发展与绿色发展的耦合协调特征

按照上述研究方法，计算出 CC 市经济高质量发展与绿色发展的耦合度及耦合协调度，见表 6-9。就耦合度 C 而言，2011—2020 年 CC 市经济高质量发展与绿色发展的耦合度 C 均处于 0.4~0.5 这一区间，表明经济高质量发展与绿色发展两个系统开始耦合，但耦合状况仍不够理想，依然存在着很大的上升空间。

表 6-9　CC 市经济高质量发展与绿色发展的耦合度及耦合协调度

年　份	C	D
2011	0.4971	0.2114
2012	0.4541	0.2869
2013	0.4997	0.2482
2014	0.4633	0.3562
2015	0.4391	0.3807
2016	0.4653	0.4737
2017	0.4959	0.5489
2018	0.4999	0.5583
2019	0.4980	0.5951
2020	0.4920	0.5709

就耦合协调度 D 而言，从图 6-27 可以看出，CC 市经济高质量发展与绿色发展的耦合协调度在时间序列上总体呈现上升趋势，仅在 2013 年、2020 年出现短暂性下降，这与全省耦合协调度 D 升降水平方向不一致，并且值得注意的是，在 2011—2020 年这十年间，有六年的时间 CC 市经济高质量发展与绿色发展的耦合协调度均低于全省水平，尤其是 2013 年差距达到 0.087。按照耦合协调度的等级划分，CC 市经济高质量发展与绿色发展的耦合协调度从中度失调上升到勉强协调，CC 市的协调程度比之全省及 DD 市水平都低，这表明 CC 市耦合协调情况虽逐年改善，但仅有勉强协调程度的耦合现状仍有较大改善空间。

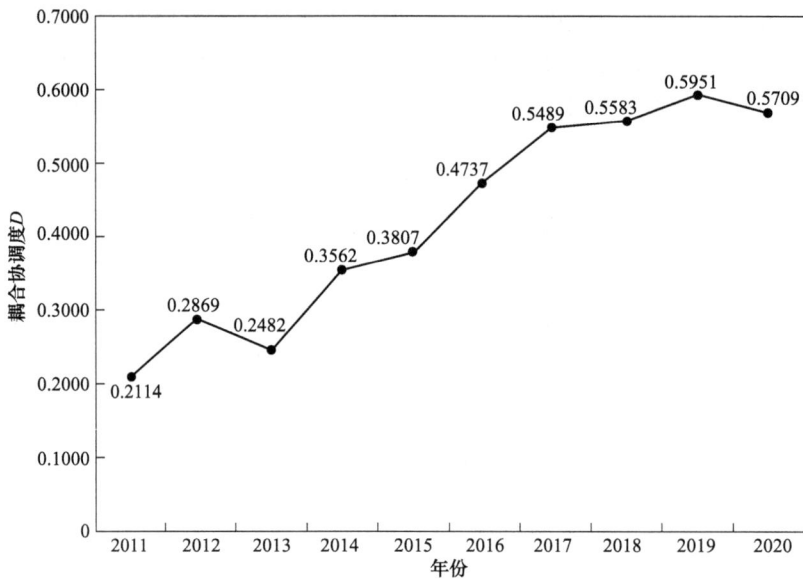

图 6-27　CC 市经济高质量发展与绿色发展的耦合协调度 D

第四节　DD 市经济高质量发展与绿色发展耦合协调关系研究

一、评价指标的权重求解

本节对 DD 市经济高质量发展与绿色发展指标体系进行了权重求解，各指标的权重结果见表 6-10。

表 6-10　DD 市指标权重求解结果

一级指标	三级指标	权重	一级指标	三级指标	权重
A	A11	0.0888	B	B11	0.0815
	A12	0.0548		B12	0.0914
	A21	0.0422		B13	0.0779
	A22	0.0325		B14	0.0816
	A31	0.0729		B21	0.0839
	A32	0.0659		B22	0.0595
	A41	0.0948		B23	0.1485
	A42	0.1598		B24	0.0505
	A43	0.0682		B31	0.0855
	A51	0.0519		B32	0.0721
	A52	0.1871		B33	0.1005
	A53	0.0810		B34	0.0670

二、DD市经济高质量发展指标分析

DD市经济高质量发展也通过创新、协调、绿色、开放、共享五个指标来衡量。

在得到DD市经济高质量发展指标体系的权重之后，可求出创新、协调、绿色、开放、共享的衡量值。

（一）创新

DD市2011—2020年创新指数如图6-28所示。首先，2011年的发明专利授权量与每万人口在校大学生数为这十年间的最低值，因此数据处理后的2011年创新指标数值为0。其次，可以看出DD市创新指数在这十年间整体呈上升趋势，这说明DD市的整体创新能力取得了很大的提升，创新水平在逐年改善。2011—2020年增长率为1222.83%，追溯至原始数据，可以发现2011年发明专利授权量仅71项，但到了2020年已升至600项，增长率为745.07%，这得益于要在960万平方千米土地上掀起"大众创业""草根创业"的新浪潮，形成"万众创新""人人创新"的新势态，也是DD市地方政府积极贯彻新发展理念，注重知识产权保护和引导创新、创业的成果，每万人口在校大学生数十年间增长113.41%，表明DD市的创新水平处于快速发展的新阶段。

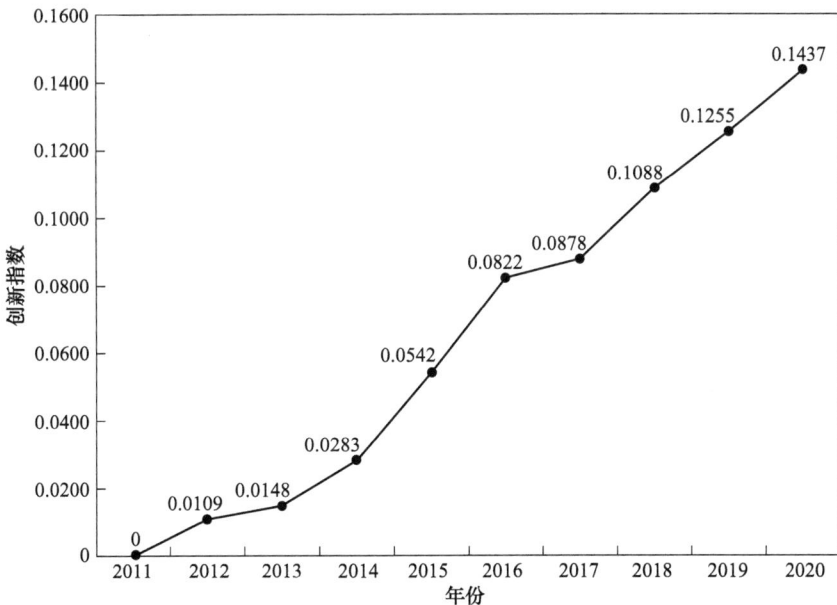

图6-28　DD市创新指标发展趋势

（二）协调

DD市2011—2020年协调指数如图6-29所示。首先，可以看出DD市协调指数在这十年间整体呈上升趋势，这说明DD市的整体协调能力取得了很大的提升，管理水平在逐年改善。尤其是2011—2014年曲线上升幅度大，增长率为529.28%，追溯至原始数据，可以发现2011年城乡收入比为3.34，2014年下降至2.72，下降18.67%，2011年城镇登记失业率3.26%，2014年下降至2.8%，下降14.11%，表明城乡居民收入差距继续缩小，收入分配的格局持续优化，人民群众的获得感、安全感、幸福感持续提升。其次，还可以看出DD市协调指数在2015—2019年不断波动，但幅度较小，追溯至原始数据，可以发现城乡收入比与城镇登记失业率降速均放缓。最后，协调指数在2020年突然降低，相比2019年下降31.80%，追溯至原始数据，2019年的城镇登记失业率为2.96%，2020年的城镇登记失业率为3.48%，同比增长17.57%，表明2020年城镇失业人口激增，这主要是因为疫情突发而导致就业困难，从而失业人口增多。

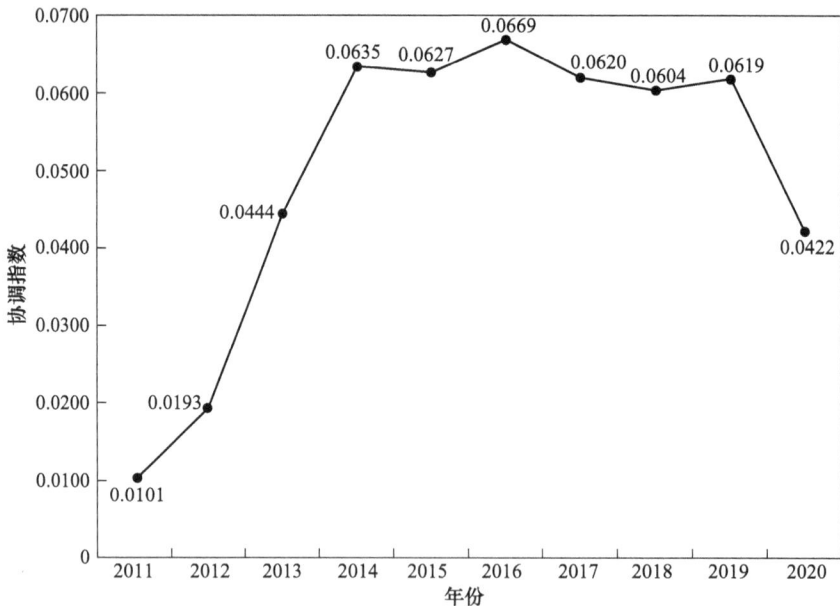

图6-29　DD市协调指标发展趋势

（三）绿色

DD市2011—2020年绿色指数如图6-30所示。首先，2011年的建成区绿化覆盖率与城市污水日处理能力为这十年间的最低值，因此数据处理后的2011年绿色指标数值为0。其次，可以看出DD市绿色指数在这十年间整体呈上升趋势，这说明DD市的整体绿色水平取得了很大的提升，生态情况在逐年改善。最后，2011—2020年绿色指数增长1289.97%，追溯至原始数据，可以发现建成区绿化覆盖率增长95.45%，城市污水日处理能力增长223.16%，表明DD市绿色水平持续改善，不断提升，今后可在不断优化中谋求新的经济发展机遇。

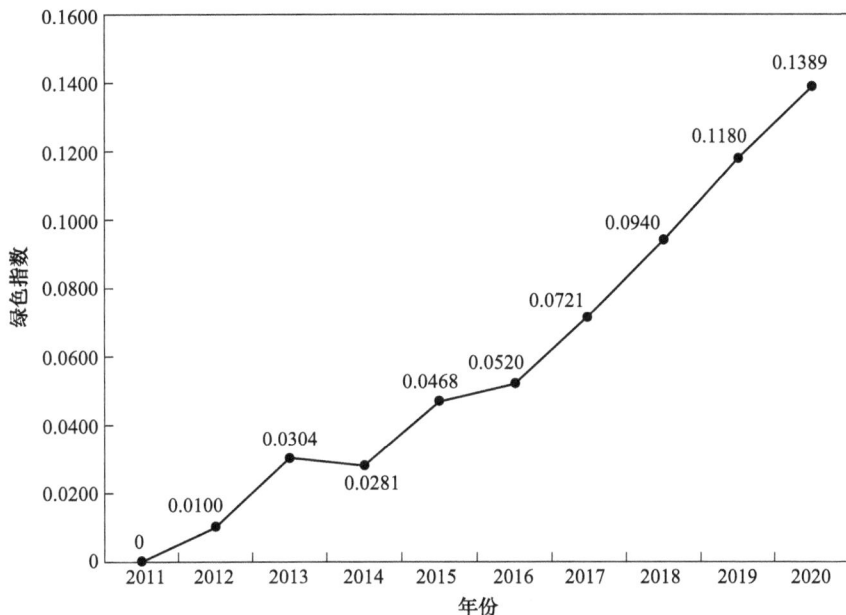

图6-30　DD市绿色指标发展趋势

（四）开放

DD市2011—2020年开放指数如图6-31所示。首先，可以看出DD市开放指数在这十年间整体波动剧烈，这说明DD市整体的开放能力处于不断调整的状态，存在较大的不确定因素。2011—2014年曲线在波动中前进，略微上升，2015年出现较大增长点，追溯原始数据可以发现，2015年地区进出口总额增长222.70%，海外旅游者接待人数增长10%，当年登记外商投资企业数增长66.67%，表明在这期间DD市对外开放程度逐渐提升，与外部交流日益密切。其次，在2017年出现爆发式增长，追溯至原始数据，可以发现2017年地区进出口总额比2016年增长114.73%，海外旅游者接待人数比2016年增长424.65%，因此可以知道2017年DD市进出口总额、海外旅游者接待人数上涨使得贸易开放程度上升，在2018年又出现断崖式下跌，这主要是因为地区进出口总额下降64.64%，海外旅游者接待人数同比下降76.31%，虽然当年登记外商投资企业数增长了 25.93%，但是 2018 年的开放指数仍然下降了 66.33%。最后，2018—2020 年开放指数总体持续下跌，下降 48.74%，这主要是因为海外旅游者接待人数与当年登记外商投资企业数急速下降。总体来看，DD 市的开放水平还有很大的提升空间。

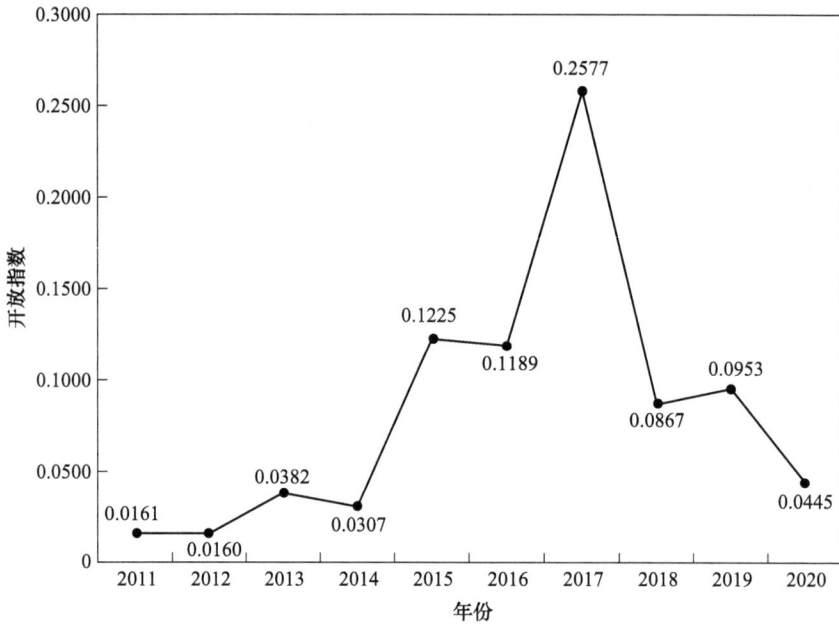

图 6-31　DD 市开放指标发展趋势

（五）共享

DD 市 2011—2020 年共享指数如图 6-32 所示，可以看出 DD 市共享指数在这十年间整体呈上升趋势，这说明 DD 市的整体共享能力取得了很大的提升，共享水平在逐年改善。首先，共享指数 2011—2015 年平稳上升，表明在此期间 DD 市的共享水平处于稳中求进的阶段。在 2016 年轻微下跌，主要是因为每万人拥有公共厕所个数下降 32.71%。其次，DD 市共享指数在 2016—2018 年上升幅度大，增长率为 594.63%，追溯至原始数据可以发现，每万人口医院床位数增长 22.11%，人均拥有公共图书馆藏量增长 222.21%，每万人拥有公共厕所个数增长 145.13%，表明 DD 市的共享水平进入快速发展的阶段，人民群众的获得感、安全感、幸福感持续提升。最后，2018—2020 年曲线缓慢上升，增长率为 6.19%，追溯至原始数据，可以发现每万人口医院床位数增长 2.97%，人均拥有公共图书馆藏量增长 6.56%，每万人拥有公共厕所个数增长 0.94%，表明共享水平进入稳中求进的阶段。

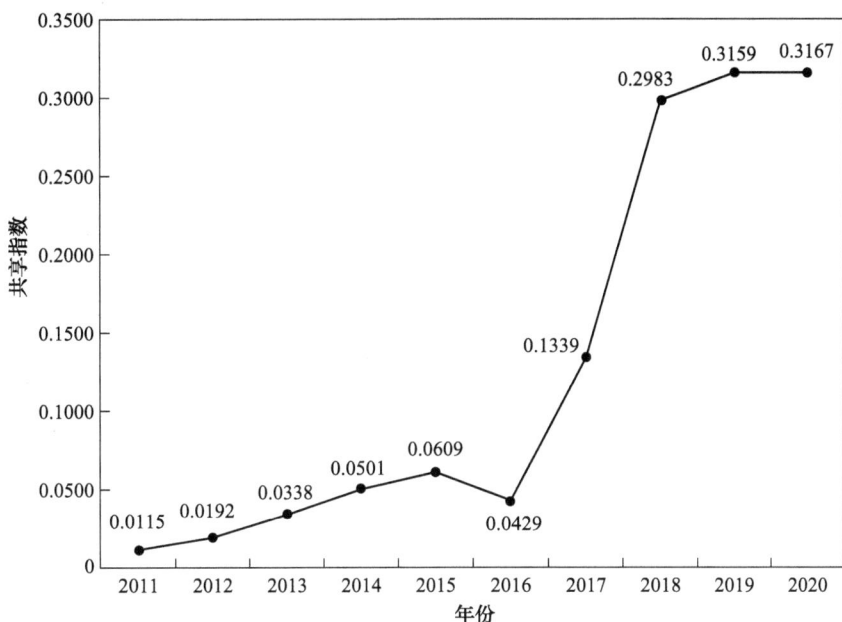

图 6-32　DD 市共享指标发展趋势

三、DD 市绿色发展指标分析

DD 市绿色发展也通过环境增长力、环境承载力与环境管理力三个指标来衡量。

在得到 DD 市绿色发展指标体系的权重之后，可求出环境增长力、环境承载力与环境管理力的衡量值。

（一）环境增长力

DD 市 2011—2020 年环境增长力指数如图 6-33 所示。首先，可以看出 DD 市环境增长力指数在这十年间整体呈上升趋势，这说明 DD 市的绿色发展水平在逐年提升，生态环境得到改善。其次，还可以看出 DD 市环境增长力指数在 2013 年突然下降，下降了 36.72%，追溯至原始数据，可以发现相比 2012 年，2013 年的人均 GDP 增长了 16.64%，单位 GDP 能耗下降了 3.43%，第三产业增加值占比下降 3.62%，全社会固定资产投资增长率下降 42.41%，表明 DD 市的环境增长力方面具有较大的提升空间。最后，2013—2020 年曲线不断上升，增长 194.04%，追溯至原始数据，可以发现人均 GDP 增长了 127.74%，单位 GDP 能耗下降了 52.32%，第三产业增加值占比上升 8.77%，全社会固定资产投资增长率下降 90.54%，这表明 DD 市的环境增长力在这八年间得到了较为稳定的发展。

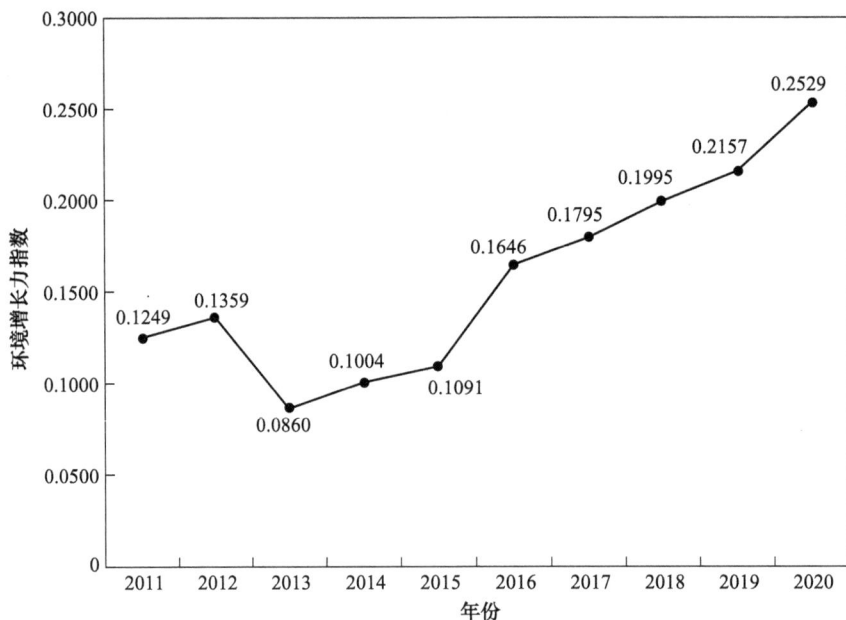

图 6-33　DD 市环境增长力指标发展趋势

（二）环境承载力

DD 市 2011—2020 年环境承载力指数如图 6-34 所示。首先，可以看出 DD 市环境承载力指数在这十年间整体呈上升趋势，这说明 DD 市的整体环境承载力取得了很大的提升，绿色发展水平在逐年改善。其次，环境承载力指数在 2013 年突然下降，相比 2012 年下降 48.11%，追溯至原始数据，可以发现人均水资源量下降 20.87%，人均森林面积上升 3.16%，二氧化硫排放量上升 5.15%，一般工业固体废物综合利用量下降 18.69%，说明是人均水资源量、二氧化硫排放量、一般工业固体废物综合利用量的恶化带来了环境承载力指数的下降。最后，DD市环境承载力指数在 2013—2020 年曲线不断上升，增长率为 503.42%，追溯至原始数据可以发现，人均水资源量增长 75.19%，人均森林面积上升 7.23%，二氧化硫排放量下降 81.57%，一般工业固体废物综合利用量增长 23.46%，表明DD 市在这期间地方政府开始重视绿色发展，积极绿化，采取措施对二氧化硫进行减排，环境承载水平进入高速发展的阶段，绿色发展水平提高，人民群众的获得感、安全感、幸福感持续提升。

（三）环境管理力

DD 市 2011—2020 年环境管理力指数如图 6-35 所示。首先，可以看出 DD 市

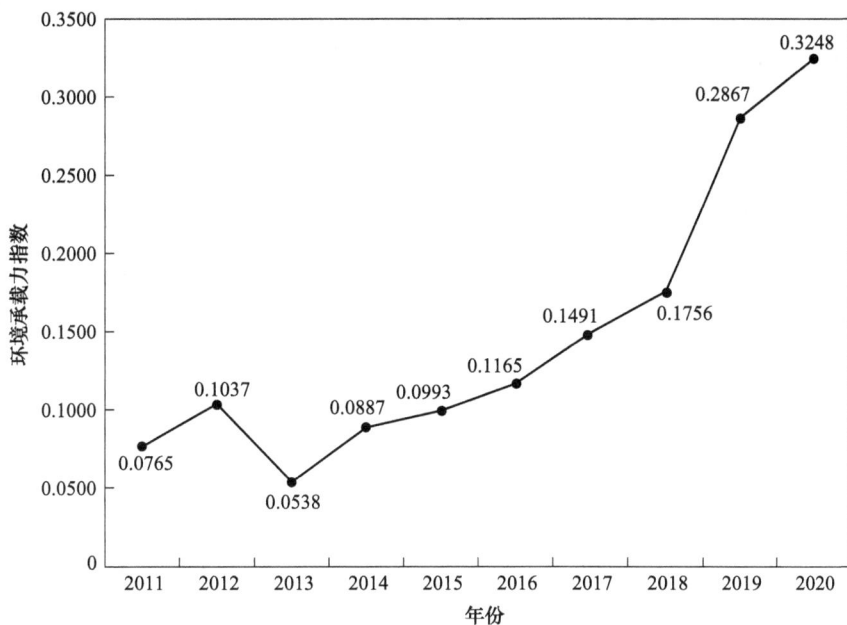

图 6-34　DD 市环境承载力指标发展趋势

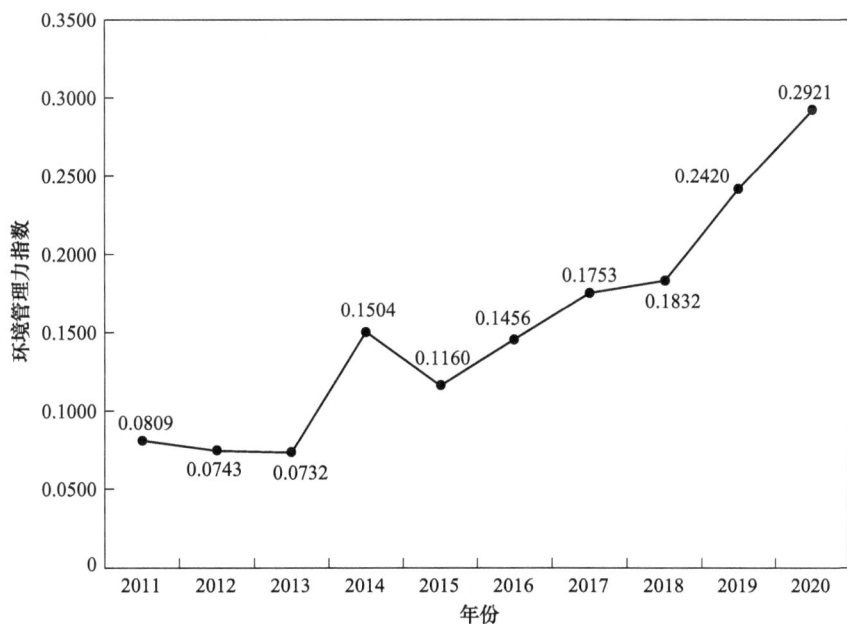

图 6-35　DD 市环境管理力指标发展趋势

环境管理力指数在这十年间整体呈上升趋势，这说明 DD 市的整体环境管理能力取得了很大的提升，绿色发展水平在逐年改善。其次，曲线在 2014 年上升幅度大，增长率为 105.39%，追溯至原始数据，环境支出占地方财政支出比重增长 14.25%，人均公园绿地面积增长了 8.74%，燃气普及率增长了 12.04%，生活垃圾清运量增长了 9.42%，之后下调了环境支出占地方财政支出比重，使得曲线略微下降至 2015 年的数值。最后，2015—2020 年曲线平稳攀升，增长率为 151.87%，追溯至原始数据，可以发现在 2015—2020 年间，环境支出占地方财政支出比重增长 28.39%，人均公园绿地面积增长了 61.03%，燃气普及率增长了 33.90%，生活垃圾清运量增长了 7.56%，这表明 DD 市地方政府积极贯彻新发展理念，积极绿化，倡导使用清洁燃料，绿色发展取得一定成效。

四、DD 市经济高质量发展与绿色发展的总体特征

根据上述研究方法，利用 DD 市 2011—2020 年的数据，计算出 DD 市经济高质量发展与绿色发展的综合评价指数，见表 6-11。从时间维度上来说，2011—2020 年 DD 市绿色发展水平指数仅在 2013 年、2015 年出现短暂性下降，而经济高质量发展指数总体趋势向上，只在 2020 年出现短暂性降低。总体来看，DD 市经济高质量发展与绿色发展存在着较为明显的时空差异，二者呈现趋同优化发展，由此可见，在 DD 市走出一条经济高质量发展与绿色发展协调耦合的现实路径是可期的。

表 6-11　DD 市经济高质量发展与绿色发展的综合评价指数　　　　（%）

年　份	$F(x)$	$G(x)$
2011	3.76	28.22
2012	7.53	31.39
2013	16.16	21.30
2014	20.06	33.95
2015	34.72	32.44
2016	36.29	42.67
2017	61.34	50.39
2018	64.82	55.83
2019	71.65	74.44
2020	68.59	86.98

五、DD 市经济高质量发展与绿色发展的耦合协调特征

按照上述研究方法，计算出 DD 市经济高质量发展与绿色发展的耦合度及耦合协调度，见表 6-12。就耦合度 C 而言，2011 年耦合度远低于全省水平，但在

2020 年该值已和全省水平大体一致，由此可见，DD 市政府近年来在努力协调经济高质量发展与绿色发展，并取得了一定成效。总体来看，2011—2020 年 DD 市经济高质量发展与绿色发展的耦合度 C 均处于 0.3～0.5 这一区间，表明经济高质量发展与绿色发展两个系统虽逐步开始耦合，但耦合的状况仍不够理想，依然存在着很大的上升空间。

表 6-12　DD 市经济高质量发展与绿色发展的耦合度及耦合协调度

年　份	C	D
2011	0.3222	0.2270
2012	0.3950	0.2773
2013	0.4953	0.3046
2014	0.4832	0.3612
2015	0.4997	0.4096
2016	0.4984	0.4436
2017	0.4976	0.5272
2018	0.4986	0.5484
2019	0.4999	0.6043
2020	0.4965	0.6214

就耦合协调度 D 而言，从图 6-36 可以看出，DD 市经济高质量发展与绿色发

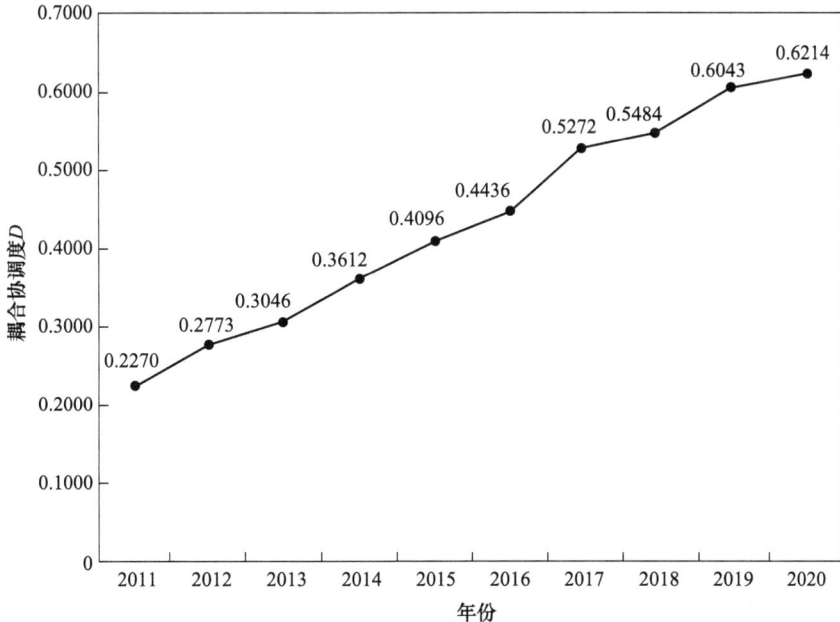

图 6-36　DD 市经济高质量发展与绿色发展的耦合协调度 D

展的耦合协调度在时间序列上呈现出上升的趋势,这一点与全省耦合协调度的变化趋势相同。值得注意的是,DD市耦合协调度 D 在2012—2016年一直低于全省水平,此后2017—2020年逐步提升,均超过全省水平。按照耦合协调度的等级划分,DD市经济高质量发展与绿色发展的耦合协调度从中度失调上升到初级协调,这表明耦合协调情况虽逐年改善,但耦合程度仍处于初级协调阶段。

第五节　EE市经济高质量发展与绿色发展耦合协调关系研究

一、评价指标的权重求解

本节对EE市经济高质量发展与绿色发展指标体系进行了权重求解,各指标的权重结果见表6-13。

表6-13　EE市指标权重求解结果

一级指标	三级指标	权重	一级指标	三级指标	权重
A	A11	0.0478	B	B11	0.0737
	A12	0.1570		B12	0.0813
	A21	0.0506		B13	0.0525
	A22	0.0280		B14	0.0943
	A31	0.0938		B21	0.0486
	A32	0.1680		B22	0.0707
	A41	0.0437		B23	0.0552
	A42	0.0415		B24	0.1520
	A43	0.0679		B31	0.0452
	A51	0.0498		B32	0.1285
	A52	0.1354		B33	0.0800
	A53	0.1166		B34	0.1180

二、EE市经济高质量发展指标分析

EE市经济高质量发展也通过创新、协调、绿色、开放、共享五个指标来衡量。

在得到EE市经济高质量发展指标体系的权重之后,可求出创新、协调、绿色、开放、共享的衡量值。

（一）创新

EE市2011—2020年创新指数如图6-37所示。首先,可以看出EE市创新指数在这十年间整体呈上升趋势，这说明 EE 市的整体创新能力取得了很大的提升，创新水平在逐年改善。其次，曲线在 2013 年短暂下跌，主要是因为 2012 年发明专利授权量为 43 项，到了 2013 年仅为 17 项，下降 60.47%，表明 2013 年 EE 市的创新水平不够，大众创新热度不高。最后，2013—2020 年曲线不断攀升，增长了 5885.29%，追溯至原始数据可以发现发明专利授权数增长了 529.41%，每万人口在校大学生数增长了 70.33%，表明 EE 市的创新水平进入高速发展的阶段，也是 EE 市地方政府积极贯彻新发展理念，注重知识产权保护和引导创新、创业的成果。

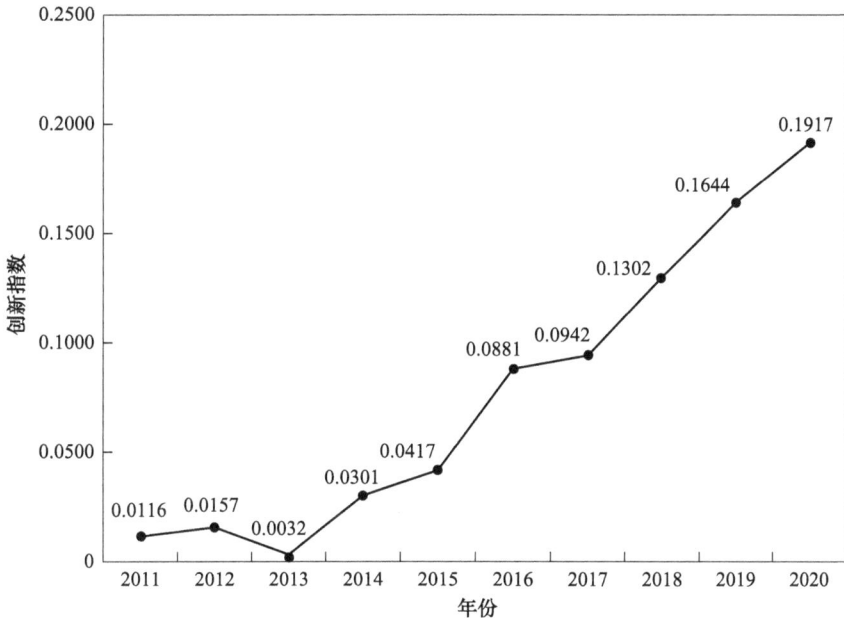

图 6-37　EE 市创新指标发展趋势

（二）协调

　　EE 市 2011—2020 年协调指数如图 6-38 所示。首先，可以看出 EE 市协调指数在这十年间整体呈上升趋势，这说明 EE 市的整体协调能力取得了很大的提升，管理水平在逐年改善。尤其是 2011—2015 年曲线上升幅度大，增长率为 228.81%，追溯至原始数据，可以发现 2011 年城乡收入比为 3.73，2015 年下降至 3.10，增长率为-16.98%，2011 年城镇登记失业率为 3.26%，2015 年下降至 2.92%，表明城乡居民收入差距继续缩小，收入分配的格局持续优化，人民群众的获得感、安全感、幸福感持续提升。其次，还可以看出 EE 市协调指数在 2015—2019 年小幅度波动上升，表明 EE 市的协调水平进入稳中求进的阶段。最后，协调指数在 2020 年突然降低，相比 2019 年下降 24.27%，追溯至原始数据，2019 年的城镇登记失业率为 3.19%，2020 年的城镇登记失业率为 4.1%，同比增长 28.53%，表明 2020 年城镇失业人口激增，这主要是因为疫情突发而导致就业困难，从而失业人口增多。

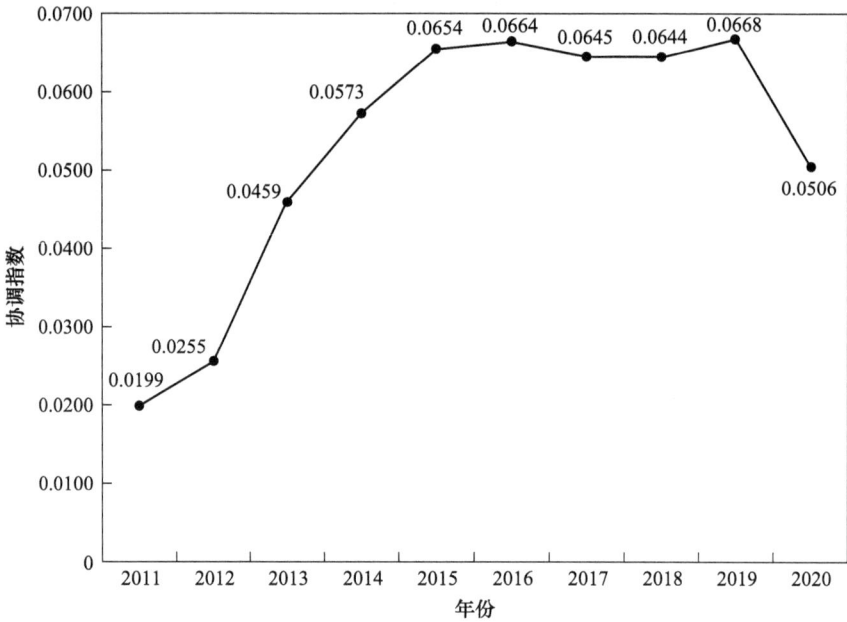

图 6-38　EE 市协调指标发展趋势

（三）绿色

EE 市 2011—2020 年绿色指数如图 6-39 所示。首先，2011 年的建成区绿化覆盖率与城市污水日处理能力为这十年间的最低值，因此数据处理后的 2011 年绿色指标数值为 0。其次，可以看出 EE 市绿色指数在这十年间整体呈上升趋势，这说明 EE 市的整体绿色水平取得了很大的提升，生态情况在逐年改善。曲线在 2011—2014 年增长缓慢，在 2014—2017 年增长快速，增长率为 2462.8%，追溯至原始数据，可以发现建成区绿化覆盖率在此期间增长了 151.66%，城市污水日处理能力增长 108.75%，表明在 2014—2017 年 EE 市政府对绿色生态的重视。最后，2017—2020 年增速放缓，增长率为 21.18%，绿色水平处于稳中求进的阶段。

（四）开放

EE 市 2011—2020 年开放指数如图 6-40 所示。首先，可以看出 EE 市开放指

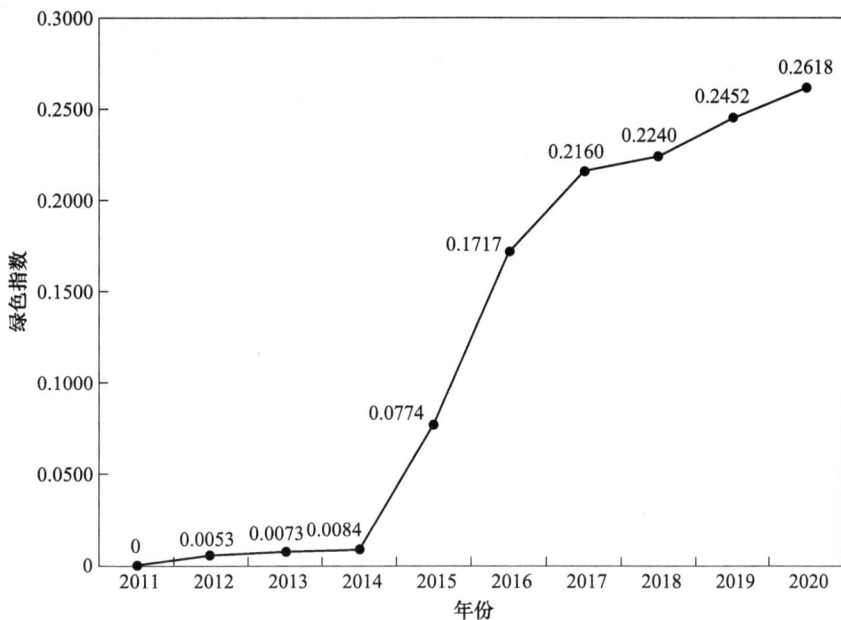

图 6-39　EE 市绿色指标发展趋势

数在这十年间整体波动剧烈，这说明 EE 市整体的开放能力处于不断调整的状态，存在较大的不确定因素。2012 年开放指数上升主要是因为当年登记外商投

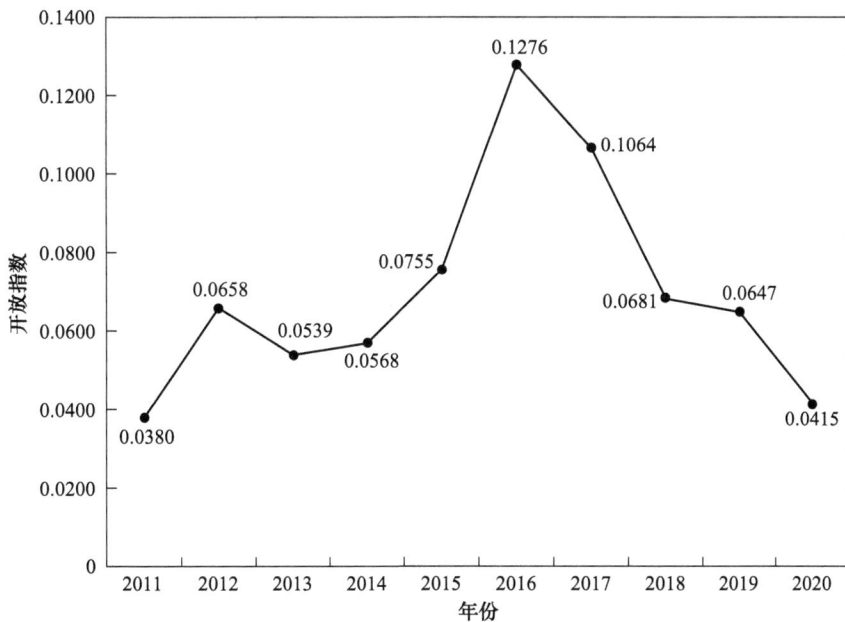

图 6-40　EE 市开放指标发展趋势

资企业数增长了 250%，此后由于进出口总额的下降导致出现 2013 年的凹点。其次，2013—2016 年曲线上升幅度大，增长率为 136.93%，追溯至原始数据，可以发现 2013—2016 年地区进出口总额增长 32.17%，海外旅游者接待人数增长 41.98%，本年登记外商投资企业数增长 233.33%，表明在这期间 EE 市对外开放程度逐渐提升，与外部交流日益密切。最后，在 2016 年出现断崖式下跌并持续下跌至 2020 年，同比下降 67.48%，追溯至原始数据，可以发现 2016—2020 年地区进出口总额下降 57.53%，海外旅游者接待人数下降 97.89%，登记外商投资企业数下降 35%。总体来看，EE 市的开放水平还有很大的提升空间。

（五）共享

EE 市 2011—2020 年共享指数如图 6-41 所示，可以看出 EE 市共享指数在这十年间整体呈上升趋势，这说明 EE 市的整体共享能力取得了很大的提升，共享水平在逐年改善。首先，共享指数在 2011—2016 年平缓上升，增长率为 741.1%，追溯至原始数据，可以发现每万人口医院床位数增长 79.61%，人均拥有公共图书馆藏量增长 55.54%，每万人拥有公共厕所个数增长 22.40%，表明 EE 市的共享水平进入稳中求进的新阶段。其次，EE 市共享指数在 2016—2018 年上升幅度大，增长率为 209.09%，追溯至原始数据，可以发现每万人口医院床位数增长 16.16%，人均拥有公共图书馆藏量增长 116.66%，每万人拥有公共厕所个数增长 84.10%，表明 EE 市的共享水平进入高速发展阶段，人民群众的获

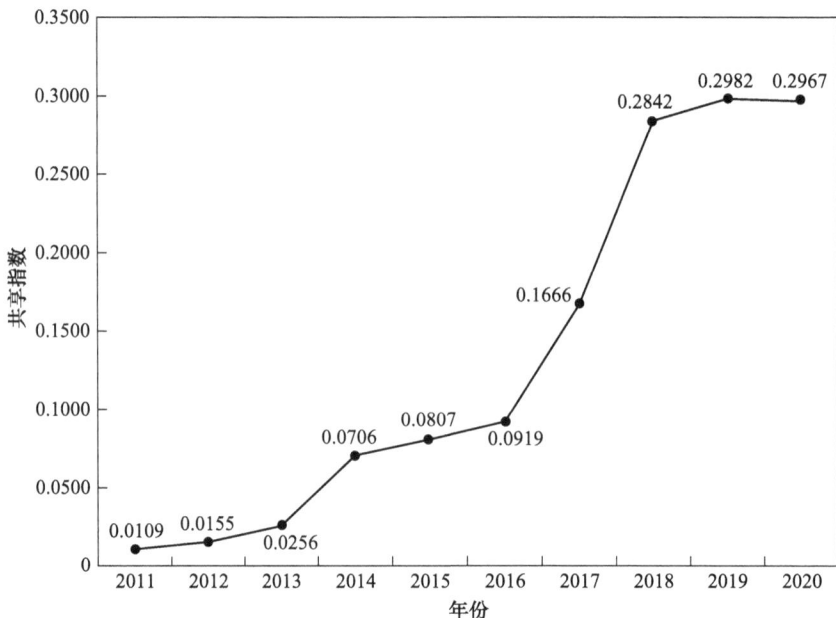

图 6-41　EE 市共享指标发展趋势

得感、安全感、幸福感持续提升。最后，2018—2020 年曲线上升但幅度小，表明共享水平进入稳中求进阶段。

三、EE 市绿色发展指标分析

EE 市绿色发展也通过环境增长力、环境承载力与环境管理力三个指标来衡量。

在得到 EE 市绿色发展指标体系的权重之后，可求出环境增长力、环境承载力与环境管理力的衡量值。

（一）环境增长力

EE 市 2011—2020 年环境增长力指数如图 6-42 所示。首先，可以看出 EE 市环境增长力指数在这十年间整体呈上升趋势，这说明 EE 市的绿色发展水平在逐年提升，生态环境得到改善。其次，还可以看出 EE 市环境增长力指数在 2012 年突然下降，下降 18.51%，追溯至原始数据，可以发现人均 GDP 增长了 23.23%，单位 GDP 能耗下降了 3.22%，第三产业增加值占比增长 2.22%，全社会固定资产投资增长率下降 42.35%，表明 EE 市的环境增长力方面具有较大的提升空间。最后，2012—2020 年曲线持续上升，增长率为 169.89%，追溯至原始数据，可以发现人均 GDP 增长了 161.03%，单位 GDP 能耗下降了 59.40%，第三产业增加值占比增加 11.96%，全社会固定资产投资增长率下降 111.02%。这表明 EE 市的环境增长力在这九年间得到了较为稳定的发展。

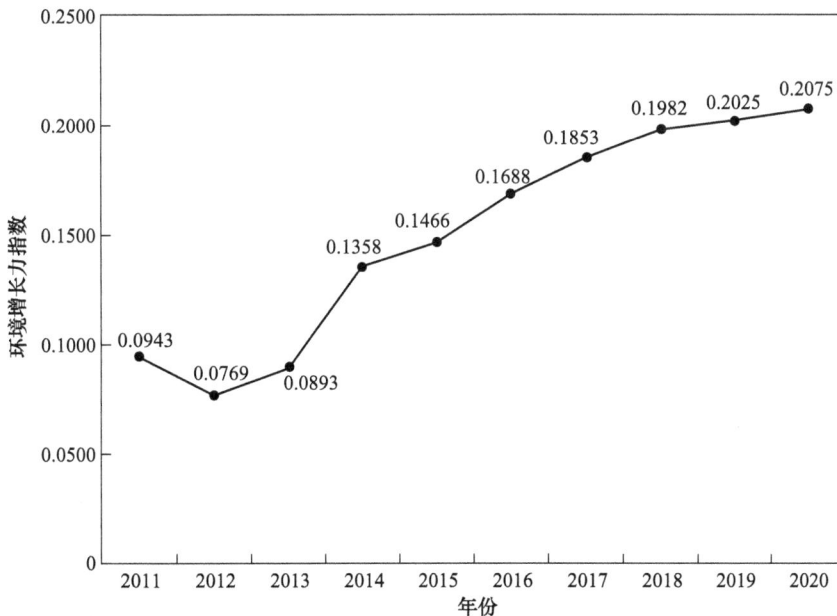

图 6-42　EE 市环境增长力指标发展趋势

（二）环境承载力

EE 市 2011—2020 年环境承载力指数如图 6-43 所示，可以看出 EE 市环境承载力指数在这十年间整体呈上升趋势，这说明 EE 市的整体环境承载力取得了很大的提升，绿色发展水平在逐年改善。首先，环境承载力指数在 2012 年突然升高，相比 2011 年上升 96.94%，追溯至原始数据，可以发现人均水资源量增长 6.83%，人均森林面积增长 4.36%，二氧化硫排放量下降 11.47%，一般工业固体废物综合利用量增长 6.02%。其次，2013—2015 年 EE 市环境承载力指数上升幅度大，增长率为 331.61%，追溯至原始数据，可以发现人均水资源量增长 164.60%，人均森林面积上升 6.74%，二氧化硫排放量下降 37.14%，一般工业固体废物综合利用量增长 33.81%，表明 EE 市在这期间地方政府开始重视绿色发展，积极绿化，采取措施对二氧化硫进行减排，环境承载水平进入高速发展的阶段。最后，曲线在 2015—2019 年逐渐下降，下降了 47.74 %，主要是因为人均水资源量和一般工业固体废物综合利用量快速下降，曲线在 2020 年有小幅回暖，主要是因为调整了人均水资源量和二氧化硫排放量。总体来看，EE 市的环境承载力还有较大提升空间。

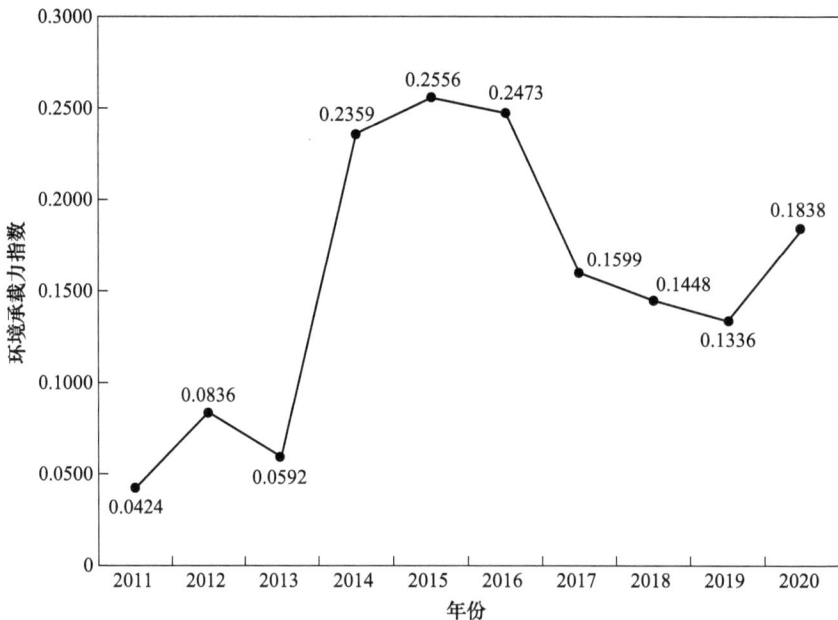

图 6-43　EE 市环境承载力指标发展趋势

（三）环境管理力

EE 市 2011—2020 年环境管理力指数如图 6-44 所示。首先，可以看出 EE 市环境管理力指数在这十年间整体呈上升趋势,这说明 EE 市的整体环境管理能力取得了很大的提升,绿色发展水平在逐年改善。2011—2014 年曲线在波动中前进,变动幅度不大。其次,2014—2019 年曲线持续攀升,增长率为 459.52%,追溯至原始数据,可以发现在 2014—2019 年间,环境支出占地方财政支出比重增长 2.33%,人均公园绿地面积增长了 825%,燃气普及率增长了 71.75%,生活垃圾清运量增长了 50.42%。最后,EE 市环境管理力指数在 2019—2020 年几乎持平,这表明 EE 市地方政府积极贯彻新发展理念,积极绿化,倡导使用清洁燃料,绿色发展取得一定成效。

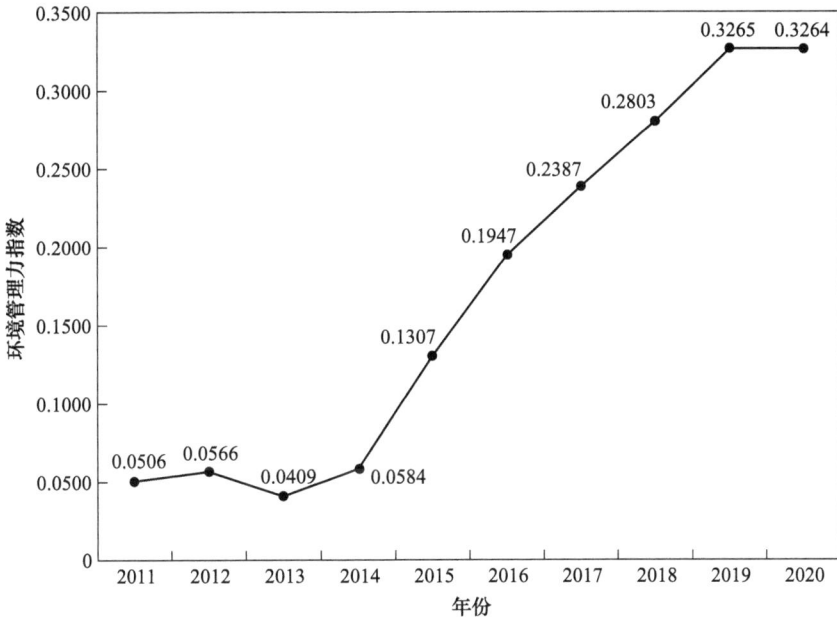

图 6-44 EE 市环境管理力指标发展趋势

四、EE 市经济高质量发展与绿色发展的总体特征

根据上述研究方法,利用 EE 市 2011—2020 年的数据,计算出 EE 市经济高质量发展与绿色发展的综合评价指数,见表 6-14。从时间维度上来说,2011—2020 年 EE 市绿色发展水平指数只在 2013 年、2017 年出现短暂性降低,而经济高质量发展指数持续上升,没有出现短暂性降低的情况,这一点与全省、BB 市、DD 市、CC 市情况均有所不同。总体来看,EE 市经济高质量发展与绿色发展存在着较为明显的时空差异,二者呈现趋同优化发展,由此可见,在 EE 市走出一条经济高质量发展与绿色发展协调耦合的现实路径是可期的。

表 6-14　EE 市经济高质量发展与绿色发展的综合评价指数　　　（%）

年　份	$F(x)$	$G(x)$
2011	8.04	18.74
2012	12.77	21.71
2013	13.60	18.94
2014	22.33	43.01
2015	34.08	53.29
2016	54.58	61.08
2017	64.77	58.39
2018	77.09	62.33
2019	83.92	66.26
2020	84.22	71.77

五、EE 市经济高质量发展与绿色发展的耦合协调特征

按照上述研究方法，计算出 EE 市经济高质量发展与绿色发展的耦合度及耦合协调度，见表 6-15。就耦合度 C 而言，2011—2020 年 EE 市经济高质量发展与绿色发展的耦合度 C 均处于 0.4~0.5 这一区间，表明经济高质量发展与绿色发展两个系统开始耦合，但耦合状况仍不够理想，依然存在着很大的上升空间。

表 6-15　EE 市经济高质量发展与绿色发展的耦合度及耦合协调度

年　份	C	D
2011	0.4584	0.2477
2012	0.4829	0.2885
2013	0.4932	0.2832
2014	0.4743	0.3936
2015	0.4878	0.4616
2016	0.4992	0.5373
2017	0.4993	0.5545
2018	0.4972	0.5887
2019	0.4965	0.6106
2020	0.4984	0.6235

就耦合协调度 D 而言，从图 6-45 可以看出，EE 市经济高质量发展与绿色发展的耦合协调度在时间序列上呈现出上升的趋势，仅在 2013 年出现略微下降，2014 年增长幅度最大，同比增长 38.98%。值得注意的是，2014—

2020年EE市经济高质量发展与绿色发展的耦合协调度均高于全省水平。按照耦合协调度的等级划分，EE市经济高质量发展与绿色发展的耦合协调度从中度失调上升到初级协调，这表明耦合协调情况虽逐年改善，但耦合程度仍处于初级协调阶段。

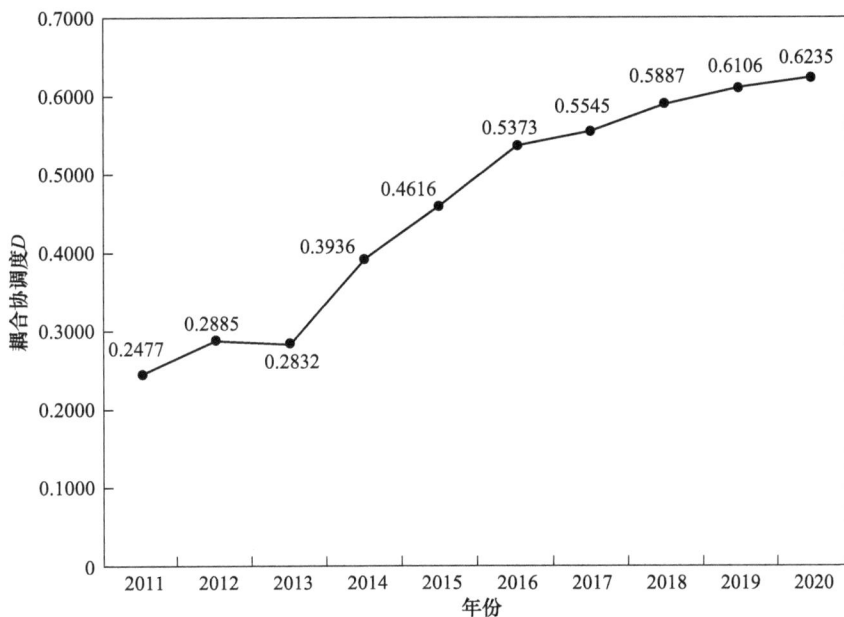

图6-45　EE市经济高质量发展与绿色发展的耦合协调度 D

第六节　FF市经济高质量发展与绿色发展耦合协调关系研究

一、评价指标的权重求解

本节对FF市经济高质量发展与绿色发展指标体系进行了权重求解，各指标的权重结果见表6-16。

二、FF市经济高质量发展指标分析

FF市经济高质量发展也通过创新、协调、绿色、开放、共享五个指标来衡量。

在得到FF市经济高质量发展指标体系的权重之后，可求出创新、协调、绿色、开放、共享的衡量值。

表 6-16　FF市指标权重求解结果

一级指标	三级指标	权重	一级指标	三级指标	权重
A	A11	0.0449	B	B11	0.0853
	A12	0.0903		B12	0.0732
	A21	0.0423		B13	0.1176
	A22	0.0845		B14	0.1289
	A31	0.0722		B21	0.0377
	A32	0.1403		B22	0.0856
	A41	0.0787		B23	0.0843
	A42	0.1064		B24	0.0417
	A43	0.0451		B31	0.1234
	A51	0.0606		B32	0.0562
	A52	0.1572		B33	0.0790
	A53	0.0774		B34	0.0871

（一）创新

　　FF市2011—2020年创新指数如图6-46所示。首先，因为2011年的发明专利授权量与每万人口在校大学生数为这十年间的最低值，所以数据处理后的2011

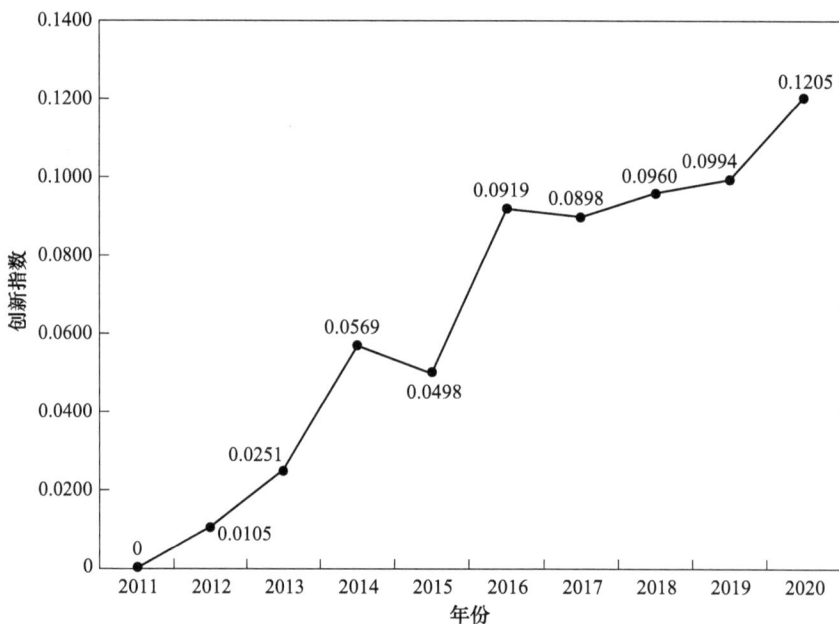

图 6-46　FF市创新指标发展趋势

年创新指标数值为0。其次，可以看出FF市创新指数在这十年间整体呈上升趋势，这说明FF市的整体创新能力取得了很大的提升，创新水平在逐年改善。尤其是2015—2016年创新指标数值急剧上升，增长率为84.57%，追溯至原始数据，可以发现2015年FF市每万人口在校大学生数仅22.31人，但到了2016年已升至51.14人，增长率为129.23%，这主要是由于高等教育的扩招和高等院校的新办，如2015年新办的A工贸职业学院等。最后，还可以看出FF市创新指数在2016—2020年上升速度放缓，增长率为仅31.12%，追溯至原始数据，可以发现发明专利授权量与每万人口在校大学生数整体增速放缓，甚至发明专利授权量曾在2018年和2019年下降，这表明FF市的创新水平发展态势不稳，发展的速度不够，仍有很大的提升空间。

（二）协调

FF市2011—2020年协调指数如图6-47所示。首先，可以看出FF市协调指数在这十年间整体呈锯齿形变化，起伏不定，这说明FF市的整体协调能力没有得到很好的改善，存在较大的风险和问题。尤其是2014—2017年协调指数曲线呈现倒梯形，2014—2015年的增长率为−65.47%，2016年的协调指数也处在一个较低的水平，追溯至原始数据，可以发现2014—2017年FF市的城镇登记失业率分别为3.44%、4%、4.02%、3.41%，2015年和2016年城镇登记失业率处在较高水平，这导致了发展的不协调，急需出台相关政策，采取相关措施，保就

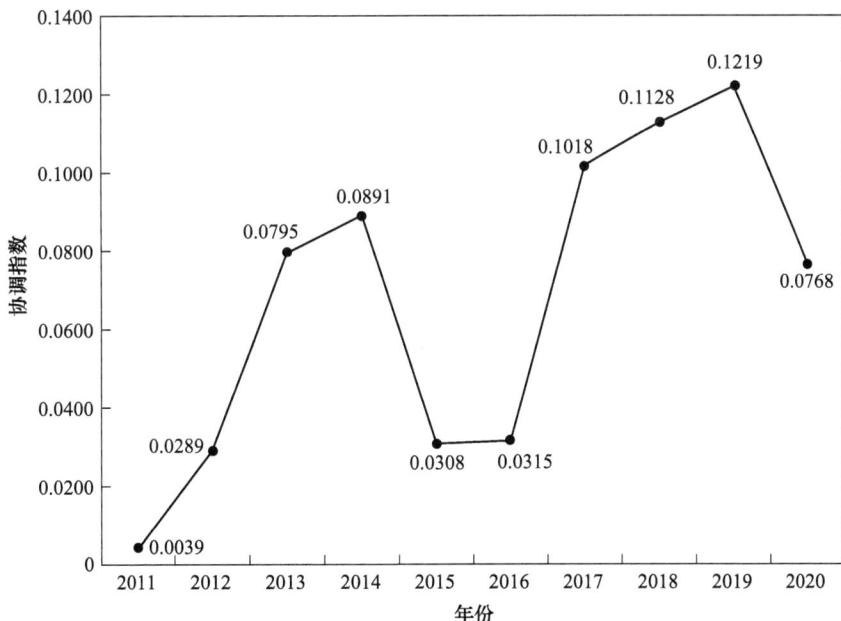

图6-47　FF市协调指标发展趋势

业，增强人民群众的获得感、安全感、幸福感。其次，协调指数在 2020 年突然降低，相比 2019 年下降 37.01%，追溯至原始数据，2020 年的城镇登记失业率为3.71%，同比增长 13.81%，表明 2020 年 FF 市城镇失业人口激增，这主要是因为疫情突发而导致就业困难，从而失业人口增多。

（三）绿色

FF 市 2011—2020 年绿色指数如图 6-48 所示。首先，可以看出 FF 市绿色指数在这十年间整体呈上升趋势，这说明 FF 市在经济高质量发展中的绿色方面取得了很大的提升，绿色水平在逐年改善。其次，2011—2013 年绿色水平呈下降趋势，追溯至原始数据，发现是由于建成区绿化覆盖率逐年下降，而城市污水日处理能力基本保持不变；2013—2020 年绿色水平呈逐年上升趋势，追溯至原始数据，发现是由于建成区绿化覆盖率和城市污水日处理能力每年都在显著提升，这是政府和公众逐步注重生态建设、加强公共供给的结果。最后，还可以看出FF 市的绿色水平从 2015 年以来保持快速上升的良好势头，政府需要持续发力，投入各种资源，建立合理的机制体制，保持高绿色水平的良好态势。

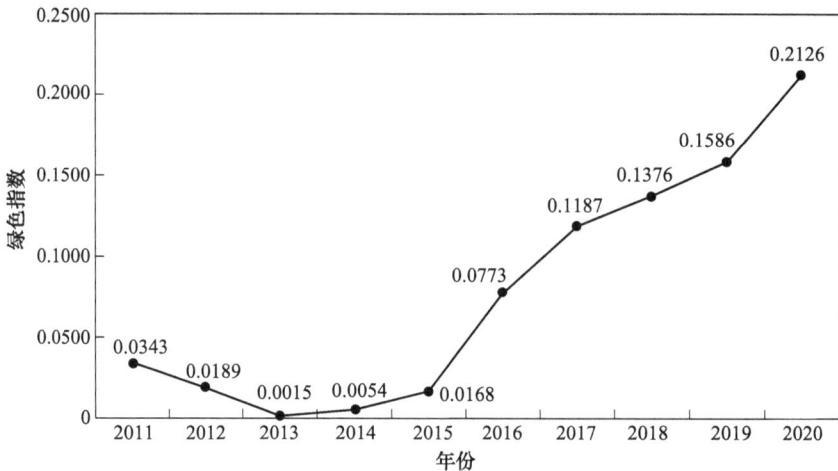

图 6-48　FF 市绿色指标发展趋势

（四）开放

FF 市 2011—2020 年开放指数如图 6-49 所示。首先，可以看出 FF 市开放指数在这十年间整体呈锯齿形变化，起伏不定，这说明 FF 市的整体开放能力没有得到很好的改善，存在较大的不确定因素和问题。其次，2014—2016 年的增长率为−59.05%，追溯至原始数据，可以发现 2014—2016 年 FF 市的地区进出口总额逐年断崖式下跌，海外旅游者接待人数也整体下降了很多。最后，从2017年至2020年，开放指数整体迅速下降，2020年比2017年下降88.07%，分析其原因，不难知道疫情是最重要的影响因素，由于新冠疫情的全球蔓延，导致了海外旅游者接待人数大量减少。为了应对疫情的不利影响，应统筹经济发展和疫情防控两个大局，在不利于扩大对外开放的条件下，苦练内功，促进经济内循环，等待适合的时机再扩大对外开放的水平。

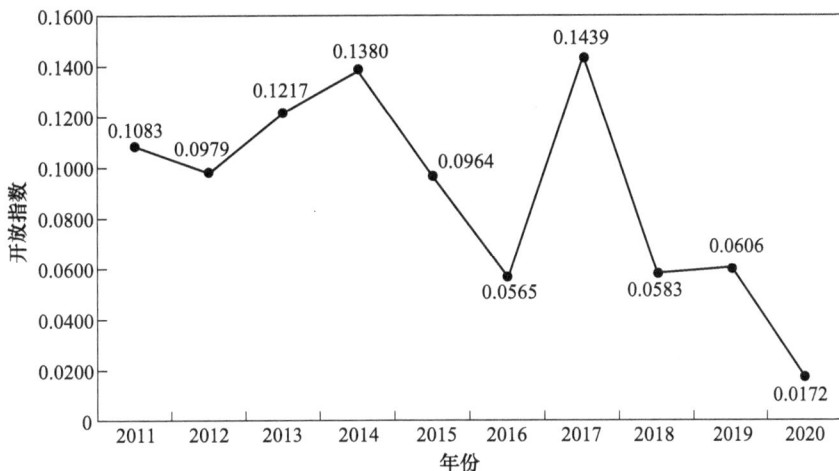

图6-49　FF市开放指标发展趋势

（五）共享

FF市2011—2020年共享指数如图6-50所示。首先，因为2011年的每万人口医院床位数、人均拥有公共图书馆藏量与每万人拥有公共厕所个数为这十年间的最低值，所以数据处理后的共享指标数值为0。其次，可以看出FF市共享指数在这十年间整体呈上升趋势，这说明FF市发展的共享水平取得了很大的提升，共享水平在逐年改善。尤其是2017—2018年共享指标数值急剧上升，增长率为118.63%，追溯至原始数据，可以发现2017年FF市人均拥有公共图书馆藏量仅0.047册，但到了2018年已升至0.192册，增长率为311.21%。最后，还可以看出，FF市的共享水平从2017年以来保持快速上升的良好势头，政府还需持续发力，增加公共事业投入，建立合理的机制体制，减少收入差距，保持高共享水平的良好态势。

三、FF市绿色发展指标分析

FF市绿色发展也通过环境增长力、环境承载力与环境管理力三个指标来衡量。

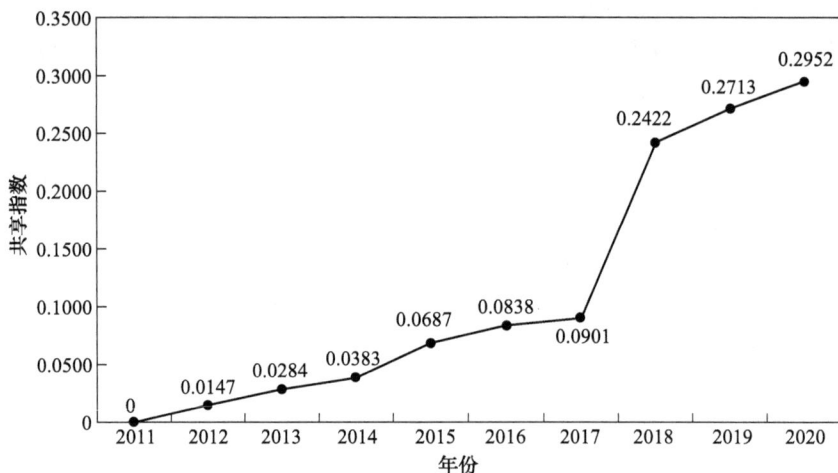

图 6-50 FF 市共享指标发展趋势

在得到 FF 市绿色发展指标体系的权重之后，可求出环境增长力、环境承载力与环境管理力的衡量值。

（一）环境增长力

FF 市 2011—2020 年环境增长力指数如图 6-51 所示。首先，可以看出 FF 市环境增长力指数在这十年间整体呈上升趋势，2020 年的环境增长力指数比 2011 年增长了 116.69%，这说明 FF 市绿色发展的环境增长力水平取得了很大的提升，环境增长力水平在逐年改善。其次，2011—2013 年环境增长力指标数值缓慢下降，下降率为 19.14%，追溯至原始数据，可以发现 2011—2013 年 FF 市人均

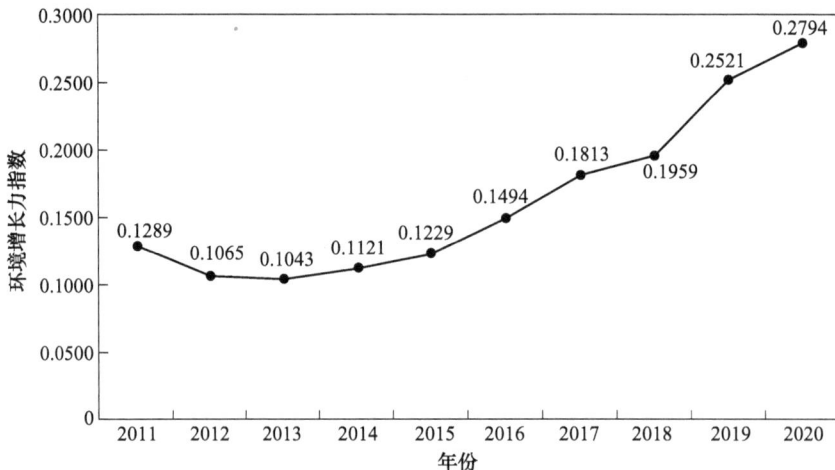

图 6-51 FF 市环境增长力指标发展趋势

GDP、第三产业增加值占比均在逐年增加，单位 GDP 能耗在降低，全社会固定资产投资增长率却在明显逐年降低。最后，还可以看出，FF 市的环境增长力水平从 2013 年以来保持稳步上升的良好势头，这表明 FF 市的环境增长力已经进入了稳中求进的新发展阶段。

（二）环境承载力

FF 市 2011—2020 年环境承载力指数如图 6-52 所示。首先，可以看出 FF 市环境增承载力指数在这十年间整体呈上升趋势，2020 年的环境承载力指数比 2011 年增长了 533.31%，这说明 FF 市绿色发展的环境承载力水平取得了很大的提升，环境承载力水平在逐年改善。其次，2013 年环境承载力指标数值有一个微小的下降，下降率为 10.56%，追溯至原始数据，可以发现 2013 年 FF 市人均森林面积、二氧化硫排放都有些微改善，一般工业固体废物综合利用量基本保持不变，但是人均水资源量却明显降低，从 2012 年的 1901 立方米/人降低到 2013 年的 1572 立方米/人，降低了 17.31%。最后，2017 年环境承载力指标数值也还有一个微小的下降，追溯至原始数据，可以发现是由于二氧化硫排放量增加和一般工业固体废物综合利用量降低。

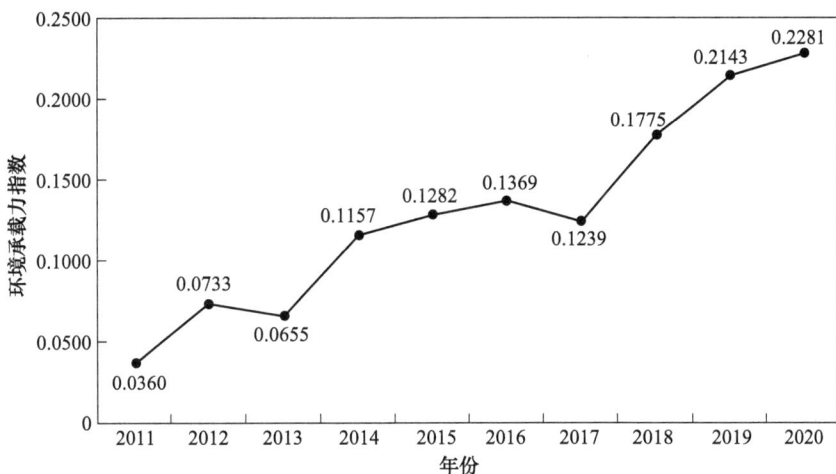

图 6-52 FF 市环境承载力指标发展趋势

（三）环境管理力

FF 市 2011—2020 年环境管理力指数如图 6-53 所示。首先，可以看出 FF 市环境管理力指数在这十年间整体呈上升趋势，2020 年的环境管理力指数比 2011 年增长了 1843.82%，这说明 FF 市绿色发展的环境管理力水平取得了巨大的提升，环境管理力水平在逐年改善。其次，2017 年环境管理力指标数值有一个微小的下降，下降率为 11.46%，追溯至原始数据，可以发现 2017 年 FF 市燃气普及率与生活垃圾清运量都有些微增加，人均公园绿地面积基本保持不变，但是一般工业固体废物综合利用量与环境支出占地方财政支出比重却明显降低，其中，一般工业固体废物综合利用量下降了 14.51%，环境支出占地方财政支出比重下降了 26.96%。最后，2012 年环境管理力指标数值有一个微小的下降，追溯至原始数据，可以发现是由于环境支出占地方财政支出比重和生活垃圾清运量降低。

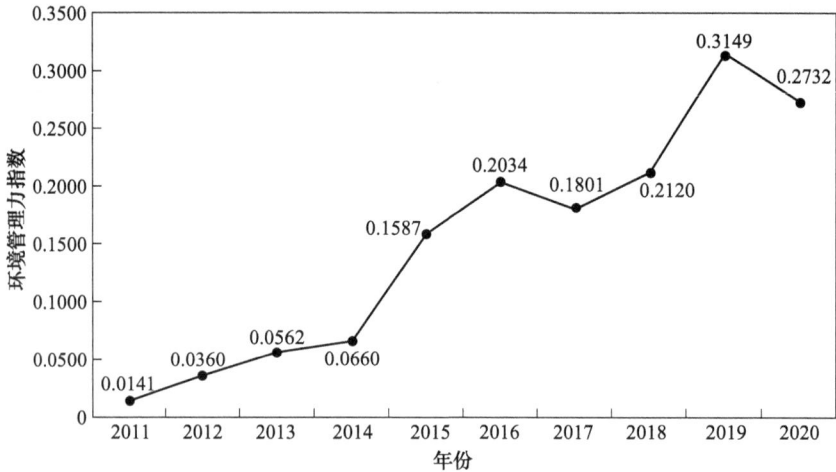

图 6-53　FF 市环境管理力指标发展趋势

四、FF 市经济高质量发展与绿色发展的总体特征

根据上述研究方法，利用 FF 市 2011—2020 年的数据，计算出 FF 市经济高质量发展与绿色发展的综合评价指数，见表 6-17。从时间维度上来说，2011—2020 年 FF 市绿色发展水平指数只在 2017 年、2020 年出现略微降低，这从一定程度上表明新发展理念在本市得到有效落实，取得了不俗成绩，而经济高质量发展指数总体趋势向上，只在 2015 年出现短暂性降低。总体来看，FF 市经济高质量发展与绿色发展存在着较为明显的时空差异，二者呈现趋同优化发展，由此可见，在 FF 市走出一条经济高质量发展与绿色发展协调耦合的现实路径是可期的。

表 6-17　FF 市经济高质量发展与绿色发展的综合评价指数　　　（%）

年　份	$F(x)$	$G(x)$
2011	14.66	17.90
2012	17.09	21.57
2013	25.62	22.59

年　份	$F(x)$	$G(x)$
2014	32.78	29.37
2015	26.25	40.97
2016	34.10	48.97
2017	54.43	48.54
2018	64.69	58.54
2019	71.18	78.13
2020	72.22	78.07

五、FF 市经济高质量发展与绿色发展的耦合协调特征

　　按照上述研究方法，计算出 FF 市经济高质量发展与绿色发展的耦合度及耦合协调度，见表 6-18。就耦合度 C 而言，2011—2020 年 FF 市经济高质量发展与绿色发展的耦合度 C 均处于 0.4~0.5 这一区间，且每年的变化幅度不大，表明经济高质量发展与绿色发展两个系统开始耦合，但耦合状况仍不够理想，依然存在着很大的上升空间。

表 6-18　FF 市经济高质量发展与绿色发展的耦合度及耦合协调度

年　份	C	D
2011	0.4975	0.2846
2012	0.4966	0.3098
2013	0.4990	0.3468
2014	0.4992	0.3939
2015	0.4879	0.4049
2016	0.4919	0.4520
2017	0.4992	0.5069
2018	0.4994	0.5547
2019	0.4995	0.6106
2020	0.4996	0.6127

　　就耦合协调度 D 而言，从图 6-54 可以看出，FF 市经济高质量发展与绿色发展的耦合协调度在时间序列上呈现出上升的趋势，且数值逐年上升，这一点与全省耦合协调度的变化趋势相同。按照耦合协调度的等级划分，FF 市经济高质量发展与绿色发展的耦合协调度从中度失调上升到初级协调，这表明耦合协调情况虽逐年改善，但耦合程度仍处于初级协调阶段。

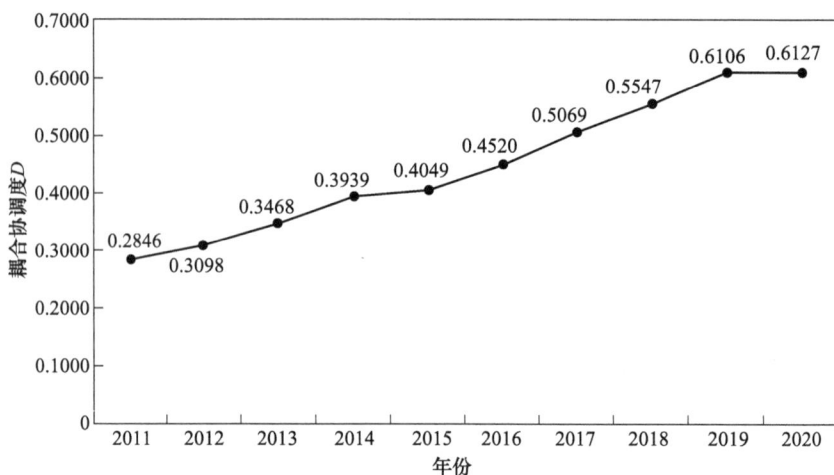

图 6-54 FF 市经济高质量发展与绿色发展的耦合协调度 *D*

第七节 GG 市经济高质量发展与绿色发展耦合协调关系研究

一、评价指标的权重求解

本节对 GG 市经济高质量发展与绿色发展指标体系进行了权重求解，各指标的权重结果见表6-19。

表 6-19 GG 市指标权重求解结果

一级指标	三级指标	权重	一级指标	三级指标	权重
A	A11	0.0773	B	B11	0.0766
	A12	0.0693		B12	0.0468
	A21	0.0624		B13	0.0790
	A22	0.0355		B14	0.1208
	A31	0.0575		B21	0.0550
	A32	0.1400		B22	0.0704
	A41	0.0688		B23	0.1027
	A42	0.0596		B24	0.0556
	A43	0.0643		B31	0.0931
	A51	0.0611		B32	0.1172
	A52	0.2489		B33	0.0824
	A53	0.0552		B34	0.1003

二、GG市经济高质量发展指标分析

GG市经济高质量发展也通过创新、协调、绿色、开放、共享五个指标来衡量。在得到GG市经济高质量发展指标体系的权重之后，可求出创新、协调、绿色、开放、共享的衡量值。

（一）创新

GG市2011—2020年创新指数如图6-55所示。首先，因为2011年的发明专利授权量与每万人口在校大学生数为这十年间的最低值，所以数据处理后的2011年创新指标数值为0。其次，可以看出GG市创新指数在这十年间整体呈上升趋势，这说明GG市的整体创新能力取得了很大的提升，创新水平在逐年改善。尤其是2014—2016年创新指标数值急剧上升，增长率为301.83%，追溯至原始数据，可以发现2014年GG市发明专利授权量仅为16项，但到了2016年已升至86项，增长率为437.50%；并且2014年GG市每万人口在校大学生数仅74.20人，但到了2016年已升至108.18人，增长率为45.81%。最后，还可以看出GG市创新指数在2016—2020年上升速度放缓，增长率为仅35.68%，追溯至原始数据，可以发现发明专利授权量与每万人口在校大学生数整体增速放缓，甚至发明专利授权量曾在2019年下降，这表明GG市的创新水平已经进入了稳中求进、稳步提升的发展阶段。

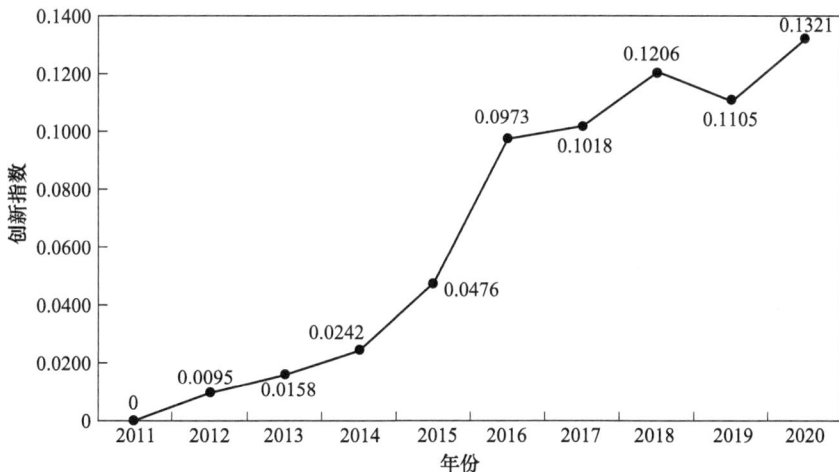

图6-55　GG市创新指标发展趋势

（二）协调

GG市2011—2020年协调指数如图6-56所示。首先，可以看出GG市协调指数在前五年呈锯齿形变化，起伏不定，这说明 GG 市的整体协调能力在前五年存在较大的风险和问题，尤其是在 2013 年协调指数明显下降，2013 年比 2012 年下降了 45.63%，追溯至原始数据，可以发现是由于 2013 年 GG 市的城镇登记失业率猛然上升，由 2.98% 增长到 3.69%，增长率为 23.83%。其次，可以看出 GG 市协调指数在后五年基本处于稳步上升的态势，主要是因为城乡收入比与城镇登记失业率基本都在稳步下降。最后，协调指数在 2020 年有些微下降，相比 2019 年下降 1.55%，追溯至原始数据发现，2020 年的城镇登记失业率为 3.57%，同比增长 17.43%，表明 2020 年 GG 市城镇失业人口有明显增加，这主要是因为疫情突发而导致就业困难，从而失业人口增多。

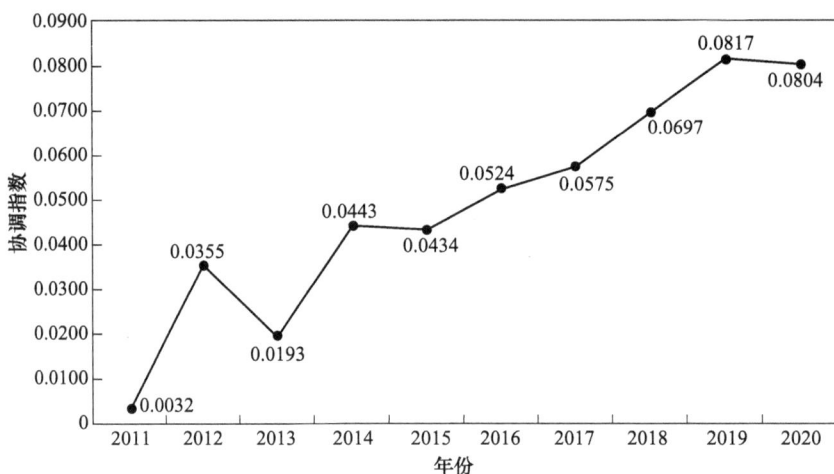

图 6-56　GG 市协调指标发展趋势

（三）绿色

　　GG 市 2011—2020 年绿色指数如图 6-57 所示。首先，可以看出 GG 市绿色指数在这十年间整体呈上升趋势，2020 年的绿色指数比 2011 年的绿色指数增加了 1053.75%，这说明 GG 市在经济高质量发展中的绿色方面取得了很大的提升，绿色水平在逐步改善。其次，2011—2014 年绿色水平呈下降趋势，追溯至原始数据，发现是由于建成区绿化覆盖率逐年下降，而城市污水日处理能力基本保持不变；2014—2020 年绿色水平呈逐年上升趋势，追溯至原始数据，发现是由于建成区绿化覆盖率、城市污水日处理能力每年都在稳步提升，这是政府和公众逐步注重生态建设、加强公共供给的结果。最后，从 2017 年以来，绿色指数处在缓慢增长阶段，这是由于建成区绿化覆盖率和城市污水日处理能力都在缓慢增长，建成区绿化覆盖率仍有较大的提升空间，政府应当积极作为，投入一定的资金，增加建成区绿化覆盖率，提高绿色水平。

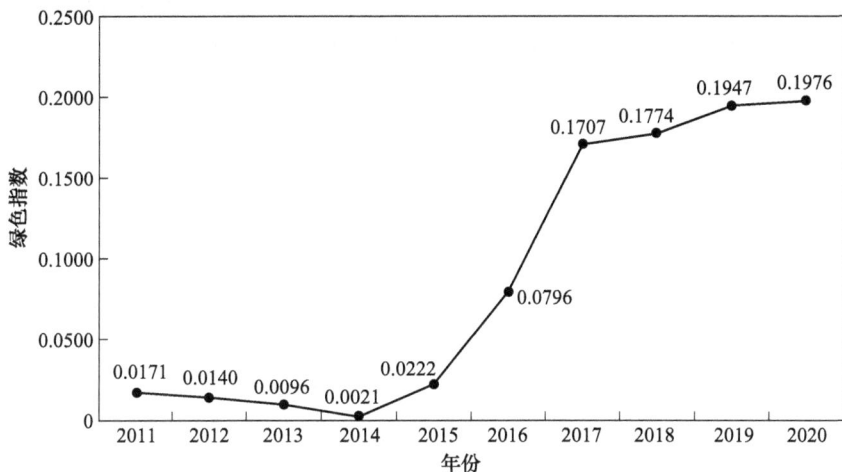

图 6-57　GG 市绿色指标发展趋势

（四）开放

GG 市 2011—2020 年开放指数如图 6-58 所示。首先，可以看出 GG 市开放指数在这十年间整体呈锯齿形变化，起伏不定，这说明 GG 市的整体开放能力没有得到很好的改善，存在较大的不确定因素和问题。其次，2011—2012 年的增长率为−52.39%，追溯至原始数据，可以发现是由于 2012 年 GG 市的地区进出口总额断崖式下跌，2012 年同比 2011 年下降了 96.12%。再者，2018 年和 2020 年开放指数都迅速下降，分析其原因，2018 年的迅速下降主要是由于地区进出口总

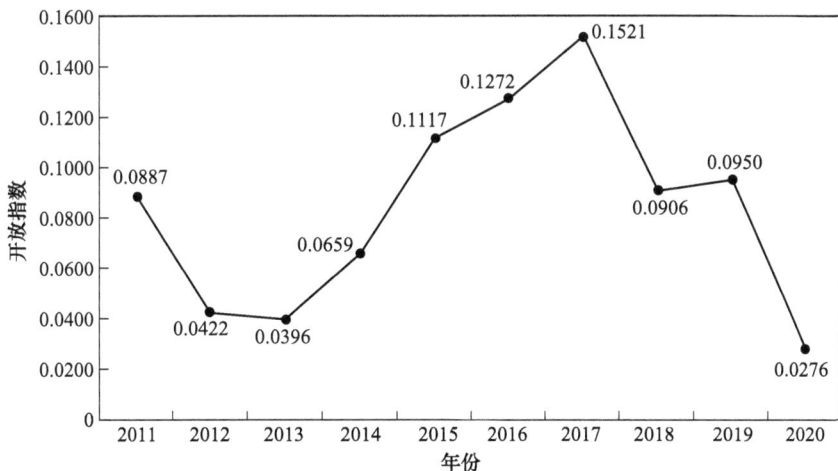

图 6-58　GG 市开放指标发展趋势

额和海外旅游者接待人数大幅减少；对于 2020 年的迅速下降，不难知道疫情是最重要的影响因素，由于新冠疫情的全球蔓延，导致了海外旅游者接待人数大量减少。最后，为了应对疫情的不利影响，应统筹经济发展和疫情防控两个大局，在不利于扩大对外开放的条件下，苦练内功，促进经济内循环，等待适合的时机再扩大对外开放的水平。

（五）共享

GG 市 2011—2020 年共享指数如图 6-59 所示。首先，可以看出 GG 市共享指数在这十年间整体呈上升趋势，2020 年的共享指数比 2011 年增加了 1350.89%，这说明 GG 市发展的共享水平取得了很大的提升，共享水平在逐年改善。尤其是 2017—2018 年共享指标数值急剧上升，增长率为 544.47%，追溯至原始数据，可以发现 2017 年 GG 市人均拥有公共图书馆藏量仅 0.0064 册，但到了 2018 年已升至 0.3465 册，增长率为 5296.03%，并且，2017 年 GG 市每万人口医院床位数仅 52.3 张，但到了 2018 年已升至 129 张，增长率为 146.65%。最后，还可以看出，GG 市的共享水平从 2018 年以来缓慢下降，政府还需持续发力，增加公共事业投入，建立合理的机制体制，减少收入差距，保持高共享水平的良好态势。

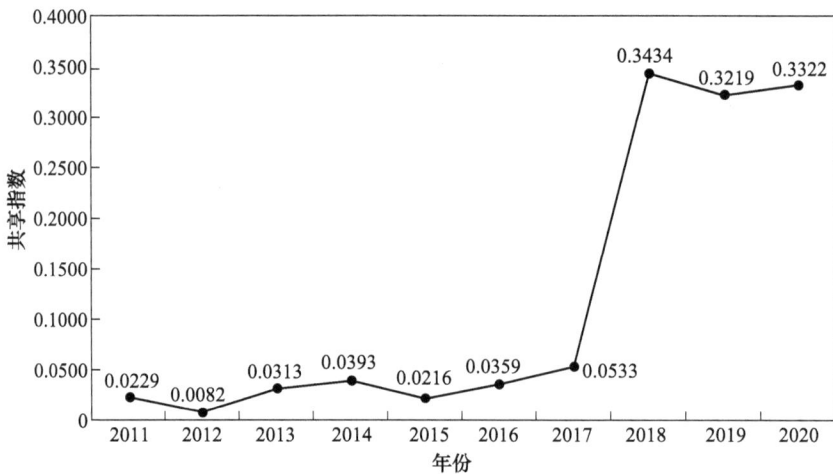

图 6-59　GG 市共享指标发展趋势

三、GG 市绿色发展指标分析

GG 市绿色发展也通过环境增长力、环境承载力与环境管理力三个指标来衡量。

在得到 GG 市绿色发展指标体系的权重之后，可求出环境增长力、环境承载力与环境管理力的衡量值。

（一）环境增长力

GG市2011—2020年环境增长力指数如图6-60所示。首先，可以看出GG市环境增长力指数在这十年间整体呈上升趋势，2020年的环境增长力指数比2011年增长了67.30%，这说明GG市绿色发展的环境增长力水平取得了一定的提升，环境增长力水平在逐年改善。其次，2011—2014年环境增长力指标数值缓慢下降，2014年比2011年降低15.66%，追溯至原始数据，可以发现2011—2014年GG市人均GDP、第三产业增加值占比均在逐年缓慢增加，单位GDP能耗也在缓慢降低，但是全社会固定资产投资增长率却在明显逐年降低。最后，还可以看出，GG市的环境增长力水平从2014年以来保持稳步上升的良好势头，这表明GG市的环境增长力已经进入了稳中求进的新发展阶段。

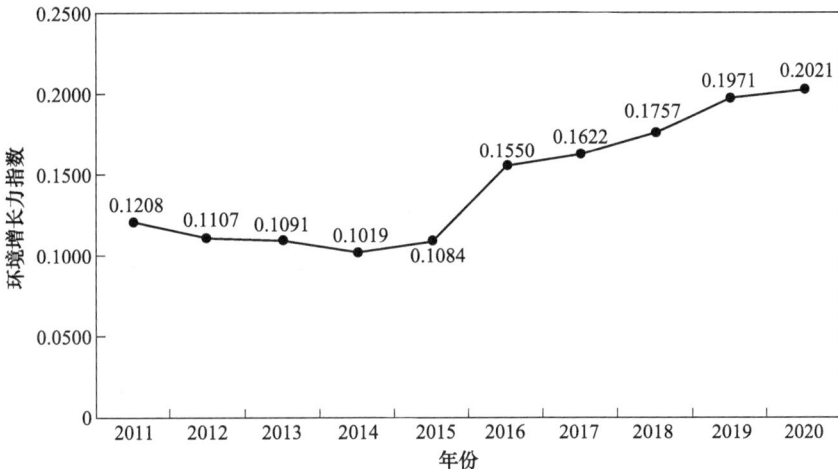

图6-60　GG市环境增长力指标发展趋势

（二）环境承载力

GG市2011—2020年环境承载力指数如图6-61所示。首先，可以看出GG市环境增承载力指数在这十年间整体呈上升趋势，2020年的环境承载力指数比2011年增长了860.53%，这说明GG市绿色发展的环境承载力水平取得了很大的提升，环境承载力水平在逐步改善。其次，2013年环境承载力指标数值有一个明显的下降，下降率为38.66%，追溯至原始数据，可以发现是由于2013年GG市人均森林面积、二氧化硫排放基本保持不变，但是一般工业固体废物综合利用量和人均水资源量却明显降低。另外，2015年环境承载力指标数值也还有一个微小的下降，追溯至原始数据，可以发现是由于人均水资源量和一般工业固体废物综合利用量的明显降低。最后，从 2015 年开始，环境承载力指数保持稳步增长，环境承载力进入稳中求进的新发展阶段。

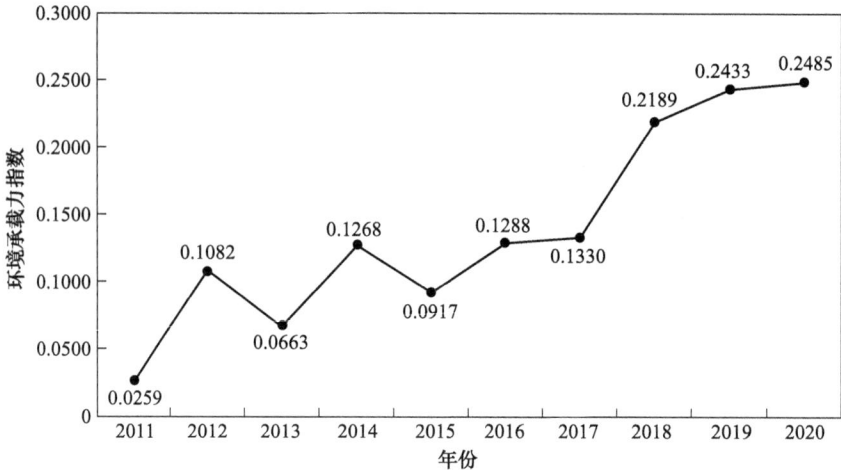

图 6-61　GG 市环境承载力指标发展趋势

（三）环境管理力

GG 市 2011—2020 年环境管理力指数如图 6-62 所示。首先，可以看出 GG 市环境管理力指数在这十年间整体呈上升趋势，2020 年的环境管理力指数比 2011 年增长了 200.85%，这说明 GG 市绿色发展的环境管理力水平取得了巨大的提升，环境管理力水平在逐步改善。其次，2011—2013 年环境管理力指标数值在缓慢地下降，2013—2017 年保持稳步上升，2018 年又缓慢地下降，2019 年明显

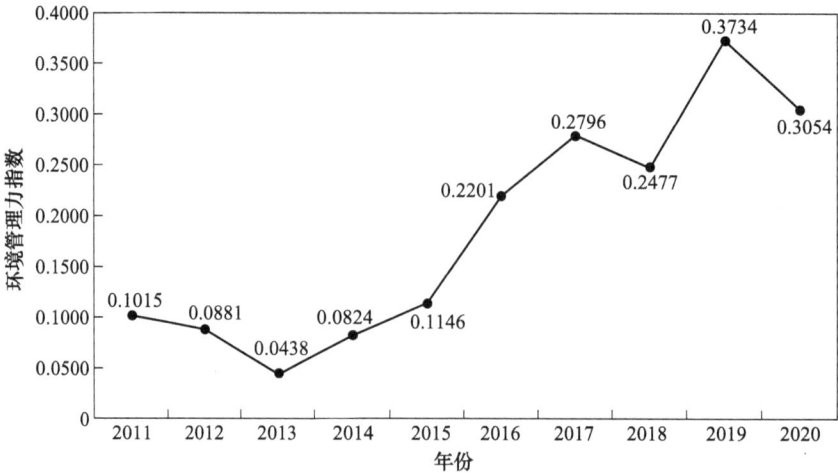

图 6-62　GG 市环境管理力指标发展趋势

上升，但是 2020 年又明显下降，追溯至原始数据，可以发现 2020 年的陡然下降主要是因为 2020 年 GG 市一般工业固体废物综合利用量、人均公园绿地面积、燃气普及率、生活垃圾清运量都基本保持不变，但是环境支出占地方财政支出比重却明显降低，2020 年的环境支出占地方财政支出比重比 2019 年下降了36.61%。最后，总的来说，GG 市的环境管理力指数没有稳步上升，出现了起伏，主要是受环境支出占地方财政支出比重影响，应根据实际情况调整环境支出占地方财政支出比重，以取得良好的生态效益和经济效益。

四、GG 市经济高质量发展与绿色发展的总体特征

根据上述研究方法，利用 GG 市 2011—2020 年的数据，计算出 GG 市经济高质量发展与绿色发展的综合评价指数，见表 6-20。从时间维度上来说，2011—2020 年 GG 市绿色发展水平指数只在 2013 年、2020 年出现短暂性降低，这从一定程度上表明新发展理念在本市得到有效落实，取得了不俗成绩，而经济高质量发展指数总体趋势向上，但在 2012 年、2020 年出现短暂性降低。总体来看，GG市经济高质量发展与绿色发展存在着较为明显的时空差异，二者呈现趋同优化发展，由此可见，在 GG 市走出一条经济高质量发展与绿色发展协调耦合的现实路径是可期的。

表 6-20　GG 市经济高质量发展与绿色发展的综合评价指数　　　　（%）

年　份	$F(x)$	$G(x)$
2011	13.19	24.82
2012	10.94	30.69
2013	11.56	21.93
2014	17.58	31.11
2015	24.66	31.47
2016	39.25	50.39
2017	53.54	57.48
2018	80.17	64.23
2019	80.38	81.38
2020	76.99	75.60

五、GG 市经济高质量发展与绿色发展的耦合协调特征

按照上述研究方法，计算出 GG 市经济高质量发展与绿色发展的耦合度及耦合协调度，见表 6-21。就耦合度 C 而言，2011—2020 年 GG 市经济高质量发展与绿色发展的耦合度 C 均处于 0.4~0.5 这一区间，表明经济高质量发展与绿色发

展两个系统开始耦合，但耦合状况仍不够理想，依然存在着很大的上升空间。

表 6-21　GG 市经济高质量发展与绿色发展的耦合度及耦合协调度

年　份	C	D
2011	0.4760	0.3008
2012	0.4402	0.3027
2013	0.4755	0.2822
2014	0.4803	0.3420
2015	0.4963	0.3732
2016	0.4961	0.4716
2017	0.4997	0.5267
2018	0.4969	0.5990
2019	0.5000	0.6359
2020	0.5000	0.6176

就耦合协调度 D 而言，从图 6-63 可以看出，GG 市经济高质量发展与绿色发展的耦合协调度在时间序列上总体呈现出上升的趋势，仅在 2013 年、2020 年出现短暂性下降，这一点与全省耦合协调度 D 的变化趋势有所不同。按照耦合协调度的等级划分，GG 市经济高质量发展与绿色发展的耦合协调度从初度失调上升到初级协调，与 A 省相比，GG 市的起点较高，但 2020 年依然处于初级协调阶段，这表明 GG 市耦合协调情况虽逐年改善，但发展较缓，目前耦合程度仍处于初级协调阶段。

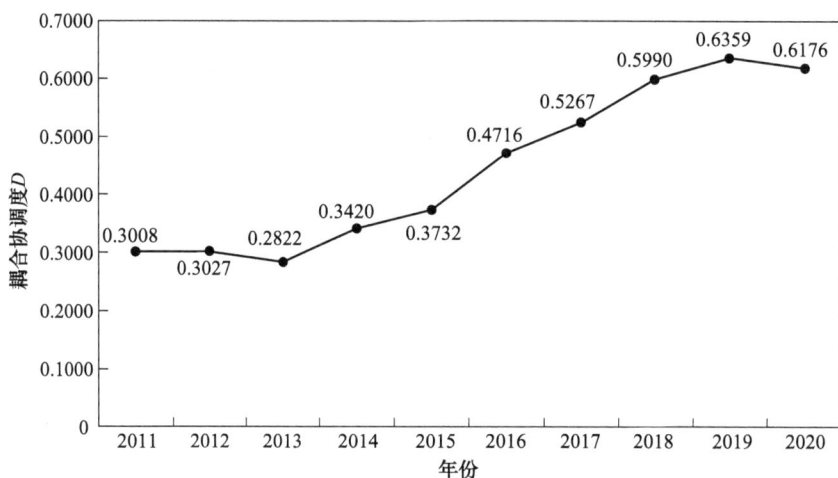

图 6-63　GG 市经济高质量发展与绿色发展的耦合协调度 D

第八节　HH 州经济高质量发展与绿色发展耦合协调关系研究

一、评价指标的权重求解

本节对 HH 州经济高质量发展与绿色发展指标体系进行了权重求解，各指标的权重结果见表 6-22。

表 6-22　HH 州指标权重求解结果

一级指标	三级指标	权重	一级指标	三级指标	权重
A	A11	0.0527	B	B11	0.0835
	A12	0.0762		B12	0.0799
	A21	0.0404		B13	0.0521
	A22	0.0352		B14	0.1101
	A31	0.0653		B21	0.0778
	A32	0.1762		B22	0.0698
	A41	0.1116		B23	0.0478
	A42	0.0571		B24	0.0495
	A43	0.0889		B31	0.0721
	A51	0.0523		B32	0.1707
	A52	0.1943		B33	0.0965
	A53	0.0497		B34	0.0902

二、HH 州经济高质量发展指标分析

HH 州经济高质量发展也通过创新、协调、绿色、开放、共享五个指标来衡量。

在得到 HH 州经济高质量发展指标体系的权重之后，可求出创新、协调、绿色、开放、共享的衡量值。

（一）创新

HH 州 2011—2020 年创新指数如图 6-64 所示。首先，可以看出 HH 州创新指数在这十年间整体呈上升趋势，2020 年的创新指数比 2011 年增长了 3551.65%，这说明 HH 州的整体创新能力在这十年间取得了显著提升，创新水平在逐年改善。尤其是 2014—2015 年创新指标数值急剧上升，增长率为 491.55%，追溯至原始数据，可以发现 2014 年 HH 州发明专利授权量仅为 16 项，

但到了 2015 年已升至 32 项，增长率为 100%；并且 2014 年 HH 州每万人口在校大学生数仅 38.01 人，但到了 2015 年已升至 66.85 人，增长率为 75.88%。其次，2016 年创新指数明显下降，主要是由于每万人口在校大学生数减少了 25.49%，而发明专利授权量保持不变。最后，还可以看出 GG 市创新指数在 2020 年有微小的下降，2020 年比 2019 年下降了 7.34%，追溯至原始数据，可以发现是由于发明专利授权量从 2019 年的 57 项降到 2020 年的 37 项，每万人口在校大学生数从 2019 年的 68.32 人增加到 2020 年的 73.86 人。

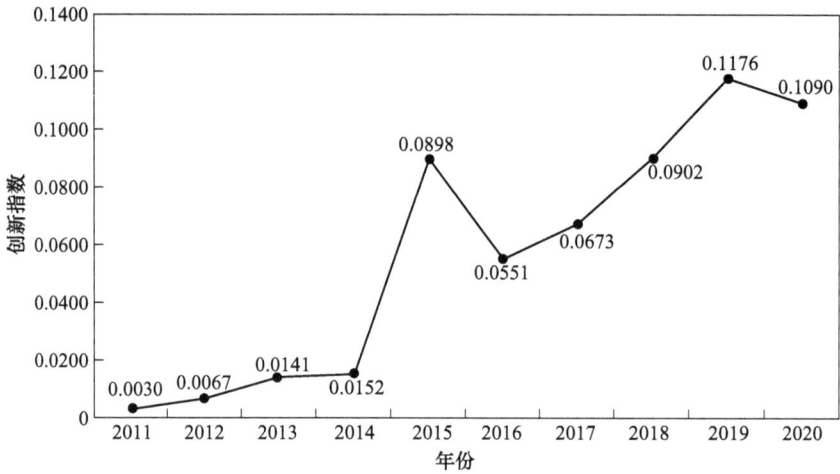

图 6-64　HH 州创新指标发展趋势

（二）协调

HH 州 2011—2020 年协调指数如图 6-65 所示。首先，因为 2011 年的城乡收入比和城镇登记失业率为这十年间的最低值，所以数据处理后的 2011 年协调指标数值为 0。其次，可以看出 HH 州协调指数在这十年间整体呈上升趋势，协调指数由 2011 年的 0 上升至 2020 年的 0.0487，这说明 HH 州的整体协调能力在这十年间取得了显著提升，协调水平在逐年改善。尤其是 2012 年协调指标数值急剧上升，追溯至原始数据，可以发现是由于 2012 年城镇登记失业率明显下降，人们大量就业。再次，2013 年协调指数明显下降，追溯至原始数据，可以发现是由于城镇登记失业率又有了显著的增加。最后，可以看出该州协调指数从 2013 年以来基本处于稳步上升的态势，主要是因为城乡收入比与城镇登记失业率基本都在稳步下降。协调指数在 2020 年有些微下降，这主要是因为疫情突发而导致就业困难，从而失业人口增多。

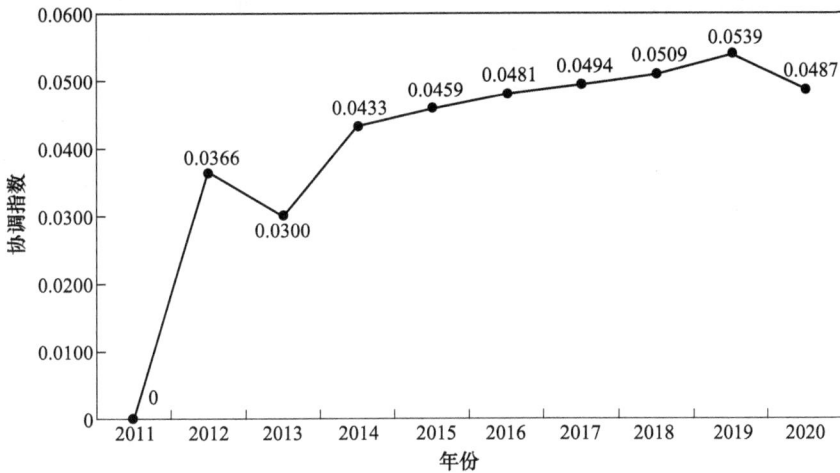

图 6-65　HH 州协调指标发展趋势

（三）绿色

HH 州 2011—2020 年绿色指数如图 6-66 所示。首先，因为 2014 年的建成区绿化覆盖率和城市污水日处理能力皆为这十年间的最低值，所以数据处理后的绿色指标数值为 0。其次，可以看出 HH 州绿色指数在这十年间整体呈上升趋势，2020 年的绿色指数比 2011 年的绿色指数增加了 1725.83%，这说明 HH 州在经济高质量发展中的绿色方面取得了很大的提升，绿色水平在逐步改善。再次，2011—2014 年绿色水平呈下降趋势，追溯至原始数据，发现是由于建成区绿化

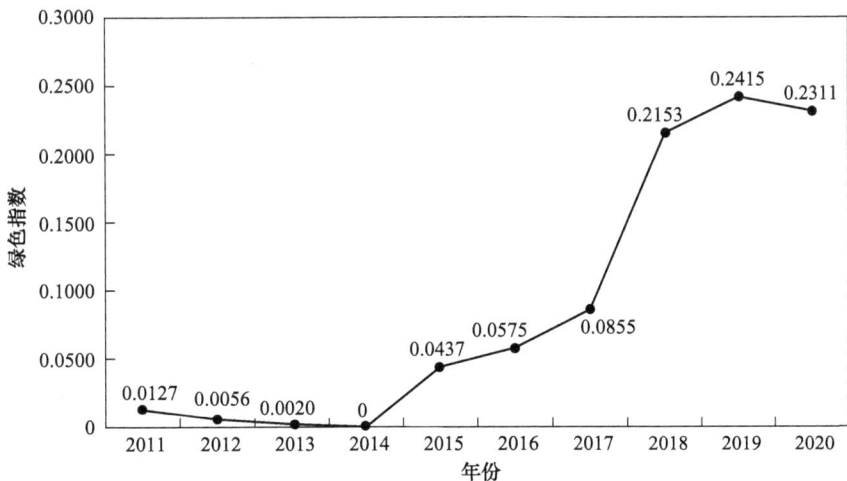

图 6-66　HH 州绿色指标发展趋势

覆盖率逐年下降，而城市污水日处理能力保持不变；2014—2019 年绿色水平呈逐年上升趋势，追溯至原始数据，发现是由于建成区绿化覆盖率和城市污水日处理能力每年都在稳步提升，这是政府和公众逐步注重生态建设、加强公共供给的结果。最后，2020 年绿色指数有微小下降，这是由于建成区绿化覆盖率和城市污水日处理能力都下降的结果，政府应投入一定的资金，保持较高的建成区绿化覆盖率，提高城市污水日处理能力，提升绿色水平。

（四）开放

HH 州 2011—2020 年开放指数如图 6-67 所示。首先，可以看出 HH 州开放指数在这十年间整体呈锯齿形变化，起伏不定，这说明 HH 州的整体开放能力没有得到很好的改善，存在较大的不确定因素和问题。其次，2011—2015 年的开放指数逐年稳步增加，追溯至原始数据，可以发现是由于在 2011—2015 年 HH 州的地区进出口总额、海外旅游者接待人数、当年登记外商投资企业数基本都在逐年增加。再者，2016—2018 年开放指数在明显年下降，分析其原因，主要是由于海外旅游者接待人数逐年大幅减少。最后，对于 2020 年的开放指数迅速下降，不难知道疫情是最重要的影响因素，由于新冠疫情的全球蔓延，导致了海外旅游者接待人数大量减少。为了应对疫情的不利影响，应统筹经济发展和疫情防控两个大局，在不利于扩大对外开放的条件下，苦练内功，促进经济内循环，等待适合的时机再扩大对外开放的水平。

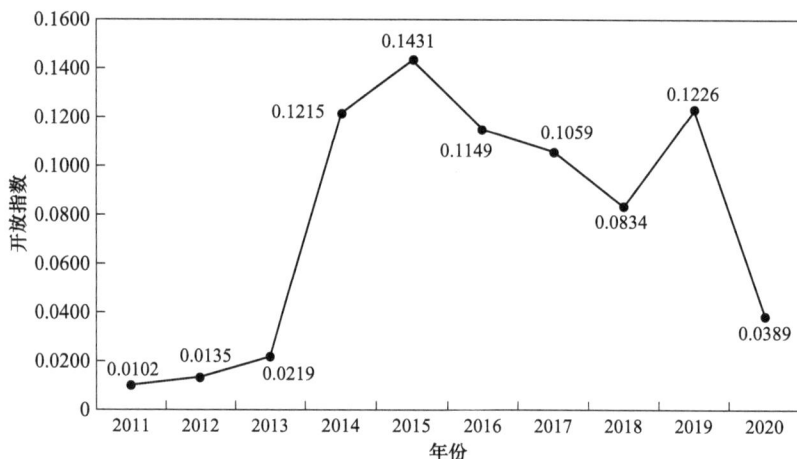

图 6-67　HH 州开放指标发展趋势

（五）共享

HH 州 2011—2020 年共享指数如图 6-68 所示。首先，因为 2011 年的每万人口医院床位数、人均拥有公共图书馆藏量、每万人拥有公共厕所个数皆为这十年间的最低值，所以数据处理后的 2011 年共享指标数值为 0。其次，可以看出 HH 州共享指数在这十年间整体呈上升趋势，共享指数由 2011 年的 0 增加到 2020 年的 0.2963，这说明 HH 州经济高质量发展的共享水平取得了很大的提升，共享水平在逐年改善。尤其是 2017—2018 年共享指标数值急剧上升，增长率为 455.32%，追溯至原始数据，可以发现 2017 年 HH 州人均拥有公共图书馆藏量仅 0.0228 册，但到了 2018 年已升至 0.3195 册，增长率为 1298.84%，并且，2017 年 HH 州每万人口医院床位数为 51 张，但到了 2018 年已升至 58.1 张，有了明显的增加。

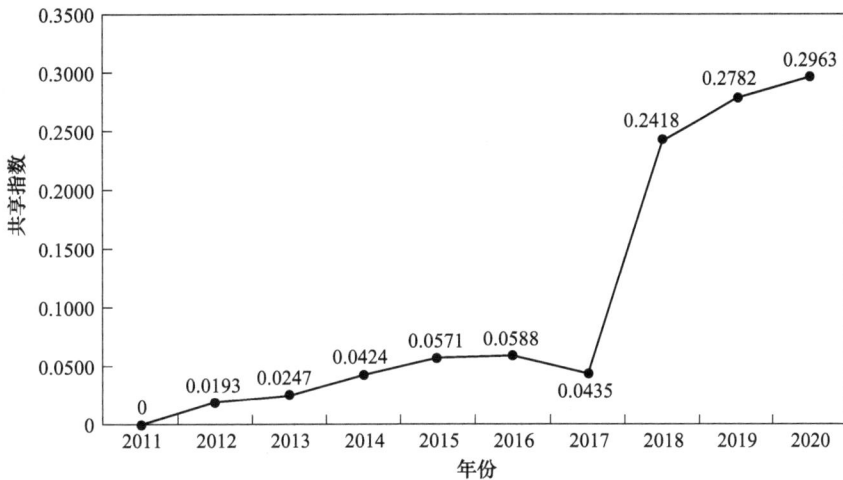

图 6-68　HH 州共享指标发展趋势

三、HH 州绿色发展指标分析

HH 州绿色发展也通过环境增长力、环境承载力与环境管理力三个指标来衡量。

在得到 HH 州绿色发展指标体系的权重之后，可求出环境增长力、环境承载力与环境管理力的衡量值。

（一）环境增长力

HH 州 2011—2020 年环境增长力指数如图 6-69 所示。首先，可以看出 HH 州环境增长力指数在这十年间整体呈平缓上升趋势，2020 年的环境增长力指数比 2011 年增长了 56.64%，这说明 HH 州绿色发展的环境增长力水平取得了一定的提升，环境增长力水平在逐步改善。其次，在这十年间环境增长力指数存在微小的波动，并不是逐年稳步上升，在 2013 年、2015 年和 2019 年都有微小的降低。最后，从整体上来看，环境增长力指数增速缓慢，主要是因为人均 GDP 和第三产业增加值占比增长缓慢，而全社会固定资产投资增长率迅速下降。

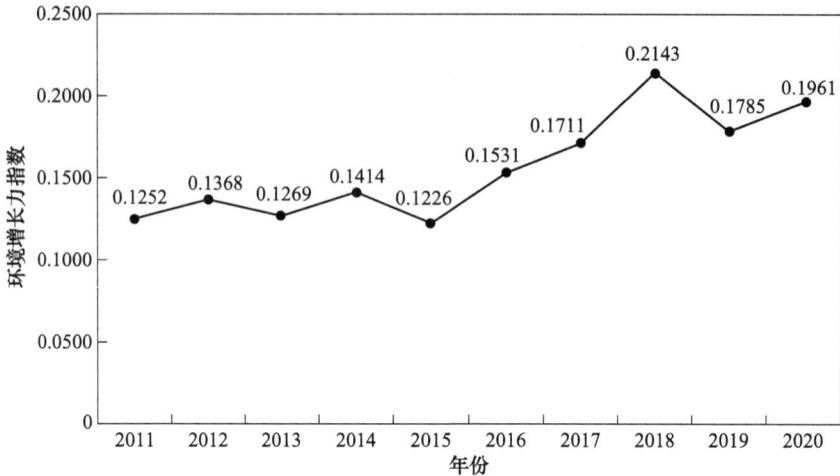

图 6-69　HH 州环境增长力指标发展趋势

（二）环境承载力

HH 州 2011—2020 年环境承载力指数如图 6-70 所示。首先，可以看出 HH 州环境增承载力指数在这十年间整体呈上升趋势，2020 年的环境承载力指数比 2011 年增长了 437.77%，这说明 HH 州绿色发展的环境承载力水平取得了很大的

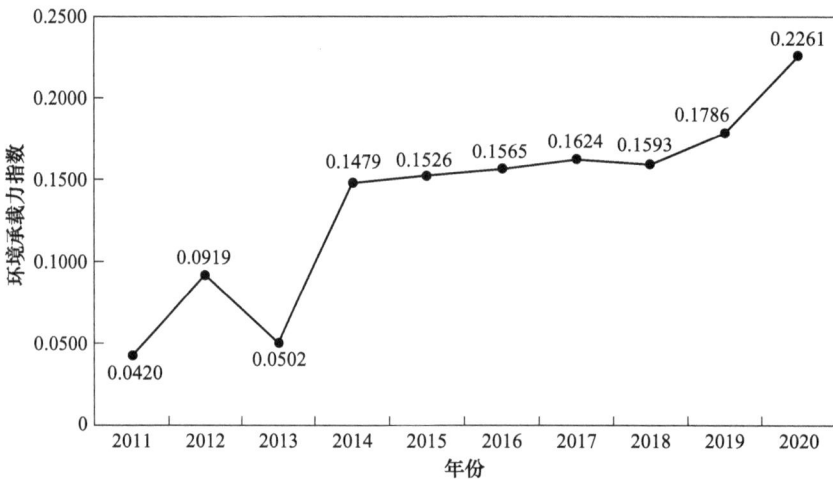

图 6-70　HH 州环境承载力指标发展趋势

提升，环境承载力水平在逐步改善。其次，在 2013 年环境承载力指标数值有一个明显的下降，下降率为 45.36%，追溯至原始数据，可以发现是由于 2013 年 HH 州人均森林面积基本保持不变，但是一般工业固体废物综合利用量和人均水资源量却明显降低。最后，从 2014 年开始，环境承载力指数保持稳步增长，环境承载力进入稳中求进的新发展阶段。

（三）环境管理力

HH 州 2011—2020 年环境管理力指数如图 6-71 所示。首先，可以看出 HH 州环境管理力指数在这十年间整体呈上升趋势，2020 年的环境管理力指数比 2011 年增长了 488.48%，这说明 HH 州绿色发展的环境管理力水平取得了巨大的提升，环境管理力水平在逐步改善。其次，2011—2013 年环境管理力指标数值在缓慢地下降，2013—2016 年保持稳步上升，2017 年又明显下降，2017—2020 年保持稳步上升，追溯至原始数据，可以发现是由于在这十年间除了人均公园绿地面积和燃气普及率保持稳步上升外，一般工业固体废物综合利用量、环境支出占地方财政支出比重和生活垃圾清运量存在一定的波动起伏。最后，总的来说，HH 州的环境管理力指数没有稳步上升，出现起伏，应根据实际情况调整环境支出占地方财政支出比重和逐年增加生活垃圾清运量，以取得良好的生态效益和经济效益。

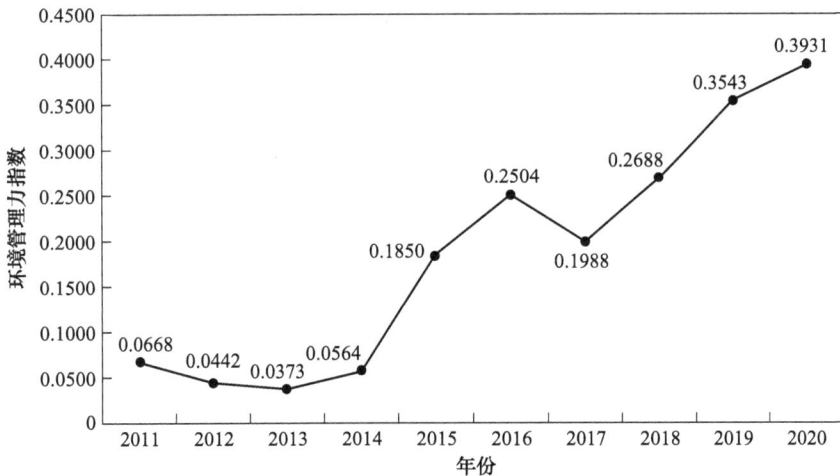

图 6-71　HH 州环境管理力指标发展趋势

四、HH 州经济高质量发展与绿色发展的总体特征

根据上述研究方法，利用 HH 州 2011—2020 年的数据，计算出 HH 州经济高

质量发展与绿色发展的综合评价指数,见表 6-23。从时间维度上来说,2011—2020 年 HH 州绿色发展水平指数整体呈现出上升趋势,仅在 2013 年、2017 年出现短暂性下降。而经济高质量发展指数总体趋势向上,但在 2016 年、2020 年出现降低。单看 2020 年,经济高质量发展指数同比下降 11%,绿色发展指数却同比增长了 14.6%,可见当时各项发展政策的适配性值得考虑。总体来看,HH 州经济高质量发展与绿色发展存在着较为明显的时空差异,二者呈现趋同优化发展,由此可见,在 HH 州走出一条经济高质量发展与绿色发展协调耦合的现实路径是可期的。

表 6-23　HH 州经济高质量发展与绿色发展的综合评价指数　　　　（%）

年　份	$F(x)$	$G(x)$
2011	2.59	23.40
2012	8.17	27.28
2013	9.27	21.44
2014	22.24	34.57
2015	37.96	46.02
2016	33.44	56.00
2017	35.17	53.22
2018	68.17	64.25
2019	81.38	71.13
2020	72.40	81.53

五、HH 州经济高质量发展与绿色发展的耦合协调特征

按照上述研究方法,计算出 HH 州经济高质量发展与绿色发展的耦合度及耦合协调度,见表 6-24。就耦合度 C 而言,2011—2020 年 HH 州经济高质量发展与绿色发展的耦合度 C 处于 0.2~0.5 这一区间,2011 年的耦合度与其他年份相比较低。这表明经济高质量发展与绿色发展两个系统开始耦合,但耦合状况仍不够理想,依然存在着很大的上升空间。

表 6-24　HH 州经济高质量发展与绿色发展的耦合度及耦合协调度

年　份	C	D
2011	0.2994	0.1973
2012	0.4211	0.2732
2013	0.4591	0.2655
2014	0.4881	0.3724

年　份	C	D
2015	0.4977	0.4571
2016	0.4838	0.4651
2017	0.4895	0.4651
2018	0.4998	0.5752
2019	0.4989	0.6168
2020	0.4991	0.6198

就耦合协调度 D 而言，从图6-72可以看出，HH 州经济高质量发展与绿色发展的耦合协调度在时间序列上呈现出上升的趋势，仅在2013年出现略微下降，2014年增长幅度最大，同比增长40.26%。值得注意的是，HH 州在2011年的耦合协调度明显低于全省水平，但在2020年的耦合协调度却要高于全省水平。这表明 HH 州近几年的耦合协调度发展较好。按照耦合协调度的等级划分，HH 州经济高质量发展与绿色发展的耦合协调度从严重失调上升到初级协调，这表明耦合协调情况虽逐年改善，但耦合程度仍处于初级协调阶段。

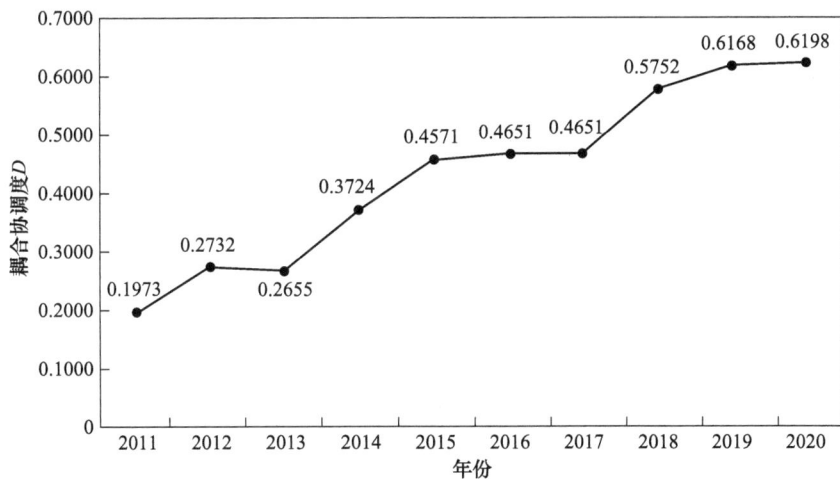

图6-72　HH 州经济高质量发展与绿色发展的耦合协调度 D

第九节　II 州经济高质量发展与绿色发展耦合协调关系研究

一、评价指标的权重求解

本节对 II 州经济高质量发展与绿色发展指标体系进行了权重求解，各指标的权重结果见表6-25。

表6-25 II州指标权重求解结果

一级指标	三级指标	权重	一级指标	三级指标	权重
A	A11	0.0624	B	B11	0.0656
	A12	0.0473		B12	0.0709
	A21	0.0253		B13	0.0763
	A22	0.0362		B14	0.1394
	A31	0.1429		B21	0.0446
	A32	0.1138		B22	0.0602
	A41	0.1167		B23	0.0774
	A42	0.0506		B24	0.0586
	A43	0.0886		B31	0.0563
	A51	0.0634		B32	0.2011
	A52	0.1891		B33	0.0604
	A53	0.0637		B34	0.0893

二、II州经济高质量发展指标分析

II州经济高质量发展也通过创新、协调、绿色、开放、共享五个指标来衡量。

在得到II州经济高质量发展指标体系的权重之后，可求出创新、协调、绿色、开放、共享的衡量值。

（一）创新

II州2011—2020年创新指数如图6-73所示。首先，可以看出II州创新指数在这十年间整体呈上升趋势，2020年的创新指数比2011年增长了2669.34%，这说明II州的整体创新能力在这十年间取得了显著提升，创新水平在逐年改善。尤其是2014—2018年创新指标数值逐年迅速上升，增长率为186.51%，追溯至原始数据，可以发现2014—2018年II州发明专利授权量逐年上升，2018年比2014年增长了271.43%；并且2014—2018年II州每万人口在校大学生数也基本在逐年上升。其次，2014年创新指数有微小的下降，溯至原始数据，可以发现是由于2014年发明专利授权量大幅减少，2014年比2013年减少了41.67%。最后，2018—2020年创新指数明显下降，追溯至原始数据，可以发现是由于2018—2020年II州的发明专利授权量逐年下降，2020年比2018年下降了51.28%。

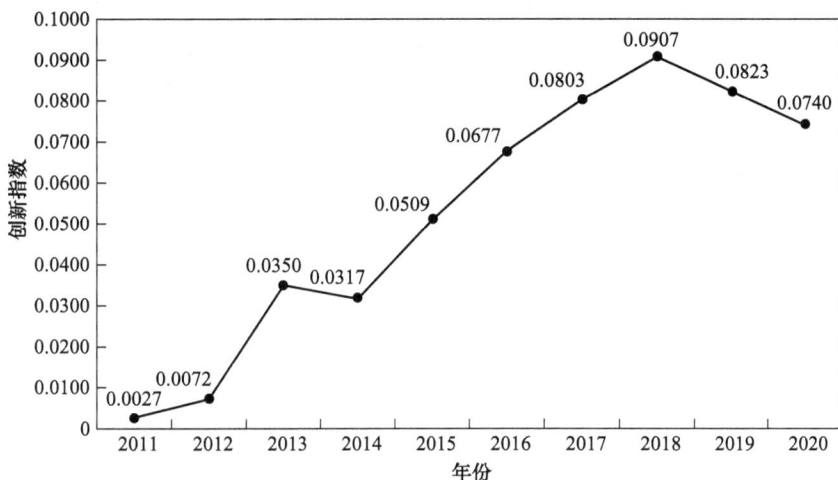

图 6-73　II 州创新指标发展趋势

（二）协调

II 州 2011—2020 年协调指数如图 6-74 所示。首先，因为 2011 年的城乡收入比和城镇登记失业率为这十年间的最低值，所以数据处理后的协调指标数值为 0。其次，可以看出 II 州协调指数在这十年间整体呈上升趋势，协调指数由 2011 年的 0 上升至 2020 年的 0.0443，这说明 II 州的整体协调能力在这十年间取得了显著提升，协调水平在逐年改善。尤其是 2012 年协调指标数值急剧上升，追溯至原始数据，可以发现是由于 2012 年城乡收入比和城镇登记失业率都明显下降。

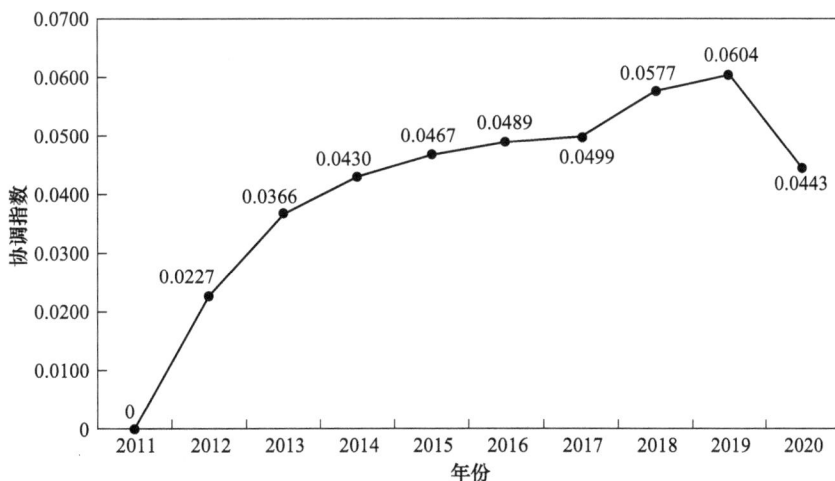

图 6-74　II 州协调指标发展趋势

再次，可以看出该州协调指数在 2011—2019 年间基本处于稳步上升的态势，主要是因为城乡收入比与城镇登记失业率都在稳步下降。最后，协调指数在 2020 年有明显下降，2020 年比 2019 年下降了 26.64%，追溯至原始数据，可以发现是由于城镇登记失业率急剧上升，2020 年比 2019 年增长了 18.03%，这主要是因为疫情突发而导致就业困难，从而失业人口增多。

（三）绿色

II 州 2011—2020 年绿色指数如图 6-75 所示。首先，因为 2011 年的建成区绿化覆盖率和城市污水日处理能力皆为这十年间的最低值，所以数据处理后的绿色指标数值为 0。其次，可以看出 II 州绿色指数在这十年间整体呈上升趋势，绿色指数由 2011 年的 0 上升至 2020 年的 0.2567，这说明 II 州在经济高质量发展中的绿色方面取得了很大的提升，绿色水平在逐步改善。再次，2013—2014 年绿色水平呈下降趋势，追溯至原始数据，发现是由于建成区绿化覆盖率下降，而城市污水日处理能力保持不变。最后，2014—2020 年绿色水平呈逐年上升趋势，追溯至原始数据，发现是由于建成区绿化覆盖率和城市污水日处理能力每年都在稳步提升，这是政府和公众逐步注重生态建设、加强公共供给的结果。

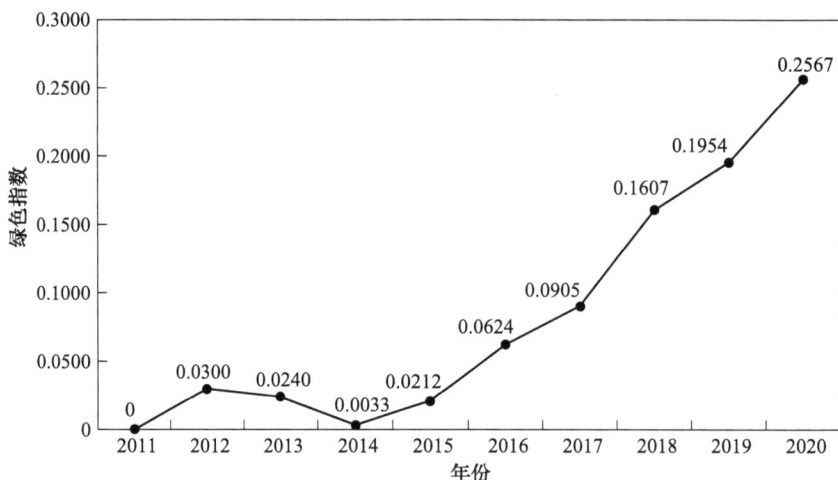

图 6-75　II 州绿色指标发展趋势

（四）开放

II 州 2011—2020 年开放指数如图 6-76 所示。首先，可以看出 II 州开放指数在这十年间整体呈锯齿形变化，起伏不定，这说明 II 州的整体开放能力没有得到很好的改善，存在较大的不确定因素和问题。其次，可以看出 II 州开放指数在这十年间整体呈下降趋势，开放指数由 2011 年的 0.1355 下降至 2020 年的 0.0135，下降了 90.01%，这说明 II 州在经济高质量发展中的开放方面成绩并不乐观，应对风险和解决问题的能力还比较欠缺。再次，2012—2013 年间的开放指数急剧增长，追溯至原始数据，可以发现是由于 2013 年该州的地区进出口总额大量增长，2013 年比 2012 年增长了 192.37%。最后，从 2013 年开始，开放指数基本在逐年下降，分析其原因，主要是由于地区进出口总额逐年减少，到 2020 年时，该州进出口总额已经由 2011 年的 4.3462 亿美元降至不足 1 亿美元。

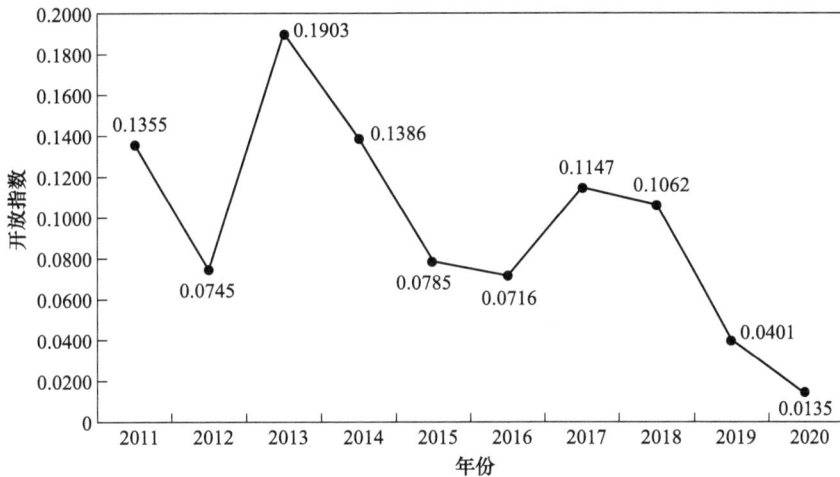

图 6-76　II 州开放指标发展趋势

（五）共享

II 州 2011—2020 年共享指数如图 6-77 所示。II 州共享指数在这十年间整体呈上升趋势，2020 年的共享指数比 2011 年增长了 2249.99%，这说明 II 州经济高质量发展的共享水平取得了很大的提升，共享水平在逐年改善。尤其是 2017—2018 年共享指标数值急剧上升，增长率为 219.70%，追溯至原始数据，可以发现 2017 年 II 州人均拥有公共图书馆藏量仅 0.0630 册，但到了 2018 年已升至 0.3668 册，增长率为 481.94%，并且，2017 年 II 州每万人口医院床位数为 51 张，但到了 2018 年已升至 73.2 张，增长率为 43.53%，有了明显的增加。从 2018 年开始，该州的共享指数呈平缓增长的态势，增速缓慢，政府应该积极作为，增加人均拥有公共图书馆藏量、每万人拥有公共厕所个数等，使之达到全省的平均水平，提升该州共享指数。

三、II 州绿色发展指标分析

II 州绿色发展也通过环境增长力、环境承载力与环境管理力三个指标来衡量。

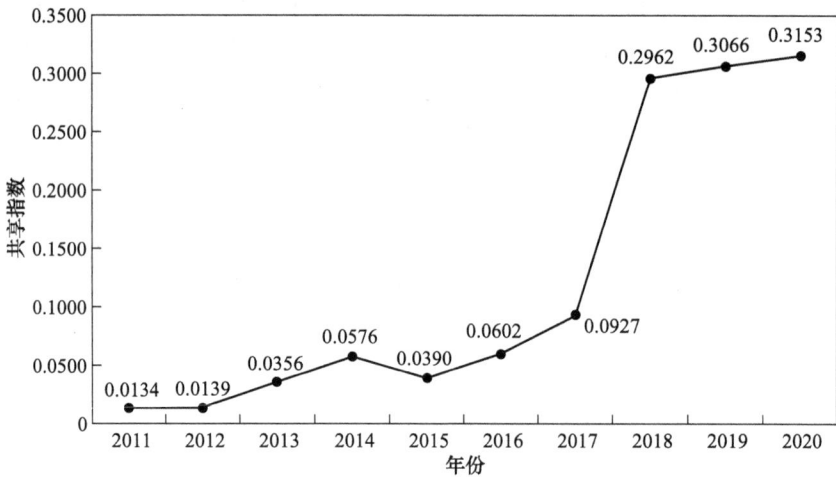

图 6-77　II 州共享指标发展趋势

在得到 II 州绿色发展指标体系的权重之后，可求出环境增长力、环境承载力与环境管理力的衡量值。

（一）环境增长力

II 州 2011—2020 年环境增长力指数如图 6-78 所示。首先，可以看出 II 州的环境增长力指数在这十年间整体呈锯齿形变化，起伏不定，这说明 II 州的整体环境增长力没有得到很好的改善，存在较大的不确定因素和问题。其次，可以看出该州的环境增长力指数在这十年间整体呈下降趋势，环境增长力指数由 2011

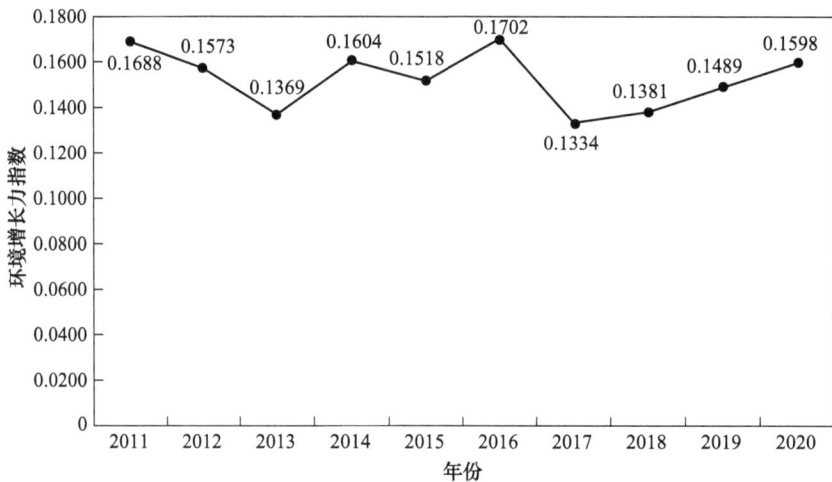

图 6-78　II 州环境增长力指标发展趋势

年的 0.1688 下降至 2020 年的 0.1598，下降了 5.38%，且环境增长力指数远低于 A 省的其他地市州，这说明 II 州在绿色发展中的环境增长方面的成绩并不乐观，应对风险和解决问题的能力还比较欠缺，政府应该积极作为，投入一定的资金，出台相关的政策法规，改善该州人均 GDP、单位 GDP 能耗、第三产业增加值占比、全社会固定资产投资增长率等相关方面，提升该州的环境增长力指数。

（二）环境承载力

II 州 2011—2020 年环境承载力指数如图 6-79 所示。首先，可以看出 II 州环境承载力指数在这十年间整体呈上升趋势，2020 年的环境承载力指数是 0.2166，2011 年的环境承载力指数是 0.0894，2020 年比 2011 年增长了 142.31%，这说明 II 州绿色发展的环境承载力水平取得了很大的提升，环境承载力水平在逐步改善。其次，2013 年环境承载力指标数值有一个明显的下降，下降率为 95.50%，追溯至原始数据，可以发现是由于 2013 年 II 州人均森林面积和二氧化硫排放量基本保持不变，但是一般工业固体废物综合利用量和人均水资源量却明显降低。另外，2017 年环境承载力指标数值也明显下降，追溯至原始数据，可以发现主要是由于 2017 年 II 州人均森林面积明显减少，二氧化硫排放量大幅增加。最后，从 2018 年开始，环境承载力指数保持稳步增长，环境承载力进入稳中求进的新发展阶段。

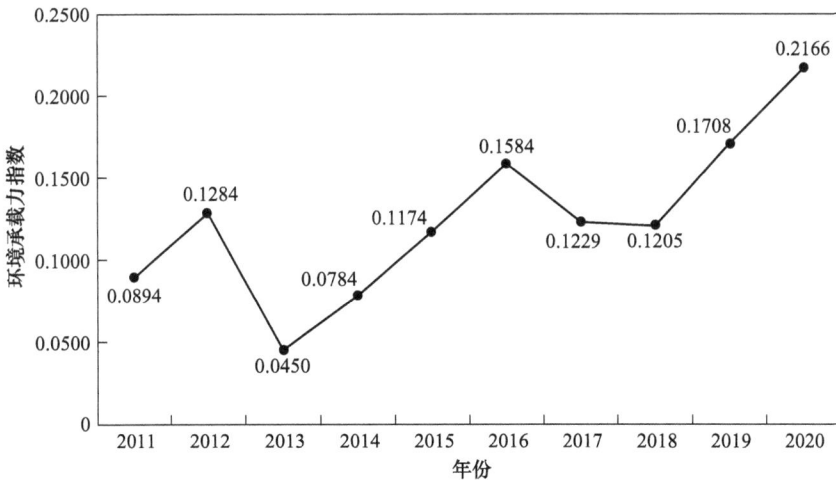

图 6-79　II 州环境承载力指标发展趋势

（三）环境管理力

II 州 2011—2020 年环境管理力指数如图 6-80 所示。首先，可以看出 II

州环境管理力指数在这十年间整体呈上升趋势，2020年的环境管理力指数为0.400，2011年的环境管理力指数为0.039，2020年比2011年增长了917.10%，这说明II州绿色发展的环境管理力水平取得了巨大的提升，环境管理力水平在逐步改善。其次，2011—2017年环境管理力指标数值增长缓慢，追溯至原始数据，可以发现是由于2011—2017年间环境支出占地方财政支出比重、人均公园绿地面积、燃气普及率、生活垃圾清运量基本只是在保持缓慢地增长，甚至有些项目会降低。而在2017—2020年间，该州环境管理力指数整体呈快速上升趋势，追溯至原始数据，可以发现是由于2017—2020年间环境支出占地方财政支出比重、人均公园绿地面积、燃气普及率、生活垃圾清运量都基本保持较快的增长。

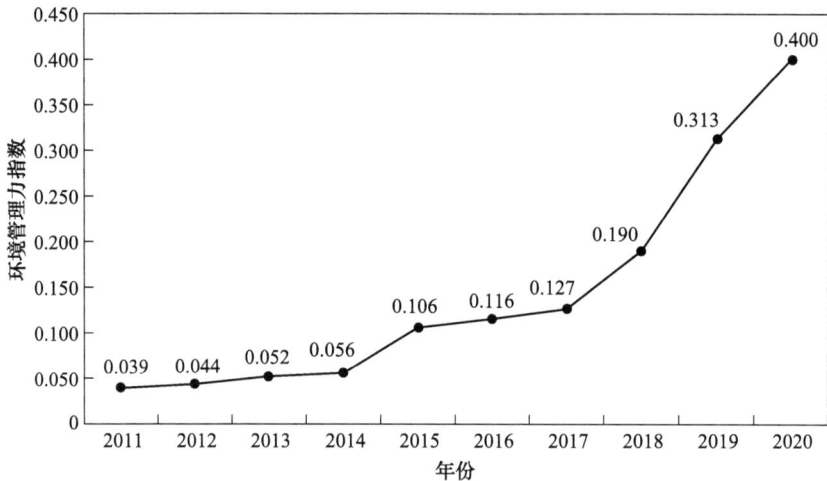

图6-80　II州环境管理力指标发展趋势

四、II州经济高质量发展与绿色发展的总体特征

根据上述研究方法，利用II州2011—2020年的数据，计算出II州经济高质量发展与绿色发展的综合评价指数，见表6-26。从时间维度上来说，2011—2020年II州绿色发展水平指数只在2013年、2017年出现短暂性降低，而高质量发展指数则呈现震荡式上升的趋势，在2012年、2014年、2019年均出现降低。这从一定程度上表明II州在不断调整经济高质量发展相关政策部署，以期取得更好效果，但实际成效与理想效果之间的差距值得深思。总体来看，II州经济高质量发展与绿色发展存在着较为明显的时空差异，二者呈现趋同优化发展，由此可见，在II州走出一条经济高质量发展与绿色发展协调耦合的现实路径是可期的。

表 6-26　II 州经济高质量发展与绿色发展的综合评价指数　　（%）

年　份	$F(x)$	$G(x)$
2011	15.16	29.76
2012	14.82	32.94
2013	32.16	23.42
2014	27.42	29.48
2015	23.63	37.52
2016	31.08	44.42
2017	42.81	38.28
2018	71.16	44.88
2019	68.49	63.26
2020	70.39	77.68

五、II 州经济高质量发展与绿色发展的耦合协调特征

按照上述研究方法，计算出 II 州经济高质量发展与绿色发展的耦合度及耦合协调度，见表 6-27。就耦合度 C 而言，2011—2020 年 II 州经济高质量发展与绿色发展的耦合度 C 均处于 0.4~0.5 这一区间，表明经济高质量发展与绿色发展两个系统开始耦合，但耦合状况仍不够理想，依然存在着很大的上升空间。

表 6-27　II 州经济高质量发展与绿色发展的耦合度及耦合协调度

年　份	C	D
2011	0.4729	0.3259
2012	0.4626	0.3324
2013	0.4938	0.3704
2014	0.4997	0.3770
2015	0.4869	0.3859
2016	0.4921	0.4310
2017	0.4992	0.4499
2018	0.4870	0.5316
2019	0.4996	0.5737
2020	0.4994	0.6081

就耦合协调度 D 而言，从图 6-81 可以看出，II 州经济高质量发展与绿色发展的耦合协调度在时间序列上呈现出上升的趋势，这一点与全省耦合协调度的变化趋势相同。值得注意的是，II 州在 2011 年的耦合协调度明显高于全省水平，

但2020年的耦合协调度却略微低于全省水平，发展速度需要引起注意。按照耦合协调度的等级划分，II州经济高质量发展与绿色发展的耦合协调度从轻度失调上升到初级协调，这表明耦合协调情况虽逐年改善，但耦合程度仍处于初级协调阶段。

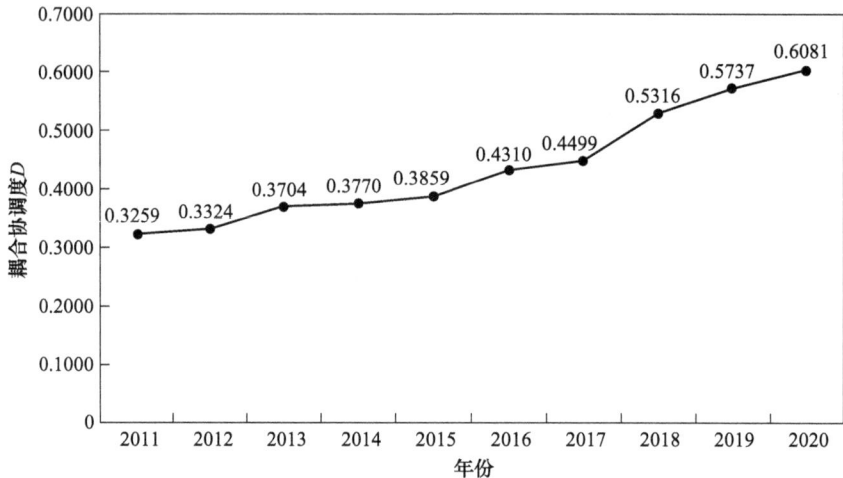

图6-81　II州经济高质量发展与绿色发展的耦合协调度 D

第十节　JJ州经济高质量发展与绿色发展耦合协调关系研究

一、评价指标的权重求解

本节对JJ州经济高质量发展与绿色发展指标体系进行了权重求解，各指标的权重结果见表6-28。

二、JJ州经济高质量发展指标分析

JJ州经济高质量发展也通过创新、协调、绿色、开放、共享五个指标来衡量。

在得到JJ州经济高质量发展指标体系的权重之后，可求出创新、协调、绿色、开放、共享的衡量值。

（一）创新

JJ州2011—2020年创新指数如图6-82所示。首先，因为2011年的发明专利授权量、每万人口在校大学生数为这十年间的最低值，所以数据处理后的创新指

表 6-28 JJ 州指标权重求解结果

一级指标	三级指标	权重	一级指标	三级指标	权重
A	A11	0.0433	B	B11	0.0894
	A12	0.1048		B12	0.0537
	A21	0.0368		B13	0.0620
	A22	0.1125		B14	0.0721
	A31	0.0724		B21	0.0685
	A32	0.1326		B22	0.0819
	A41	0.0515		B23	0.0524
	A42	0.0658		B24	0.1043
	A43	0.0562		B31	0.1208
	A51	0.0414		B32	0.1635
	A52	0.2064		B33	0.0431
	A53	0.0765		B34	0.0883

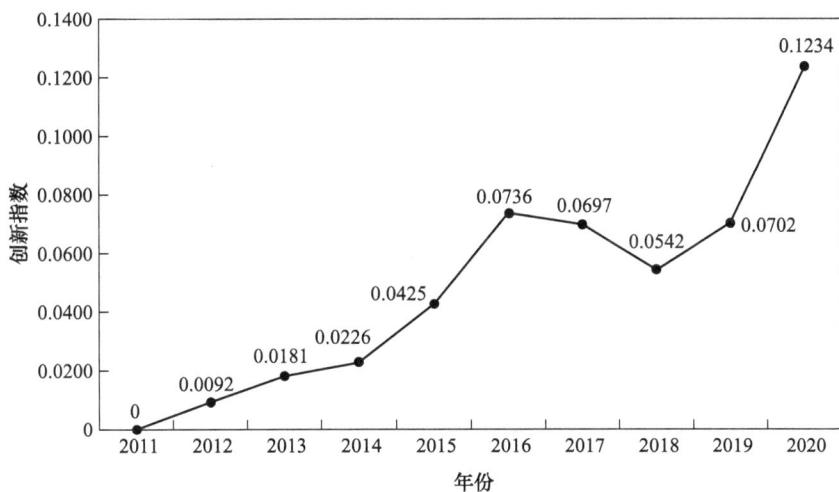

图 6-82 JJ 州创新指标发展趋势

标数值为 0。其次，可以看出 JJ 州创新指数在这十年间整体呈上升趋势，2020 年的创新指数比 2012 年增长了 1247.36%，这说明 JJ 州的整体创新能力在这十年间取得了显著提升，创新水平在逐年改善。尤其是 2019—2020 年创新指标数值急剧上升，增长率为 75.75%，追溯至原始数据，可以发现 2019 年 JJ 州每万人口在校大学生数仅 177.32 人，但到了 2020 年已升至 301.62 人，增长率为 70.09%。再次，2016—2018 年创新指数明显下降，主要是由于 2017 年每万人口在校大学生数减少，2018年发明专利授权量减少。最后，还可以看出JJ州的创新指数从2018年以来保持快速上升的良好势头。

（二）协调

JJ州2011—2020年协调指数如图6-83所示。首先，可以看出JJ州协调指数在这十年间整体呈一个倒V形，协调指数存在较大的波动变化，协调指数由2011年的0.1125下降至2020年的0.0379，这说明JJ州的整体协调能力在这十年间并没有取得提升，协调水平并没有得到改善，甚至是有了明显的降低。尤其是2012年协调指标数值急剧下降，追溯至原始数据，可以发现是由于2012年城镇登记失业率急剧上升，人们大量失业，城镇登记失业率由2011年的1.34%猛然升至2012年的3.38%，上升了152.24%。其次，可以看出JJ州协调指数2013—2017年基本处于稳步上升的态势，主要是因为城乡收入比与城镇登记失业率基本都在稳步下降。最后，JJ州协调指数在2017—2020年处于下降阶段，主要是因为城镇登记失业率在逐年增长。

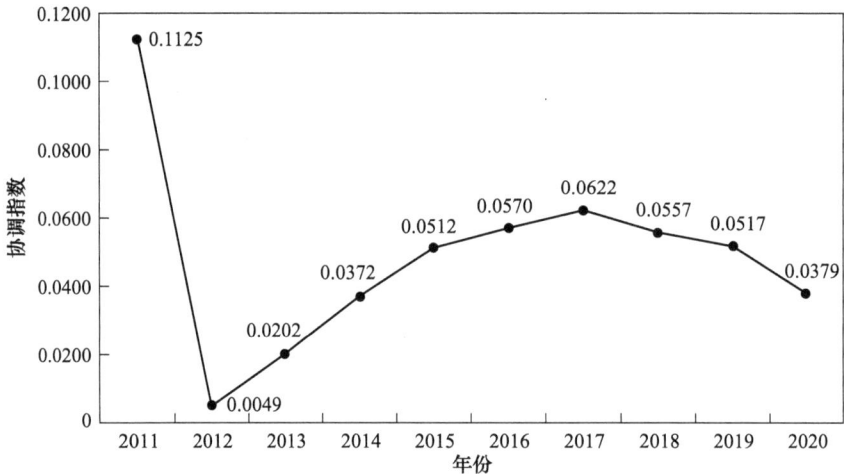

图6-83　JJ州协调指标发展趋势

（三）绿色

JJ州2011—2020年绿色指数如图6-84所示。首先，可以看出JJ州绿色指数在这十年间整体呈上升趋势，绿色指数由2011年的0.0422上升至2020年的0.1996，2020年的绿色指数比2011年的绿色指数增加了372.58%，这说明JJ州在经济高质量发展中的绿色方面取得了很大的提升，绿色水平在逐步改善。其次，2011—2014年绿色水平呈下降趋势，追溯至原始数据，发现是由于建成区绿化覆盖率逐年下降，而城市污水日处理能力基本保持不变。最后，2014—2020

年绿色水平呈逐年上升趋势，追溯至原始数据，发现是由于建成区绿化覆盖率和城市污水日处理能力每年都在稳步提升，这是政府和公众逐步注重生态建设、加强公共供给的结果。

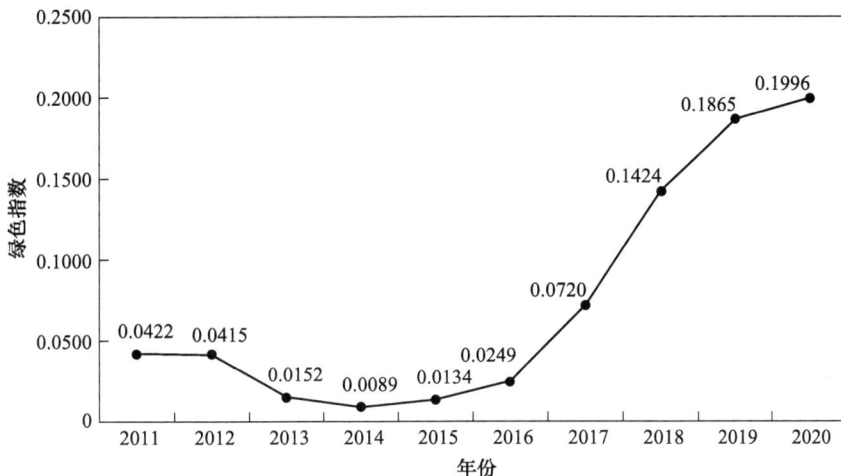

图 6-84 JJ 州绿色指标发展趋势

（四）开放

JJ 州 2011—2020 年开放指数如图 6-85 所示。首先，可以看出 JJ 州开放指数在这十年间整体呈锯齿形变化，起伏不定，这说明 JJ 州的整体开放能力没有得到很好的改善，存在较大的不确定因素和问题。其次，2012—2015 年 JJ 州的开放指数逐年稳步上升，由 2012 年的 0.0471 增长至 2015 年的 0.1278，2015 年比

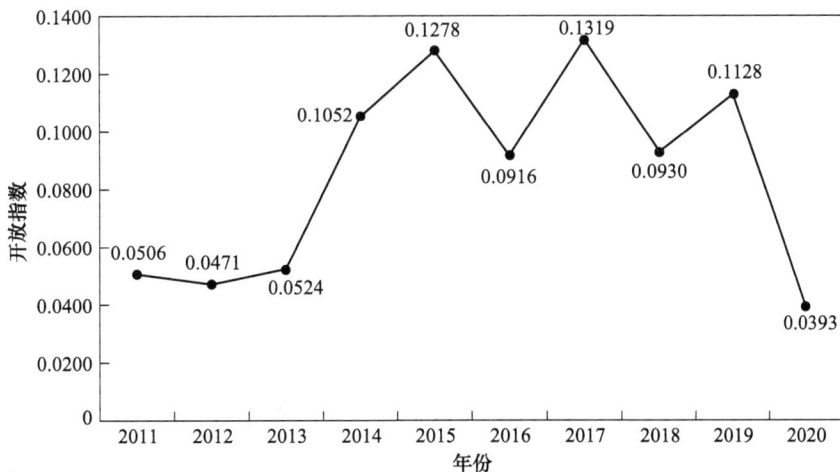

图 6-85 JJ 州开放指标发展趋势

2012年增长了171.19%，追溯至原始数据，可以发现是由于在2012—2015年该州的地区进出口总额、海外旅游者接待人数、当年登记外商投资企业数基本都在逐年增加。再次，2017年JJ州的开放指数处在历史高位，分析其原因，主要是由于海外旅游者接待人数相比前几年大幅增加，处在历史最高位。最后，对于2020年的开放指数迅速下降，不难知道疫情是最重要的影响因素，由于新冠疫情的全球蔓延，导致了海外旅游者接待人数大量减少。因此，为了应对疫情的不利影响，应统筹经济发展和疫情防控两个大局，在不利于扩大对外开放的条件下，苦练内功，促进经济内循环，等待适合的时机再扩大对外开放的水平。

（五）共享

JJ州2011—2020年共享指数如图6-86所示。JJ州共享指数在这十年间整体呈上升趋势，共享指数由2011年的0.0118增加到2020年的0.3243，2020年的共享指数比2011年增长了2655.88%，这说明JJ州经济高质量发展的共享水平取得了很大的提升，共享水平在逐年改善。尤其是2017—2018年共享指标数值急剧上升，共享指数由2017年的0.0820猛然增长至2018年的0.2286，增长率为178.87%，追溯至原始数据，可以发现2017年JJ州人均拥有公共图书馆藏量仅0.0564册，但到了2018年已升至0.3306册，增长率为685.71%，并且，2017年JJ州每万人口医院床位数仅为44.8张，但到了2018年已升至60.9张，增长率为35.94%，两个项目均有了明显的增长。

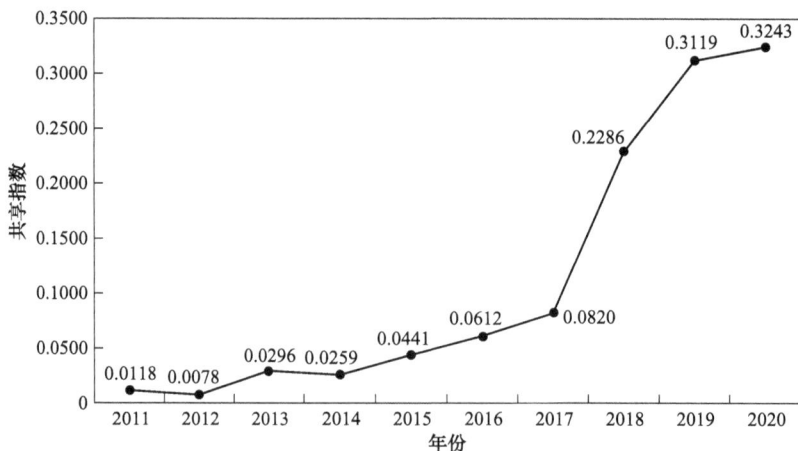

图6-86 JJ州共享指标发展趋势

三、JJ州绿色发展指标分析

JJ州绿色发展也通过环境增长力、环境承载力与环境管理力三个指标来衡量。

在得到 JJ 州绿色发展指标体系的权重之后，可求出环境增长力、环境承载力与环境管理力的衡量值。

（一）环境增长力

JJ 州 2011—2020 年环境增长力指数如图 6-87 所示。首先，可以看出 JJ 州环境增长力指数在这十年间整体呈平缓上升趋势，环境增长力指数由 2011 年的 0.0568 增长至 2020 年的 0.2047，2020 年的环境增长力指数比 2011 年增长了 260.29%，这说明 JJ 州绿色发展的环境增长力水平取得了一定的提升，环境增长力水平在逐步改善。其次，在这十年间环境增长力指数存在微小的波动，并不是逐年稳步上升，在 2014 年和 2019 年都有微小的降低，追溯至原始数据，可以发现 2014 年和 2019 年 JJ 州环境增长力指数降低的原因都是因为全社会固定资产投资增长率的大幅降低。最后，在 2016—2020 年间，环境增长力指数增速缓慢，最后两年基本没有增长，追溯至原始数据，可以发现主要是因为人均 GDP、单位 GDP 能耗和第三产业增加值占比都是增长缓慢，而全社会固定资产投资增长率却在迅速下降。

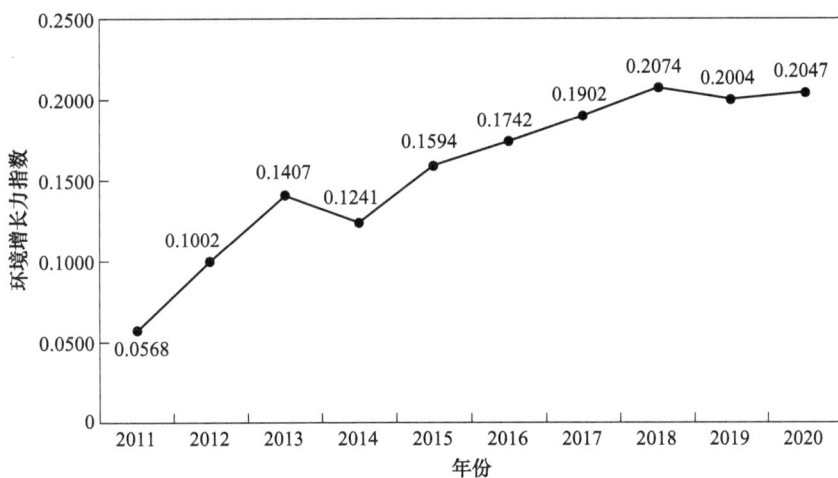

图 6-87　JJ 州环境增长力指标发展趋势

（二）环境承载力

JJ 州 2011—2020 年环境承载力指数如图 6-88 所示。首先，可以看出 JJ 州环境承载力指数在这十年间整体呈上升趋势，环境承载力指数由 2011 年的 0.0894 增长至 2020 年的 0.2860，2020 年的环境承载力指数比 2011 年增长了 220.02%，这说明 JJ 州绿色发展的环境承载力水平取得了很大的提升，环境承载力水平在逐步改善。其次，2013 年环境承载力指标数值有一个明显的下降，下降率为 69.02%，追溯至原始数据，可以发现是由于 2013 年 JJ 州人均森林面积和人均水资源量均明显降低，二氧化硫排放量大量增加。再次，2017 年 JJ 州的环境承载力指数也有一个明显的降低，追溯至原始数据，可以发现是由于 2017 年该州人均水资源量大量减少，而二氧化硫排放量大量增加导致。最后，从 2017 年开始，环境承载力指数保持稳步增长，环境承载力进入稳中求进的新发展阶段。

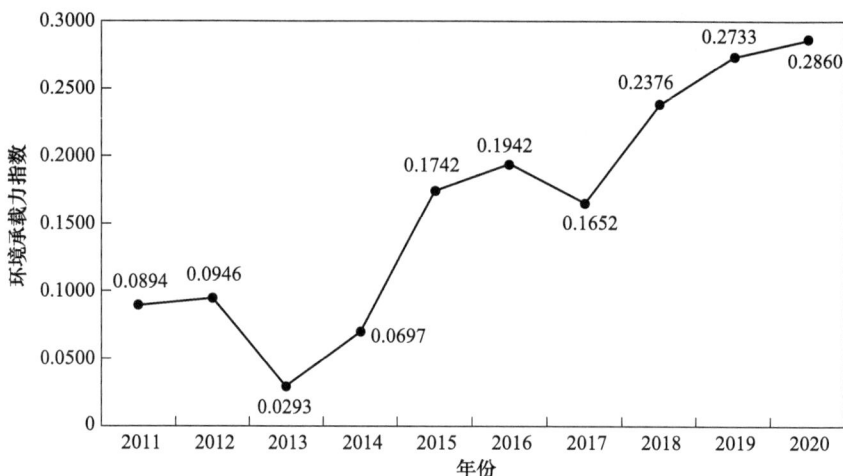

图 6-88　JJ 州环境承载力指标发展趋势

（三）环境管理力

　　JJ 州 2011—2020 年环境管理力指数如图 6-89 所示。首先，可以看出 JJ 州环境管理力指数在这十年间整体呈上升趋势，环境管理力指数由 2011 年的 0.0725 增长至 2020 年的 0.3387，2020 年的环境管理力指数比 2011 年增长了 367.07%，这说明 JJ 州绿色发展的环境管理力水平取得了巨大的提升，环境管理力水平在逐步改善。其次，2011—2012 年间环境管理力指标数值在缓慢地下降，追溯至原始数据，可以发现 2012 年环境支出占地方财政支出比重与人均公园绿地面积都减少，特别是环境支出占地方财政支出比重降低了 24.51%。再次，2013—2019 年间，JJ 州的环境管理力指数保持较快的上升速度，追溯至原始数据，可以发现是由于环境支出占地方财政支出比重、人均公园绿地面积、燃气普及率、生活垃圾清运量都在保持一定的增长。最后，总的来说，JJ 州的环境管理力指数自从 2012 年以来一直保持稳步上升，发展态势良好，该州在提升环境管理力方面工作做得较好。

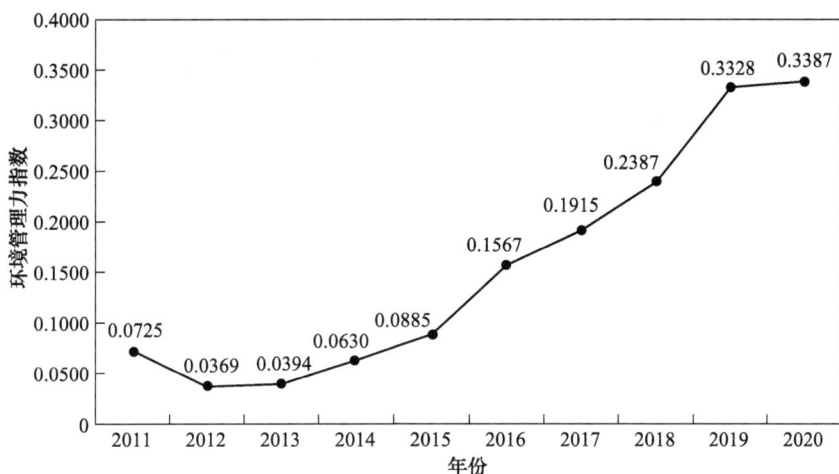

图 6-89　JJ 州环境管理力指标发展趋势

四、JJ 州经济高质量发展与绿色发展的总体特征

根据上述研究方法，利用 JJ 州 2011—2020 年的数据，计算出 JJ 州经济高质量发展与绿色发展的综合评价指数，见表 6-29。从时间维度上来说，2011—2020 年 JJ 州绿色发展水平指数只在 2013 年出现短暂性降低，在 2015 年增长最为明显，同比增长 64.41%。而经济高质量发展指数总体也呈现上升的趋势，但在 2012 年、2020 年出现降低的情况。总体来看，JJ 州经济高质量发展与绿色发展存在着较为明显的时空差异，二者呈现趋同优化发展，由此可见，在 JJ 州走出一条经济高质量发展与绿色发展协调耦合的现实路径是可期的。

表 6-29　JJ 州经济高质量发展与绿色发展的综合评价指数　　　　（%）

年　份	$F(x)$	$G(x)$
2011	21.71	21.87
2012	11.05	23.16
2013	13.55	20.94
2014	19.98	25.68
2015	27.91	42.22
2016	30.83	52.50
2017	41.78	54.69
2018	57.40	68.38
2019	73.31	80.65
2020	72.45	82.94

五、JJ州经济高质量发展与绿色发展的耦合协调特征

按照上述研究方法，计算出 JJ 州经济高质量发展与绿色发展的耦合度及耦合协调度，见表6-30。就耦合度 C 而言，2011—2020 年 JJ 州经济高质量发展与绿色发展的耦合度 C 均处于 $0.4\sim0.5$ 这一区间，表明经济高质量发展与绿色发展两个系统开始耦合，但耦合状况仍不够理想，依然存在着很大的上升空间。

表 6-30　JJ 州经济高质量发展与绿色发展的耦合度及耦合协调度

年　份	C	D
2011	0.5000	0.3301
2012	0.4676	0.2828
2013	0.4884	0.2902
2014	0.4961	0.3366
2015	0.4895	0.4143
2016	0.4828	0.4485
2017	0.4955	0.4889
2018	0.4981	0.5597
2019	0.4994	0.6200
2020	0.4989	0.6226

就耦合协调度 D 而言，从图 6-90 可以看出，JJ 州经济高质量发展与绿色发展的耦合协调度在时间序列上呈现出上升的趋势，但在 2012 年出现降低的情况，

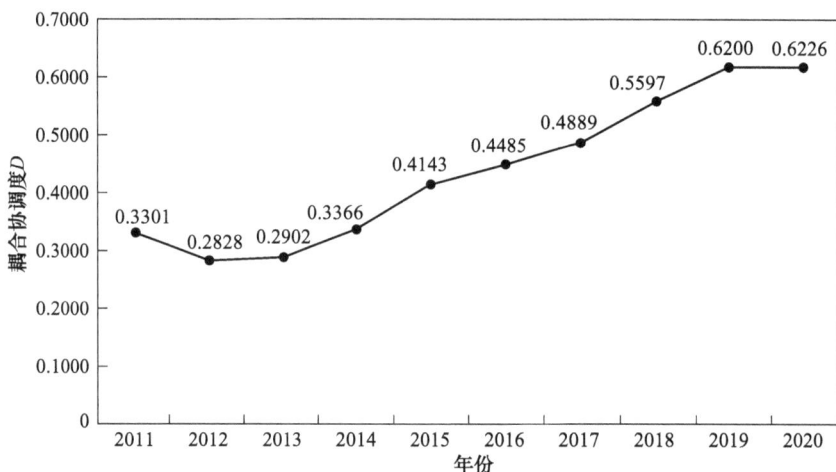

图 6-90　JJ 州经济高质量发展与绿色发展的耦合协调度 D

这一点与全省耦合协调度的变化趋势不同。值得注意的是，JJ 州在 2012—2017 年的耦合协调度明显低于全省水平，但在 2018—2020 年逐步提升，耦合协调度均高于全省水平。按照耦合协调度的等级划分，JJ 州经济高质量发展与绿色发展的耦合协调度从轻度失调上升到初级协调，这表明耦合协调情况虽逐年改善，但耦合程度仍处于初级协调阶段。

第十一节 本 章 小 结

通过对 A 省各市州进行具体的数据分析，了解了其十年来纵向的耦合协调变化，现变换视角，对各市州情况进行横向的比较分析。

一、经济高质量发展与绿色发展的综合评价指数

从时间维度上来看，2011—2020 年十年间 A 省各市州的经济高质量发展和绿色发展皆呈现出总体上升趋势。其中，涨幅最大的是 HH 州经济高质量发展指数，为 2695.37%，DD 市次之，为 1724.20%；涨幅最低的是 II 州绿色发展指数，为 161.02%，随后是 GG 市的绿色发展指数涨幅 204.59%。这表明在新发展理念的引领下，HH 州、DD 市的发展得到显著提升，其他几个市州也在稳步发展。

从空间维度来看，A 省的经济高质量发展和绿色发展存在着一定的差异。主要表现为 BB 市的绿色发展水平不高，不能够很好地支撑经济高质量发展，CC 市经济发展略显颓势，DD、EE、FF、GG、HH、II、JJ 这七个市州绿色发展水平较高。

二、经济高质量发展

A 省及各市州的经济高质量发展通过创新、协调、绿色、开放、共享五个指标来衡量。通过 2020 年各市州创新、协调、绿色、开放、共享五个指标来比较各市州经济高质量发展情况。

（一）创新

图 6-91 为 A 省各市州 2020 年经济高质量发展中创新指标的参数情况，从图中可以看出各市州的数值还是存在一些差距，在初始数据去量纲后，最高点是 EE 市的 0.1917，最低点是 II 州的 0.0740，最终的排序为 EE 市>DD 市>GG 市>JJ 州>FF 市>BB 市>HH 州>CC 市>II 州。这说明在 A 省各市州中，EE 市在引领经济高质量发展中的创新发展，另外也说明排名靠近末尾的各市州应加强创新发展建设，创新是引领发展的第一动力，A 省整体的创新发展离不开各市州的协同发展。

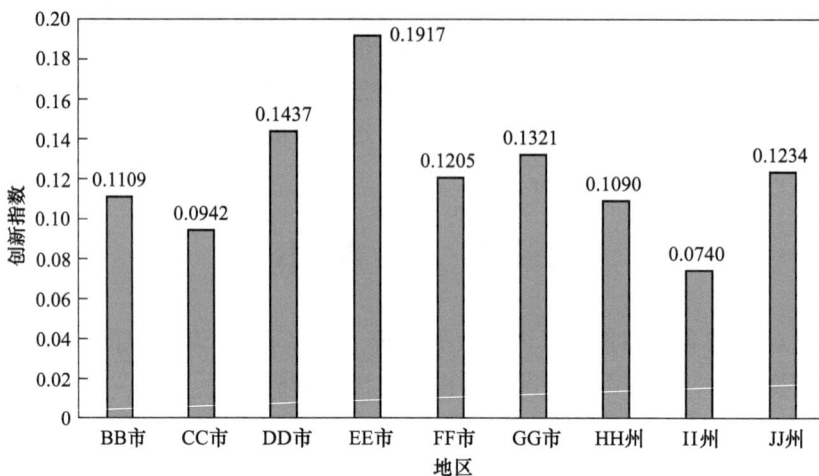

图 6-91　2020 年 A 省各市州创新指标

（二）协调

图 6-92 为 A 省各市州 2020 年经济高质量发展中协调指标的参数情况，从图中可以看出各市州的数值基本没有超过 0.1，并且各市州还是存在明显差距，在初始数据去量纲后，最高点是 GG 市的 0.0804，最低点是 JJ 州的 0.0379，最终的排序为 GG 市>FF 市>CC 市>EE 市>HH 州>II 州>BB 市>DD 市>JJ 州。这说明在 A 省各市州中，GG 市在引领经济高质量发展中的协调发展，另外也说明排名靠近末尾的各市州应加强协调发展建设，协调是持续健康发展的内在要求，加强

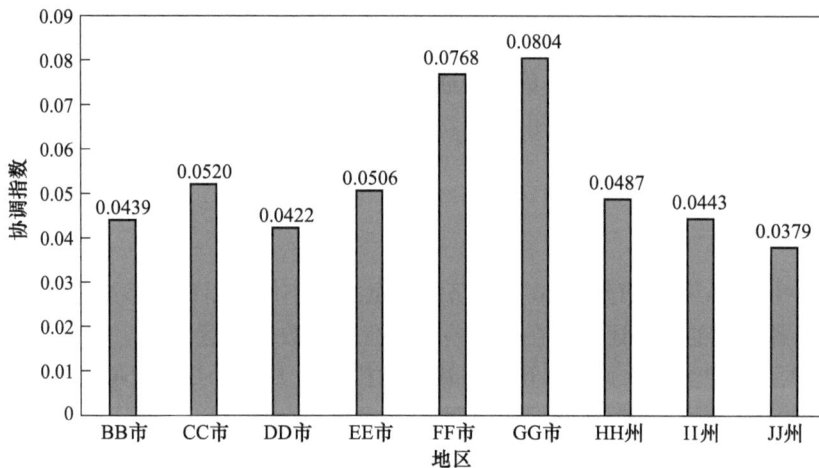

图 6-92　2020 年 A 省各市州协调指标

经济高质量协调发展可以有效提升地区的综合经济实力，A省整体的协调发展离不开各市州的协同发展。

（三）绿色

图6-93为A省各市州2020年经济高质量发展中绿色指标的参数情况，从图中可以看出各市州的数值还是存在明显差距，在初始数据去量纲后，最高点是EE市的0.2618，最低点是CC市的0.1066，最终的排序为EE市>II州>HH州>FF市>JJ州>GG市>BB市>DD市>CC市。这说明在A省各市州中，EE市在引领经济高质量发展中的绿色发展，另外也说明排名靠近末尾的各市州应该加强绿色发展建设，绿色代表发展的可持续性，是永续发展的必要条件，加强经济高质量绿色发展可以有效提升地区的绿色经济实力，A省整体的绿色发展离不开各市州的协同发展。

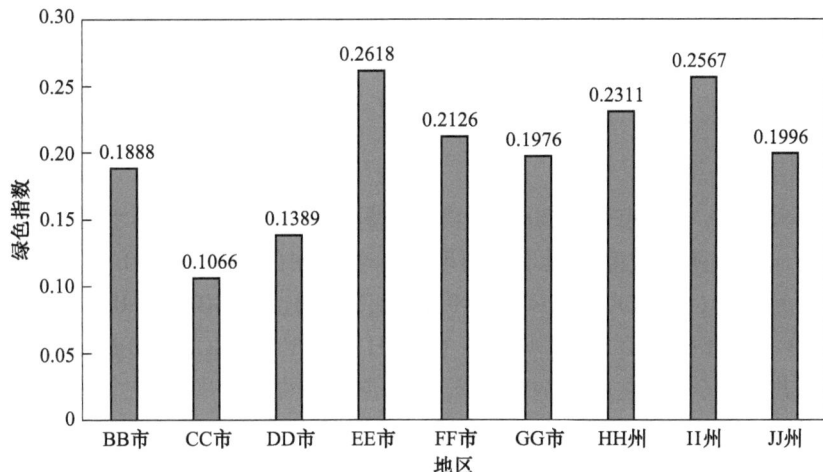

图6-93　2020年A省各市州绿色指标

（四）开放

图6-94为A省各市州2020年经济高质量发展中开放指标的参数情况，从图中可以看出各市州的数值还是存在明显差距，各市州的平均值在0.1以下。在初始数据去量纲后，最高点是BB市的0.0585，最低点是II州的0.0135，最终的排序为BB市>DD市>EE市>CC市>JJ州>HH州>GG市>FF市>II州。这说明在A省各市州中，BB市在引领经济高质量发展中的开放发展，另外也说明排名靠近末尾的各市州应该加强开放发展建设，开放是国家繁荣发展的必由之路，加强经济高质量开放发展可以有效提升地区的更加高层次的开放经济，A省整体的开放

发展离不开各市州的协同发展。

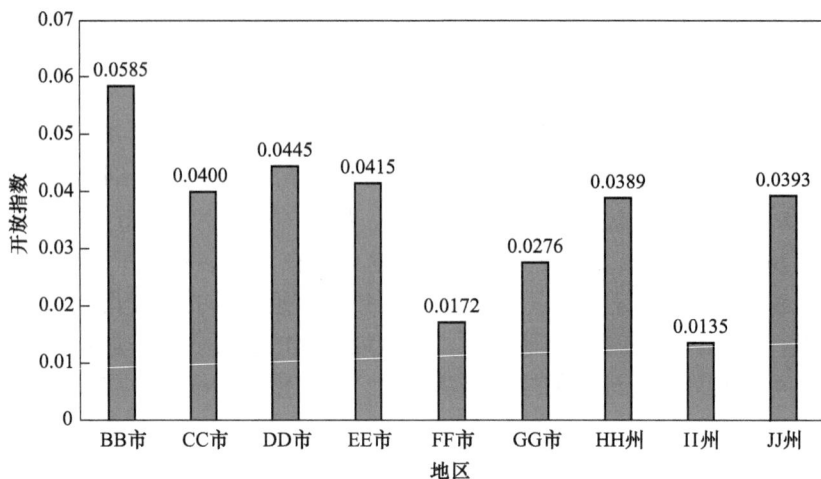

图 6-94 2020 年 A 省各市州开放指标

（五）共享

图 6-95 为 A 省各市州 2020 年经济高质量发展中共享指标的参数情况，从图中可以看出各市州的数值差距不是很明显，各市州的平均值在 0.25 左右。在初始数据去量纲后，最高点是 GG 市的 0.3322，最低点是 BB 市的 0.2114，最终的排序为 GG 市>JJ 州>DD 市>II 州>EE 市>HH 州>FF 市>CC 市>BB 市。这说明在 A 省各市州中，GG 市在引领经济高质量发展中的共享发展，另外也说明排名靠近末尾的各市州应该加强共享发展建设，共享是中国特色社会主义的本质要求，加强经济高质量共享发展，就是要让人民群众有更高的获得感，A 省整体的共享发展离不开各市州的协同发展。

三、绿色发展

A 省及各市州的绿色发展通过环境增长力、环境承载力和环境管理力三个指标来衡量。通过 2020 年各市州环境增长力、环境承载力和环境管理力三个指标来比较各市州经济高质量发展情况。

（一）环境增长力

图 6-96 为 A 省各市州 2020 年绿色发展中绿色增长指标的参数情况，从图中可以看出各市州的数值还是存在一定的差距。在初始数据去量纲后，最高点是 FF 市的 0.2794，最低点是 II 州的 0.1598，最终的排序为 FF 市>DD 市>BB 市>

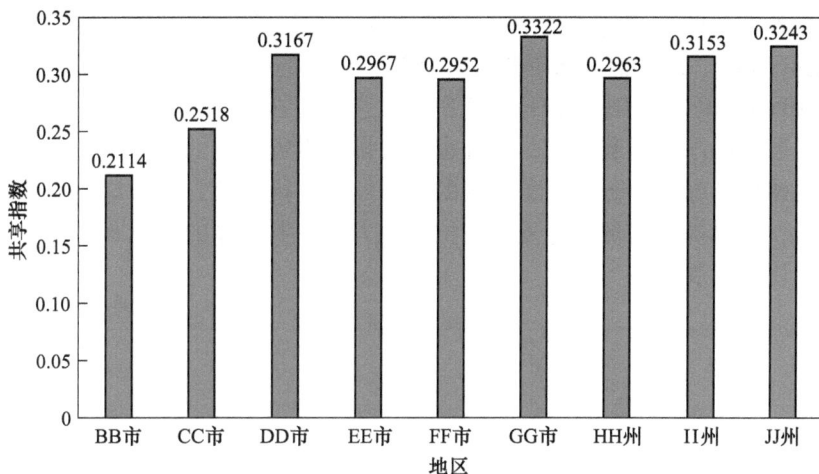

图 6-95　2020 年 A 省各市州共享指标

EE 市>GG 市>JJ 州>CC 市>HH 州>II 州。这说明在 A 省各市州中，FF 市在引领绿色发展中的绿色增长发展，另外也说明排名靠近末尾的各市州应该加强绿色增长发展建设，绿色增长体现了地区的绿色资金投入资产占比，加强绿色发展的绿色增长发展，可以提升区域绿色经济增长，A 省整体的绿色增长发展离不开各市州的协同发展。

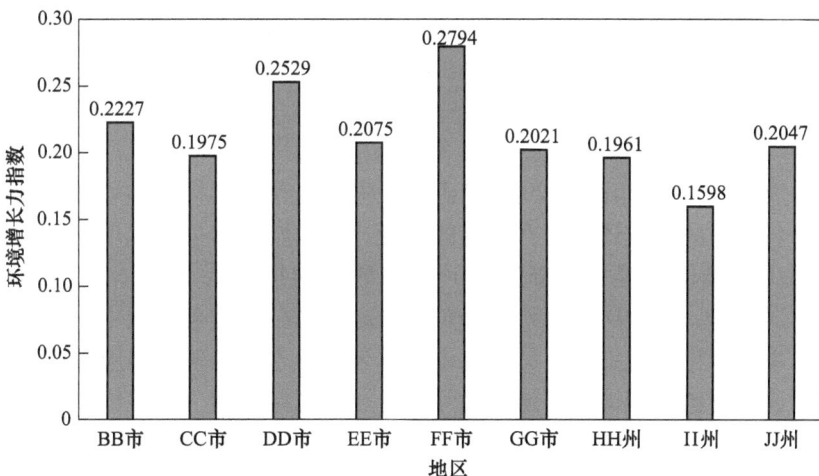

图 6-96　2020 年 A 省各市州环境增长力指标

（二）环境承载力

图 6-97 为 A 省各市州 2020 年绿色发展中绿色承载指标的参数情况，从图中

可以看出各市州的数值还是存在一定的差距。在初始数据去量纲后，最高点是DD市的0.3248，最低点是EE市的0.1838，最终的排序为DD市>CC市>JJ州>GG市>BB市>FF市>HH州>II州>EE市。这说明在A省各市州中，DD市在引领绿色发展中的绿色承载发展，另外也说明排名靠近末尾的各市州应该加强绿色承载发展建设，绿色承载体现了地区的绿色发展的抗压性，加强绿色发展的绿色承载发展，可以提升区域绿色发展的抗压能力，A省整体的绿色承载发展离不开各市州的协同发展。

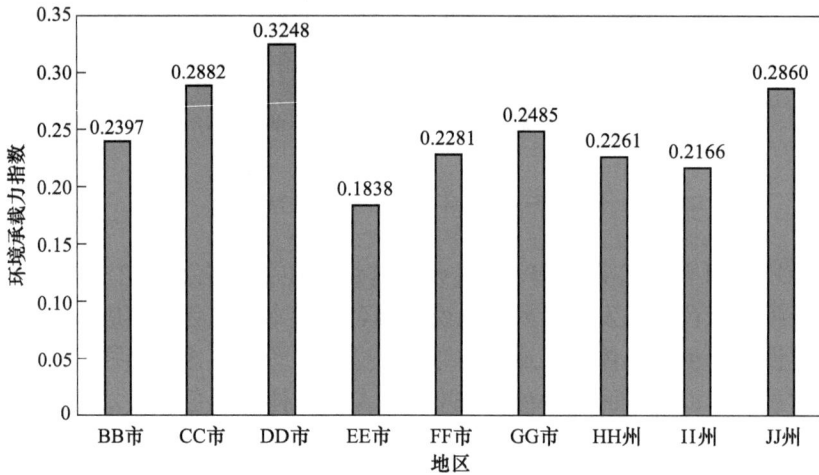

图 6-97　2020 年 A 省各市州环境承载力指标

（三）环境管理力

图 6-98 为 A 省各市州 2020 年绿色发展中绿色管理指标的参数情况，从图中可以看出各市州的数值还是存在一定的差距。在初始数据去量纲后，最高点是 II 州的 0.4004，最低点是 BB 市的 0.1791，最终的排序为 II 州>HH 州>JJ 州>EE 市>GG 市>CC 市>DD 市>FF 市>BB 市。这说明在 A 省各市州中，II 州在引领绿色发展中的绿色管理发展，另外也说明排名靠近末尾的各市州应该加强绿色管理发展建设，绿色管理体现了地区的绿色发展的可持续性，加强绿色发展的绿色管理发展，可以提升区域绿色经济的健康发展，A 省整体的绿色管理发展离不开各市州的协同发展。

四、耦合度 C

就耦合度 C 而言，A 省九个市州在研究期末 2020 年时的经济高质量发展与绿色发展耦合度均达到了 0.5 左右，但研究期初 2011 年初始值有所差异。BB

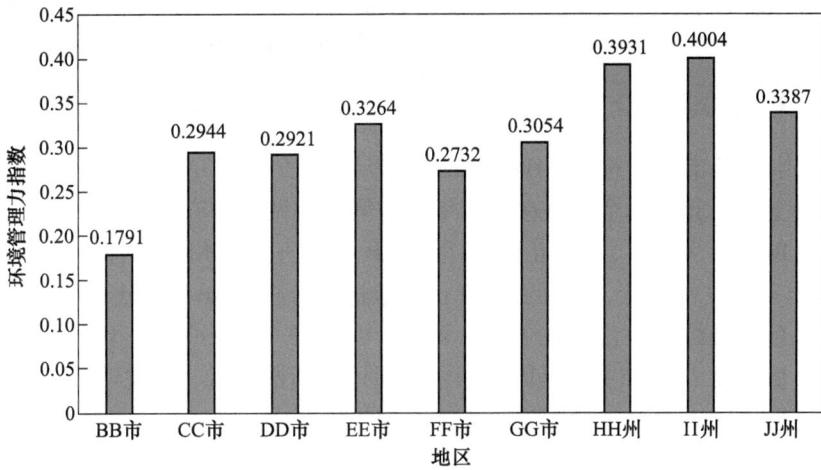

图 6-98　2020 年 A 省各市州环境管理力指标

市、CC 市、EE 市、FF 市、GG 市、II 州、JJ 州这七个市州 2011 年两个指标的
耦合度 C 均处于 0.4 左右，而 DD 市的耦合度 C 仅 0.3222，HH 州的耦合度 C 仅
0.2994，即 2011 年 DD 市与 HH 州经济高质量发展与绿色发展二者协调水平较
低。追溯综合评价指数进行分析发现，导致这二者协调度 C 较低的原因主要是经
济高质量发展指数过低，DD 市为 3.76，HH 州为 2.59，这说明 2011 年的 DD 市
与 HH 州在提升经济发展的同时未能较好顾及创新、协调、绿色、开放、共享这
五个方面。

将 2020 年各市州经济高质量发展与绿色发展耦合度绘图（见图 6-99），可以

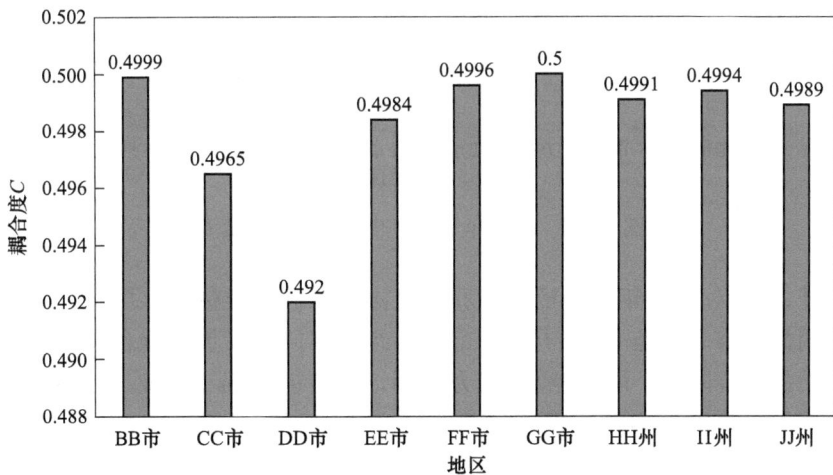

图 6-99　2020 年 A 省各市州耦合度 C

看出，CC 市与 DD 市两个指标的耦合度明显低于其他市州，低于九个市州的耦合度均值 0.4982，这一数值的比较分析对于两市来说有较好的警示意义。

五、耦合协调度 *D*

DD 市、FF 市、II 州在 2011—2020 年经济高质量发展与绿色发展的耦合协调度持续上升，其余几个市州在这十年间的耦合协调度均有短暂性下降。值得注意的是，BB 市、CC 市、EE 市、GG 市、HH 州这五个市州的耦合协调度 *D* 均在 2013 年出现突发性降低，追溯综合评价指数进行分析，BB 市 2013 年经济高质量发展与绿色发展综合评价均在下降，而 CC 市、EE 市、GG 市、HH 州这四个市州的耦合协调度 *D* 下降主要是因为绿色发展评价指数降低，这说明起初各市州在追求经济发展时未能自主考虑到绿色发展的相关要求。

将 2020 年各市州的经济高质量发展与绿色发展耦合协调度绘图（见图 6-100），可以看出，BB 市与 DD 市两指标的耦合协调度明显低于其他市州，低于九个市州的耦合协调均值 0.6063。这一数值的比较分析对于两市来说具有警示意义。

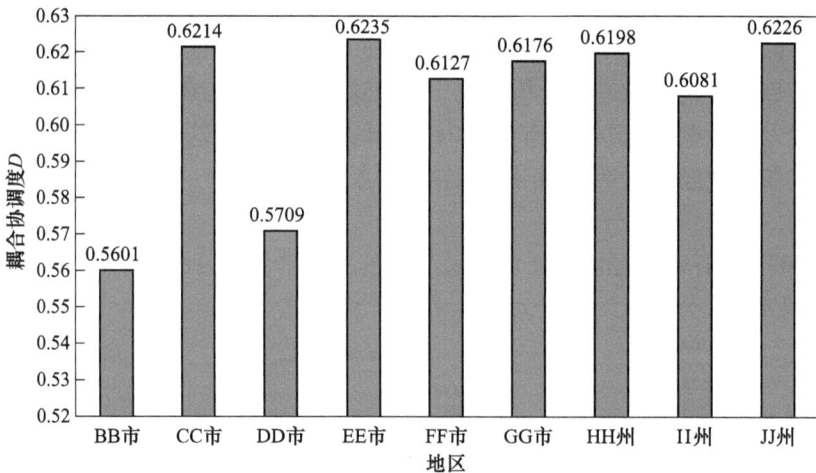

图 6-100　2020 年 A 省各市州耦合协调度 *D*

此外，根据 2020 年的实证结果和耦合协调度的分类标准，可将 A 省九个市州分为两类。第一类是 BB 市与 DD 市，其经济高质量发展与绿色发展耦合协调度处于勉强协调阶段。BB 市经济实力雄厚，创新能力强，工业、制造业、服务业发达，但随着城市经济的发展，工业生产加快、人口激增，也会带来生态污染、挤压绿色空间等问题。而 DD 市绿色发展的不足，会影响甚至制约地区的高质量发展，最终导致两者耦合协调度不高，不能很好地相互促进、共同发展。第二类是其余七个市州（CC 市、EE 市、FF 市、GG 市、HH 州、II 州、JJ 州），经济高质量发展与绿色发展耦合协调度均已达到初级协调阶段，这几个市州由于重视环境保护，绿色发展水平较高，经济高质量发展和绿色发展的耦合协调程度也较高。在九个市州中，绿色发展综合指数最大值是 CC 市的 86.98%，其耦合协调度 D 也位居前三，这充分说明了绿色发展对经济高质量发展的显著促进作用。但这九个市州经济高质量发展与绿色发展的耦合协调情况都还不够理想，有待通过相应政策的实施进一步优化。

第七章　A省经济高质量
发展与绿色发展建议

本书以 A 省为研究对象，基于可持续发展战略和新发展理念，构建 A 省经济高质量发展与绿色发展耦合协调模型，探究 2011—2020 年 A 省和各市州经济高质量发展与绿色发展协调发展情况和变化趋势。对 A 省经济高质量发展和绿色发展的互动关系进行研究可以了解影响经济发展和绿色发展核心变量，为 A 省近年来的经济发展政策提供参考。

对于经济高质量发展与绿色发展的指标选取，根据评价指标建立原则从多维度方向对 A 省经济高质量发展与绿色发展进行界定。对于经济高质量发展，二级指标为创新、协调、绿色、开放和共享，在三级指标中通过发明专利授权量和每万人口在校大学生数衡量创新，通过城乡收入比和城镇登记失业率衡量经济协调发展的程度，通过建成区绿化覆盖率和城市污水日处理能力来衡量绿色，通过地区进出口总额、海外旅游者接待人数和本年登记外商投资企业数来衡量开放，通过每万人口医院床位数、人均拥有公共图书馆藏量和每万人拥有公共厕所个数来衡量共享程度。对于绿色发展，二级指标为环境增长力、承载力和环境管理力，在三级指标中通过人均 GDP、单位 GDP 能耗、第三产业增加值占比和全社会固定资产投资增长率来衡量环境增长力，通过人均水资源量、人均森林面积、二氧化硫排放量和一般工业固体废物综合利用量来衡量环境承载力，通过环境支出占地方财政支出比重、人均公园绿地面积、燃气普及率和生活垃圾清运量来衡量环境管理力。

根据以上三级指标的设定和 A 省与各市州的 2011—2020 年的宏观数据，通过熵权法获取各三级指标的权重，并且计算出 A 省与各市州经济高质量发展与绿色发展的综合评价指数，接下来使用耦合协调模型计算出各年份的耦合度和耦合协调度，并结合 A 省和各市州的经济与绿色发展政策分析耦合协调度的发展变化趋势。根据研究结果，提出以下政策建议。

第一节　A省经济高质量发展建议

一、推动产业基础实现新突破

（1）着力完善开放产业规划布局。A 省要根据各自资源禀赋和发展现状开发适合自身的开放型经济主导产业，全面提升产业开放水平。把握优势产业的主体地位，坚持走出去、引进来和股权并购等形式打造优势跨国产业；对于成长型产业发展，可以继续增加出口，驱动成长型产业发展动力；对于潜力型产业，需要加强出口自营能力建设，打造一批出口新生力量。推动信息技术、生物医药、新能源等战略性新兴产业持续提高外向度。

（2）开展外贸行动计划。首先，根据区域自身的发展优点，提供可以对外贸易的优势产品，另外鼓励进口先进技术设备和关键零部件等，打造区域国际消费中心城市，争创国家进口贸易促进创新示范区。其次，全力发展贸易新业态。完善 BB 市跨境电子商务综合试验区建设。并且根据产业发展优势和物流发展等特点建立多形式的产品储备仓库。最后，可以营造多种新型贸易形式。随着人工智能、供应链和大数据发展等技术创新，可以延伸出多维度的数字化合作交流平台，打造数字经济国际合作示范区。

（3）培育壮大市场主体。第一，在市场贸易中做好合理的招商引资工作。招商引资是非常高效的资金有效流通措施，可以增加 A 省很多产业的外资引入份额，增加与外部的贸易市场合作，打通交流平台的多渠道。第二，坚持培育出优质的可外贸主体。A 省政府可以鼓励多产业承包境外投资，承接对外的一些服务工作，鼓励企业在海外孵化优质的创新服务基地。

二、推动开放平台实现新突破

（1）打造层次分明、分工明确的开放平台体系。积极申建自由贸易试验区，重点发展以大数据为引领的电子信息产业，打造数据中心、智能终端、数据应用"三个千亿级主导产业集群"。创新发展口岸经济，推进开发区制度性改革，实现错位发展，增强承接产业转移能力和创新能力。

（2）积极参与共建"一带一路"。完善"一带一路"多种项目与省内的实体经济和行业融合，在"一带一路"的建设和完善的过程中将 A 省的发展优势展现出来。发挥 A 省在大数据方面的优势，深入参与数字丝绸之路建设。全面参与绿色丝绸之路建设，积极发展绿色贸易和绿色合作，全力打造绿色经济国际合作示范区。

三、推动人才资源实现新突破

（1）着力引进重点人才。颁布引进优质人才的聘请政策，结合 A 省各领域的发展闭环，可以引进国内或者海外知名生源地的优质人才和有高效合作经验的服务团队，推动人才流动和产业升级的双向驱动发展。

（2）创新引进境外人才。探索开展自然人流动试点，为外国人在 A 省工作生活提供便利条件。支持具备条件的医院与国内外保险公司合作，发展与国际接轨的医疗保险服务和保障服务。落实好人才安心落户制度，向经认定的高层次创新创业人才和急需紧缺开放型经济人才开通落户通道，吸引留学回国人员来A省创新创业。

（3）完善自主培养机制。加快省内高校"双一流"建设，重点加强国际经济与贸易、涉外法律、金融等专业建设，建立产学研相互融合、相互促进的合作机制，加快培育一批开放型经济青年人才。

第二节　A省绿色发展建议

一、加快产业转型和升级

（1）推动绿色低碳产业发展。加快新兴技术与绿色低碳产业深度融合。发展生物科技、生态特色食品等环境友好型产业。推进基础材料向新材料领域提升转化，推动一些对生态环境有隐患的产业实现精细化工生产，在加强经济建设的同时，有效推动其绿色化转型升级。

（2）持续优化产品结构。第一，从产品产出出发，努力增加产品的清洁性能，减少产品产出过程中增加的附带有毒、有害、有污染的副作用，提升产品的价值同时提升绿色产品的比重。第二，从企业出发，注重企业的产业结构发展，助推产业早日转型升级，产出更多优质、低碳和环保的产品。第三，从能源使用可持续性出发，需要加强可再生能源的产出和绿色能源的创新使用，助推A省成为西部地区绿色先进产品使用首城。

二、推动行业绿色化改造

（1）鼓励传统行业转型升级。传统企业不管是生产的产品或是消耗的产品，都可能存在污染大、破坏力强等缺点和不足，可以在创新技术上深化低碳和节能改造等新兴技术优势，从源头上提升资源的使用效率。另外，企业用电也需要推广使用高效的电机和变压器，努力打造A省多个有特色的绿色工厂和生态实验场地，加强培育一批标杆的绿色产业。

（2）推进重点行业清洁低碳改造。对于钢铁和化工等产业，推广使用产业中余温余热能源和清洁煤炭资源，在实体经济中强化使用低碳清洁的装备和技术，形成重点行业有形的治理保护网。对于水泥和焦化等产业，加强进行超低污染排放改造，对排放的污染废气进行回收处理。对于制造业，提升废水的处理能力和污染防治力度。

三、推动开发区绿色发展

（1）推进绿色产业发展。寻找A省有地域优势的绿色产业，结合当前的资源、产业扶持和地域环境等优势，打造优势绿色低碳产业链，引领A省绿色经济健康发展。

（2）推动绿色工业园区创建。根据绿色产业园区的优化布局、基准建设、资源优化和污染防治等优点，确保产业园在完成各项绿色指标的条件下，助推绿色产业一体化，努力在园区内培育出一批资源节约、环境友好的标杆产业。

第三节　A省经济高质量发展与绿色发展协调发展建议

一、完善体制机制建设，夯实制度基础

经济建设和绿色发展最终目标都是完成人们对美好生活的追求，让经济建设和绿色发展达到一直协调发展的状态需要不断地完善各项工作安排。第一，需要完善各项知识产权保护制度。知识可以创造很多价值财富，知识最开始是无形的产业和财富，在市场中不断地更新迭代，才慢慢进化成实体的经济收益，因此在最开始要严格保护知识产权，这样才能激发创新的热情，创造更多经济价值和财富。第二，需要加大生态保护政策的落实力度。完善税法对于环境资源的各项体系，很多产业或者企业使用自然资源造成一定的破坏，可以对其增收更多的水资源、森林资源等使用税和消耗税，同样也需要开通全国各界人士对生态保护的融资渠道，呼吁各界一起积极参与保护生态环境。

二、优化生态环境，筑牢耦合基石

生态环境建设是可持续发展的重要防线建设，也是经济建设与绿色发展协调发展的基石。在全面提升区域经济实力的同时，各地方政府和民众应该注重经济效益背后的社会效益和生态效益，将一部分发展重心放在绿色建设和生态环境建设上，全面解决经济建设过程中带来的环境问题。因此，针对生态环境建设，第一，要树立企业绿色发展意识和民众绿色环保意识。在企业发展过程中使用的一些原材料会对生态环境造成破坏，或者在生产一些材料时对生态环境造成污染；此外，民众在日常生活中也应该多注意减少对生态环境的污染和破坏，可以通过自媒体和多媒体渠道宣传绿色发展和绿色生活意识，积极培育绿色发展和绿色生活理念。第二，针对随意对生态环境造成破坏的企业增加惩治力度。某些企业在发展过程中会以破坏生态环境为代价获取经济收益，政府应该针对这些高污染、不合格企业，增加惩治力度，坚决从源头上抑制对生态环境的破坏。第三，提高企业发展的环保标准，提升生活原料的审核和高污染废弃物的排放标准，要求不惜一切代价获取经济效益的企业退出市场，鼓励更多低污染、高产能、低碳绿色的标杆产业崛起。

三、推动科技创新，注入耦合动力

科技创新是经济发展的原动力。创新发展是新发展理念的领头羊，也是驱动整个新发展理念协调发展的核心动力。在区域经济建设的过程中，需要持续提升创新产物的生成和创新成果的转化，为A省经济高质量发展和绿色发展耦合协调发展提供动力。关于科技创新发展，一方面，在发展前期需要注意对科研和教育的资金投入，提升区域整体的创新潜能。科研院所和机构要努力发挥牵头作用，按照区域产业发展优势，设计与之配套的战略性发展技术。同时还需要重视教育主体，增加对教育资源的投入，创新发展是一个循序渐进的过程，需要完善区域科研机构和创新产业园区的规划和发展，形成完备的创新创业发展链。另一方面，从教育资源变成经济效益是一个漫长的过程，需要坚持企业发展的主体地位，完善优势企业的人才引进计划，创新发展企业研发中心建设，提升企业的综合创新能力，根据企业的发展模式优化生产技术，推动企业转型升级发展，促进区域经济高质量发展与绿色发展协调发展。

四、借助A省经济发展规划，推进耦合进程

A省"十四五"规划提出的"十四五"时期经济社会发展的总体思路、主要目标、重点任务、重大举措以及2035年远景目标，不仅是A省的发展机遇，更是经济高质量发展与绿色发展耦合协调的机遇。因此，要优化区域空间布局，推动A省协调发展，以推进经济高质量发展与绿色发展的耦合协调进程。一是要落实重点发展规划，把握A省经济发展的优势，为A省经济高质量发展与绿色发展注入发展动力；二是要整合区域发展产业布局，加强产业之间的合作，形成西部地区强有力的产业聚集群；三是创新产业发展模式，从量变产生质变，优化产业发展结构与质量。

参 考 文 献

[1] 厉以宁，辜胜阻，高培勇，等 . 中国经济学 70 年：回顾与展望——庆祝新中国成立 70 周年笔谈（下）[J]. 经济研究，2019，54（10）：4-23.

[2] Thomas V. 增长的质量 [M]. 北京：中国财政经济出版社，2001：147-153.

[3] 任保平 . 新时代中国经济从高速增长转向高质量发展：理论阐释与实践取向 [J]. 学术月刊，2018，50（3）：66-74，86.

[4] 王永昌，尹江燕 . 论经济高质量发展的基本内涵及趋向 [J]. 浙江学刊，2019（1）：91-95.

[5] 金碚 . 关于"高质量发展"的经济学研究 [J]. 中国工业经济，2018（4）：5-18.

[6] 任保平，文丰安 . 新时代中国高质量发展的判断标准、决定因素与实现途径 [J]. 改革，2018（4）：5-16.

[7] 郭春丽，王蕴，易信，等 . 正确认识和有效推动高质量发展 [J]. 宏观经济管理，2018（4）：18-25.

[8] 赵剑波，史丹，邓洲 . 高质量发展的内涵研究 [J]. 经济与管理研究，2019，40（11）：15-31.

[9] 马茹，罗晖，王宏伟，等 . 中国区域经济高质量发展评价指标体系及测度研究 [J]. 中国软科学，2019（7）：60-67.

[10] 陈景华，陈姚，陈敏敏 . 中国经济高质量发展水平、区域差异及分布动态演进 [J]. 数量经济技术经济研究，2020，37（12）：108-126.

[11] Sabatinit F. Social capital and the quality of economic development [J]. Kyklos，2008，61（3）：466-479.

[12] Mlachila M，Topsoba R，Topsoba S J A. A quality of growth index for developing countries：a proposal [J]. Social Indicators Research，2017，134（2）：675-710.

[13] 沈利生 . 中国经济增长质量与增加值率变动分析 [J]. 吉林大学社会科学学报，2009，49（3）：126-134，160.

[14] 余泳泽，杨晓章，张少辉 . 中国经济由高速增长向高质量发展的时空转换特征研究[J]. 数量经济技术经济研究，2019，36（6）：3-21.

[15] 钞小静，任保平 . 中国经济增长结构与经济增长质量的实证分析 [J]. 当代经济科学，2011，33（6）：50-56，123-124.

[16] 周永道，孟宪超，喻志强 . 区域综合发展的"五位一体"评价指标体系研究 [J]. 统计与信息论坛，2018，33（5）：19-25.

[17] 郑石桥，许玲玲 . 国家审计促进经济高质量发展的机理研究——基于中国省级面板数据的实证分析 [J]. 新疆财经，2020（1）：39-52.

[18] 李金昌，史龙梅，徐蔼婷 . 高质量发展评价指标体系探讨 [J]. 统计研究，2019，36（1）：4-14.

[19] 刘琳轲，梁流涛，高攀，等 . 黄河流域生态保护与高质量发展的耦合关系及交互响应 [J]. 自然资源学报，2021，36（1）：176-195.

[20] 刘亚雪，田成诗，程立燕 . 世界经济高质量发展水平的测度及比较 [J]. 经济学家，

2020（5）：69-78.

[21] 师博，任保平．中国省际经济高质量发展的测度与分析［J］．经济问题，2018（4）：1-6.

[22] 苗峻玮，冯华．区域高质量发展评价体系的构建与测度［J］．经济问题，2020（11）：111-118.

[23] 史丹，李鹏．我国经济高质量发展测度与国际比较［J］．东南学术，2019（5）：169-180.

[24] 苏永伟，陈池波．经济高质量发展评价指标体系构建与实证［J］．统计与决策，2019，35（24）：38-41.

[25] 张侠，许启发．新时代中国省域经济高质量发展测度分析［J］．经济问题，2021（3）：16-25.

[26] 魏敏，李书昊．新常态下中国经济增长质量的评价体系构建与测度［J］．经济学家，2018（4）：19-26.

[27] 刘学之，段朵朵，王潇晖，等．新常态下中国省际经济增长质量指标体系构建及测度［J］．科技管理研究，2020，40（11）：38-45.

[28] 杨耀武，张平．中国经济高质量发展的逻辑、测度与治理［J］．经济研究，2021，56（1）：26-42.

[29] 钞小静，惠康．中国经济增长质量的测度［J］．数量经济技术经济研究，2009，26（6）：75-86.

[30] 钞小静，任保平．中国经济增长质量的时序变化与地区差异分析［J］．经济研究，2011，46（4）：26-40.

[31] 曹韵诗，王善松．基于主成分分析的经济增长质量评析——以济南市为例［J］．经济研究导刊，2018（22）：108-109.

[32] 孟祥兰，邢茂源．供给侧改革背景下湖北高质量发展综合评价研究——基于加权因子分析法的实证研究［J］．数理统计与管理，2019，38（4）：675-687.

[33] 陈晓雪，时大红．我国30个省市社会经济高质量发展的综合评价及差异性研究［J］．济南大学学报（社会科学版），2019，29（4）：100-113，159-160.

[34] 师博，张冰瑶．全国地级以上城市经济高质量发展测度与分析［J］．社会科学研究，2019（3）：19-27.

[35] 李馨．我国省际区域经济高质量发展的测度与分析——基于30个省份相关数据［J］．无锡商业职业技术学院学报，2018，18（5）：20-24.

[36] 王志博．中国区域经济实现高质量发展的思路和政策——基于高质量发展的评价指标体系构建与分析［J］．全国流通经济，2019（6）：86-87.

[37] 聂长飞，简新华．中国高质量发展的测度及省际现状的分析比较［J］．数量经济技术经济研究，2020，37（2）：26-47.

[38] 杜栋，周娟．企业信息化的评价指标体系与评价方法研究［J］．科技管理研究，2005（1）：60-62.

[39] 张涛．高质量发展的理论阐释及测度方法研究［J］．数量经济技术经济研究，2020，37（5）：23-43.

[40] 郑思雨. 基于犹豫模糊理论的基金公司业绩评价方法研究 [J]. 时代金融, 2019 (18): 93-94.

[41] 汪先富. 五大发展理念是实现高质量发展的"金钥匙" [N]. 中国国门时报, 2018-01-15 (3).

[42] 邵彦敏. 新发展理念: 高质量发展的战略引领 [J]. 国家治理, 2018 (5): 11-17.

[43] 任保平, 李禹墨. 新时代我国高质量发展评判体系的构建及其转型路径 [J]. 陕西师范大学学报 (哲学社会科学版), 2018, 47 (3): 105-113.

[44] 王一鸣. 大力推动我国经济高质量发展 [J]. 人民论坛, 2018 (3): 32-34.

[45] 魏杰, 汪浩. 高质量发展的六大特质 [N]. 北京日报, 2018-07-23 (14).

[46] 段炳德. 深刻理解实现高质量发展的重要内涵 [N]. 中国青年报, 2018-02-12 (2).

[47] 赵华林. 高质量发展的关键——创新驱动、绿色发展和民生福祉 [J]. 中国环境管理, 2018 (4): 5-9.

[48] 宋国恺. 新时代高质量发展的社会学研究 [J]. 中国特色社会主义研究, 2018 (5): 60-71.

[49] Barro R. Quantity and quality of economic growth [J]. Central Banking, Analysis and Economic Policies Book Series, 2002, 6.

[50] Mlachila M, Tapsoba R, Tapsoba S J A. A quality of growth index for developing countries: a proposal [J]. Social Indicators Research, 2017, 134: 675-710.

[51] Agbola W F. Modelling the impact of foreign direct investment and human capital on economic growth: empirical evidence from the philippines [J]. Journal of the Asia Pacific Economy, 2014, 19 (2): 272-289.

[52] Frolov S M, Kremen O I, Ohol D O. Scientific methodical approaches to evaluating the quality of economic growth [J]. Actual Problems of Economics, 2015 (173): 393.

[53] Ghosh A. How does banking sector globalization affect economic growth? [J]. International Review of Economics & Finance, 2017, 48: 83-97.

[54] Niebel T. ICT and economic growth-comparing developing, emerg-ing and developed countries [J]. World Development, 2018 (104): 197-211.

[55] 赵儒煜, 常忠利. 经济高质量发展的空间差异及影响因素识别 [J]. 财经问题研究, 2020 (10): 22-29.

[56] 华坚, 胡金昕. 中国区域科技创新与经济高质量发展耦合关系评价 [J]. 科技进步与对策, 2019, 36 (8): 19-27.

[57] 黄应绘. 发展成果评价指标体系的构建 [J]. 统计与决策, 2018, 34 (5): 34-38.

[58] 朱永明, 魏亚茹. 从企业社会责任视域剖析黄河流域高质量发展影响因素 [J]. 人民黄河, 2020, 42 (11): 5-10.

[59] 刘佳, 黄晓凤, 陈俊. 高铁与城市经济高质量发展——基于地级市数据的实证研究[J]. 当代财经, 2021 (1): 14-26.

[60] 朱卫东, 周菲, 魏泊宁. 新时代中国高质量发展指标体系构建与测度 [J]. 武汉金融, 2019 (12): 18-26.

[61] 黄顺春, 邓文德. 中国区域经济高质量发展差异及其影响因素分析 [J]. 广西师范大学

学报（哲学社会科学版），2020，56（2）：82-93.

[62] 李强，朱宝清．投资水平与经济高质量发展：挤出效应真的存在吗［J］．财经科学，2019（11）：39-53.

[63] 施洁．深圳经济高质量发展评价研究［J］．深圳社会科学，2019（1）：70-78，159.

[64] 凌连新，阳国亮．粤港澳大湾区经济高质量发展评价［J］．统计与决策，2020，36（24）：94-97.

[65] 张月友，董启昌，倪敏．服务业发展与"结构性减速"辨析——兼论建设高质量发展的现代化经济体系［J］．经济学动态，2018（2）：23-35.

[66] 陈诗一，陈登科．雾霾污染、政府治理与经济高质量发展［J］．经济研究，2018，53（2）：20-34.

[67] 张军扩，侯永志，刘培林，等．高质量发展的目标要求和战略路径［J］．管理世界，2019，35（7）：1-7.

[68] 周世军，赵丹丹．构建助推经济高质量发展的统计体系［J］．中国统计，2019（4）：7-10.

[69] 赵顺招，翁焕斌．高质量发展评价指标体系初探［J］．中国统计，2019（4）：69-71.

[70] 王靖华，李鑫．以创新推动我国经济高质量发展的路径［J］．经济研究导刊，2018（28）：4-5.

[71] 李伟．高质量发展有六大内涵［J］．中国林业产业，2018（Z1）：50-51.

[72] 王彩明，李健．中国区域绿色创新绩效评价及其时空差异分析［J］．科研管理，2019，40（6）：29-42.

[73] 卿青平，王瑛．省域生态环境质量动态评价及差异研究［J］．中国环境科学，2019，39（2）：750-756.

[74] 李庆．空间相关性对各省市生态文明建设的影响分析［J］．中国人口·资源与环境，2019，29（9）：91-98.

[75] 张德勇．80春秋：中国经济高质量发展再铸辉煌［N］．中国青年报，2019-09-23（2）.

[76] 鲁毅．贵阳综合保税区：搭起大平台，推动大开放［J］．当代贵州，2020（28）：29.

[77] Pearce. Blueprint for a green economy: a report ［M］. London: Earthscan Publications Ltd, 1989.

[78] Fabio Sabatini. Social Capital and the Quality of Economic Development ［J］. Kyklos, 2008, 61 (3): 466-499.

[79] Mark Deakin, Alasdair Reid. Sustainable urban development: use of the environmental assessment methods ［J］. Sustainable Cities and Society, 2014, 10: 39-48.

[80] Hall B, Kerr M L. The 1991-1992 green index: a state by state guide to the nation's environmental health ［M］. Washington DC: Island Press, 1991.

[81] Ru Shaofeng, Liu Jiaqi, Wang Tonghui, et al. Provincial quality of economic growth: measurements and influencing factors for China ［J］. Sustainability, 2020, 12 (4): 1354.

[82] Shironitta K. Global structural changes and their implication for territorial CO_2 emissions ［J］. Journal of Economic Structures, 2016, 5 (1): 20.

[83] Rainer Walz, Matthias Pfaff, Frank Marscheider-Weidemann, et al. Innovations for reaching the

green sustainable development goals-where will they come from? 〔J〕. International Economics and Economic Policy, 2017, 14: 449-480.

〔84〕 Montfort Mlachila, René Tapsoba, Sampawende J A, et al. A quality of growth index for developing countries: a proposal 〔J〕. Social Indicators Research, 2017, 134: 675-710.

〔85〕 Vatn M . Institutions for sustainability-Towards an expanded research program for ecological economics 〔J〕. Ecological Economics, 2020, 168: 106507.

〔86〕 王玲玲, 张艳国. "绿色发展"内涵探微 〔J〕. 社会主义研究, 2012 (5): 143-146.

〔87〕 胡鞍钢, 鄢一龙. 中国新理念: 五大发展 〔M〕. 杭州: 浙江人民出版社, 2016: 2.

〔88〕 王勇. 绿色发展理论内涵、评估方法及策略路径研究回顾与展望 〔J〕. 环境与可持续发展, 2020, 45 (1): 37-43. DOI: 10. 19758/j. cnki. issn1673-288x. 202001037.

〔89〕 Long R, Li H, Wu M, et al. Dynamic evaluation of the green development level of China's coal-resource-based cities using the TOPSIS method 〔J〕. Resources Policy, 2021, 74: 102415.

〔90〕 Leipert C. Acritical of gross national product: the measurement of net national welfare and environmental accounting 〔J〕. Journal of Economics Lssues, 1987, 21 (1): 357-373.

〔91〕 St jepanovic Sasa, Tomic Daniel, Skare Marinko. Green gdp: an analyses for developing and developed countries 〔J〕. E&M Ekonomie A Management, 2019 (22): 4-17.

〔92〕 Boyd, James. Nonmarket benefits of nature: what should be counted in green GDP? 〔J〕. ECOLOGICAL ECONOMICS, 2007, 61 (4): 716-723.

〔93〕 Kunanuntakij Kultida, Varabuntoonvit Viganda, Vorayos Natanee, et al. Thailand green GDP assessment based on environmentally extended input-output model 〔J〕. Journal of Cleaner Production, 2017, 167 (20): 970-977.

〔94〕 UNEP. Green economy indicators-brief paper 〔R〕. 2012.

〔95〕 NEXT10. California green innovation index 2009 〔M〕. California, 2009.

〔96〕 World Bank. Inclusive green growth: the pathway to sustainable development 〔R〕. 2010.

〔97〕 Yale Center for Environmental Law and Policy. International earth science information network (CIESIN), 2014 Environmental performance index 〔EB/OL〕. Yale University, 2014.

〔98〕 张岩, 董锐, 吴佩佩. 以科技创新为引领的中国区域绿色转型能力提升研究 〔J〕. 科学管理研究, 2017, 35 (15): 60-63.

〔99〕 Ma L, Long H, Chen K, et al. Green growth efficiency of Chinese cities and its spatio-temporal pattern 〔J〕. Resources, Conservation and Recycling, 2019, 146: 441-451.

〔100〕 Liu E, Wang Y, Chen W, et al. Evaluating the transformation of China's resource-based cities: an integrated sequential weight and TOPSIS approach 〔J〕. Socio-Economic Planning Sciences, 2021 (17): 101022.

〔101〕 Chen Y, Zhang D. Evaluation and driving factors of city sustainability in northeast China: an analysis based on interaction among multiple indicators 〔J〕. Sustainable Cities and Society, 2021, 67: 102721.

〔102〕 Yi P, Wang L, Zhang D, et al. Sustainability assessment of provincial-level regions in China using composite sustainable indicator 〔J〕. Sustainability, 2019, 11: 5289.

[103] 郑红霞，王毅，黄宝荣．绿色发展评价指标体系研究综述［J］．工业技术经济，2013，33（2）：142-152.

[104] 斯丽娟，王佳璐．农村绿色发展的政策文本分析与政策绩效实证［J］．兰州大学学报（社会科学版），2018，46（6）：148-157.

[105] 李晓西，刘一萌，宋涛．人类绿色发展指数的测算［J］．中国社会科学，2014（6）：69-95，207-208.

[106] 魏敏，李书昊．新时代中国经济高质量发展水平的测度研究［J］．数量经济技术经济研究，2018，35（11）：3-20.

[107] 李鹏涛．中国环境库兹涅茨曲线的实证分析［J］．中国人口·资源与环境，2017，27（S1）：22-24.

[108] Yoruk B K. Productivity growth in OECD countries：a comparison with malmquist indices［J］. Journal of Comparative Economics，2005（33）：401-420.

[109] Copeland B R，Taylor M S. North-south trade and the environment［J］. The Quarterly Journal of Economies，1994，109（3）：755-787.

[110] Liang Song. Spatial econometric analysis of carbon emission intensity in Chinese provinces from the perspective of innovation-driven.［J］. Environmental Science and Pollution Research International，2019，26（14）：13878-13895.

[111] 胡森林，鲍涵，郝均，等．环境规制对长三角城市绿色发展的影响——基于技术创新的作用路径分析［J］．自然资源学报，2022，37（6）：1572-1585.

[112] Solow R. Technical change and the aggregate production function［J］. Review of Economics and Statistics，1957，39（3）：312-320.

[113] Mohtadi H. Environment，growth and optimal policy design［J］. Journal of Public Economics，1996（63）：119-140.

[114] Pittman R W. Multilateral productivity comparisons with undesirable outputs［J］. Economic Journal，1983，93（372）：883-891.

[115] Chung Y H，Fare R，Grosskopf S. Productivity and undesirable outputs：a directional distance function approach［J］. Journal of Environmental Management，1997，51（3）：229-240.

[116] 周亮，车磊，周成虎．中国城市绿色发展效率时空演变特征及影响因素［J］．地理学报，2019，（10）：1-18.

[117] 林伯强，谭睿鹏．中国经济集聚与绿色经济效率［J］．经济研究，2019，54（2）：119-132.

[118] 高赢．"一带一路"沿线国家低碳绿色发展绩效研究［J］．软科学，2019，33（8）：78-84.

[119] 岳立，薛丹．黄河流域沿线城市绿色发展效率时空演变及其影响因素［J］．资源科学，2020，42（12）：2274-2284.

[120] 联合国环境规划署．迈向绿色经济：实现可持续发展和消除贫困的各种途径［R］．内罗毕：联合国环境规划署，2011：1-42.

[121] Yale University，Columbia University. Environmental performance index 2010［EB/OL］. 2010-

06-18.

[122] OECD. Green growth and sustainable development [EB/OL]. 2009-08-16.

[123] UNEP. What is an "inclusive green economy?" [EB/OL]. 2020-07-14.

[124] Zaim O, Taskin F. Environmental efficiency in carbon dioxide emissions in the OECD：a non-parametric approach [J]. Journal of Environmental Management, 2000, 58 (2)：95-107.

[125] Fare R, Grosskopf S, Hernandez-Sancho F. Environmental performance：an index number approach [J]. Resource and Energy Economics, 2004, 26 (4)：343-352.

[126] Arcelus F J, Arocena P. Productivity differences across OECD countries in the presence of environmental constraints [J]. Journal of the Operational Research Society, 2005, 56 (12)：1352-1362.

[127] Rashidi K, Saen R F. Measuring eco-efficiency based on green indicators and potentials in energy saving and undesirable output abatement [J]. Energy Economics, 2015, 50 (4)：18-26.

[128] Zhou P, Ang B W, Poh K L. Slacks-based efficiency measures for modeling environmental performance [J]. Ecological Economics, 2007, 60 (1)：111-118.

[129] Nahman A, Mahumani B K, De Lange W J. Beyond GDP：towards a green economy index [J]. Development Southern Africa, 2016, 33 (2)：215-233.

[130] Kasztelan A. The use of the Hellwig's pattern model for the evaluation of green growth in OECD countries [C]. Proceedings of the 29th International Business Information Management Association Conference, Vienna, Austria, 2017：3-4.

[131] Coli M, Nissi E, Rapposelli A. Monitoring environmental efficiency：an application to Italian provinces [J]. Environmental Modelling and Software, 2011, 26 (1)：38-43.

[132] 李少林, 陈满满. "煤改气" "煤改电" 政策对绿色发展的影响研究 [J]. 财经问题研究, 2019, 41 (7)：49-56.

[133] 田晖, 宋清. 创新驱动能否促进智慧城市经济绿色发展——基于我国 47 个城市面板数据的实证分析 [J]. 科技进步与对策, 2018, 35 (24)：6-12.

[134] 刘耀彬, 胡凯川, 喻群. 金融深化对绿色发展的门槛效应分析 [J]. 中国人口·资源与环境, 2017, 27 (9)：205-211.

[135] 和立道, 王英杰, 张鑫娜. 财政分权、节能环保支出与绿色发展 [J]. 经济与管理评论, 2018, 34 (6)：25-35.

[136] 涂正革, 甘天琦. 中国农业绿色发展的区域差异及动力研究 [J]. 武汉大学学报：哲学社会科学版, 2019, 72 (3)：165-178.

[137] 谢里, 张斐. 电价交叉补贴阻碍绿色发展效率吗——来自中国工业的经验证据 [J]. 南方经济, 2017, 35 (12)：98-118.

[138] 高苇, 成金华, 张均. 异质性环境规制对矿业绿色发展的影响 [J]. 中国人口·资源与环境, 2018, 28 (11)：150-161.

[139] Graedel T E, Allenby B R, Comrie P R. Matrix approaches to abridged life cycle assessment [J]. Environmental Science & Technology, 1995, 29 (3)：134-139.

[140] Motloch, John, Armistead, et al. Eco-economics in Texas：competitive adaptation for the next

industry revolution [J]. Texas Business Review, 2008, 18 (10): 1-6.

[141] UNIDO. Green industry: policies for supporting green industry [R]. Vienna: UNIDO, 2011: 1-50.

[142] 胡鞍钢, 周绍杰. 绿色发展: 功能界定、机制分析与发展战略 [J]. 中国人口·资源与环境, 2014, 24 (1): 14-20.

[143] 邬晓霞, 张双悦. "绿色发展" 理念的形成及未来走势 [J]. 经济问题, 2017, 39 (2): 30-34.

[144] 张哲强. 绿色经济与绿色发展 [M]. 北京: 中国金融出版社, 2012: 11-34.

[145] 张治忠. 论当代中国绿色发展观的伦理意蕴 [J]. 伦理学研究, 2014, 13 (4): 123-127.

[146] 邓远建, 张陈蕊, 袁浩. 生态资本运营机制: 基于绿色发展的分析 [J]. 中国人口·资源与环境, 2012, 22 (14): 19-24.

[147] 薛丁辉. 习近平绿色发展思想及其当代价值研究 [J]. 理论学刊, 2017, 34 (1): 34-39.

[148] 丹尼斯米都斯. 增长的极限: 罗马俱乐部关于人类困境的研究报告 [M]. 李宝恒, 译. 成都: 四川人民出版社, 1983.

[149] 德内拉 梅多斯, 乔根 兰德斯, 丹尼斯 梅多斯. 增长的极限 [M]. 李涛, 王智勇, 译. 北京: 机械工业出版社, 2006.

[150] Pearce. Blueprint for a green economy: a report [M]. Earthscan, 1989.

[151] Jack Reardon. Comments on green economics: sstjinting the scene. aims, context, and philosophical underpinnings of the dis new solutions offered by green economics [J]. Green Economics, 2007 (5): 3-4.

[152] Haines A, Alleyne G, Kickbusch I, et al. From the earth summit to integration of health and sustainable development [J]. The Lancet, 2012, 379 (9832): 2189-2197.

[153] 冯之浚, 刘燕华, 金涌, 等. 坚持与完善中国特色绿色化道路 [J]. 中国软科学, 2015 (9): 1-7.

[154] 王文军, 刘丹. 绿色发展思想在中国 70 年的演进及其实践 [J]. 陕西师范大学学报 (哲学社会科学版), 2019, 48 (6): 5-14.

[155] 秦书生, 杨硕. 习近平的绿色发展思想探析 [J]. 理论学刊, 2015 (6): 4-11.

[156] 朱东波. 习近平绿色发展理念: 思想基础、内涵体系与时代价值 [J]. 经济学家, 2020 (3): 5-15.

[157] 吕福新. 绿色发展的基本关系及模式——浙商和遂昌的实践 [J]. 管理世界, 2013 (11): 166-169.

[158] 何福平. 我国建设生态文明的理论依据与路径选择 [J]. 中共福建省委党校学报, 2010, (1): 62-66.

[159] 李伟. 同心协力, 共同促进全球绿色可持续发展 [N]. 中国经济时报, 2015-06-29 (1).

[160] 张念瑜. 绿色文明形态——中国制度文化研究 [M]. 北京: 中国市场出版社, 2014.

[161] 田光辉, 李江苏, 苗长虹, 等. 基于非期望产出的中国城市绿色发展效率及影响因素分

析 [J]. 经济地理, 2022, 42 (6): 83-91.

[162] 李周. 用绿色理念引领山区生态经济发展 [J]. 中国农村经济, 2018 (1): 11-22.

[163] 王如松. 生态整合与文明发展 [J]. 生态学报, 2013, 33 (1): 1-11.

[164] 张凯. 绿色发展视角下的我国产业结构优化战略研究 [D]. 北京: 北京邮电大学, 2011.

[165] 邓远建, 张陈蕊, 袁浩. 生态资本运营机制: 一个基于绿色发展的分析框架 [C]// 2011 中国可持续发展论坛 2011 年专刊 (一), 2011: 26-32.

[166] 牛文元. 持续发展导论 [M]. 北京: 科学出版社, 1994.

[167] 方恺, 黄伊佳, 何坚坚, 等. 基于生态效率的城市绿色高质量发展评价研究 [J]. 西安交通大学学报 (社会科学版), 2021, 41 (3): 35-42.

[168] 胡书芳. 浙江省制造业绿色发展评价及绿色转型研究 [J]. 中国商论, 2016 (16): 139-142.

[169] 王淑婧, 李俊峰. 长三角城市群高质量绿色发展的均衡性特征及障碍因素 [J]. 自然资源学报, 2022, 37 (6): 1540-1554.

[170] 黄敦平, 李沂泓, 孙臻瑶. 淮河生态经济带经济高质量发展水平综合评价 [J]. 统计与决策, 2022, 38 (1): 100-103.

[171] 黄羿, 杨蕾. 城市绿色发展评价指标体系研究——以广州市为例 [J]. 科技管理研究, 2012 (17): 55-59.

[172] 锁箭, 汤瑞丰. 中国绿色能源高质量发展水平测度研究 [J]. 技术经济, 2020, 39 (5): 125-133.

[173] 陈劭锋, 刘扬. 绿色发展的一种综合评估方法及应用 [J]. 科技促进发展, 2013 (4): 40-47.

[174] 朱帮助, 张梦凡. 绿色发展评价指标体系构建与实证 [J]. 统计与决策, 2019, 35 (17): 36-39.

[175] 张欢, 罗畅, 成金华, 等. 湖北省绿色发展水平测度及其空间关系 [J]. 经济地理, 2016, 36 (9): 158-165.

[176] 杨仁发, 李娜娜. 环境规制与中国工业绿色发展: 理论分析与经验证据 [J]. 中国地质大学学报 (社会科学版), 2019, 19 (5): 79-91.

[177] 欧阳志云, 赵娟娟, 桂振华, 等. 中国城市的绿色发展评价 [J]. 中国人口·资源与环境, 2009, 19 (5): 11-15.

[178] 吴传清, 黄磊. 长江经济带绿色发展的难点与推进路径研究 [J]. 南开学报 (哲学社会科学版), 2017 (3): 50-61.

[179] 姜长云, 盛朝迅, 张义博. 黄河流域产业转型升级与绿色发展研究 [J]. 学术界, 2019 (11): 68-82.

[180] 任保平, 张倩. 黄河流域高质量发展的战略设计及其支撑体系构建 [J]. 改革, 2019 (10): 26-34.

[181] 崔盼盼, 赵媛, 夏四友, 等. 黄河流域生态环境与高质量发展测度及时空耦合特征 [J]. 经济地理, 2020, 40 (5): 49-57, 80.

[182] 于法稳, 方兰. 黄河流域生态保护和高质量发展的若干问题 [J]. 中国软科学,

2020 (6)：85-95.

[183] 田金平，臧娜，许杨，等．国家级经济技术开发区绿色发展指数研究 [J]．生态学报，2018，38 (19)：7082-7092.

[184] 王海英．推进鄂西绿色发展示范区绿色经济高质量发展对策思考 [J]．湖北经济学院学报 (人文社会科学版)，2020，17 (1)：21-26.

[185] 肖文海，夏煜．绿色发展推动江西高质量发展的路径研究 [J]．鄱阳湖学刊，2019 (5)：54-59，126.

[186] 程会强．典型地区经济高质量发展与生态环境高水平保护模式研究——以中新天津生态城可持续发展建设为例 [J]．环境与可持续发展，2020，45 (4)：61-68.

[187] 刘帅．五大发展理念视域下辽宁经济高质量发展评价体系构建 [J]．辽宁行政学院学报，2020 (1)：88-92.

[188] 高欢．绿色发展理念下佳木斯市经济高质量发展研究 [J]．合作经济与科技，2021 (21)：28-29.

[189] 谷树忠，谢美娥，张新华，等．绿色发展：新理念与新措施 [J]．环境保护，2016，44 (12)：13-15.

[190] 石敏俊，徐瑛．中国经济绿色发展的现状与实现路径 [J]．环境保护，2018，46 (10)：14-18.

[191] 刘志彪．理解高质量发展：基本特征、支撑要素与当前重点问题 [J]．学术月刊，2018，50 (7)：39-45，59.

[192] 杨镒泽．西安经济高质量发展态势分析——基于绿色发展的角度 [J]．中小企业管理与科技 (中旬刊)，2020 (7)：24-25.

[193] 张建威，黄茂兴．黄河流域经济高质量发展与生态环境耦合协调发展研究 [J]．统计与决策，2021，37 (16)：142-145.

[194] 魏振香，史相国．生态可持续与经济高质量发展耦合关系分析——基于省际面板数据实证 [J]．华东经济管理，2021，35 (4)：11-19.

[195] Shi Luping，Cai Zhongyao，Ding Xuhui，et al. What factors affect the level of green urbanization in the yellow river basin in the context of new-type urbanization? [J]. Sustainability，2020，12 (6)：2488.

[196] 吕洁华，史永姣，李楠．经济增长阻碍绿色发展吗？——中国绿色城市化的高质量发展之路 [J]．社会科学战线，2021 (11)：51-61.

[197] 周敏．绿色金融对我国经济高质量发展的影响 [J]．哈尔滨师范大学社会科学学报，2022，12 (2)：71-75.

[198] 周琛影，田发，周腾．绿色金融对经济高质量发展的影响效应研究 [J]．重庆大学学报 (社会科学版)，2022，28 (6)：1-13.

[199] 范宁威．绿色金融、企业技术创新与经济高质量发展研究 [J]．海峡科技与产业，2022，35 (6)：25-29.

[200] 袁宝龙，曹雪云，张坤，等．绿色视域下湖南经济高质量发展的评价与影响因素研究 [J]．生产力研究，2021 (4)：1-7，161.

[201] 吴明阳．科技创新、产业结构升级与经济高质量发展——以黄河流域为例的实证研究

　　　　［J］. 科技和产业，2022，22（7）：63-69.

［202］杨洪伟，方叶兵，钱宏健. 长三角科技创新效率与经济高质量发展耦合协调关系研究
　　　　［J］. 资源开发与市场，2022，38（9）：1101-1108，1144.

［202］张培刚. 发展经济学教程［M］. 北京：经济科学出版社，2001.

［204］世界环境与发展委员会. 我们共同的未来［M］. 长春：吉林人民出版社，1997.

［205］托达罗，斯密斯. 发展经济学［M］. 北京：机械工业出版社，2014.

［206］封婷. 日本老龄政策新进展及其对中国的启示［J］. 人口与经济，2019（4）：79-93.

［207］Northam R M. Vacant urban land in the american city［J］. Land Economics，1971，47（4）：
　　　　345-355.

［208］杨虎涛，徐慧敏. 演化经济学的循环累积因果理论——凡勃伦、缪尔达尔和卡尔多
　　　　［J］. 福建论坛（人文社会科学版），2014（4）：28-32.

［209］Moller-Jensen L，Knudsen M H. Patterns of population change in Ghana（1984-2000）：
　　　　urbanization and frontier development［J］. Geojournal，2008，73（4）：307-320.

［210］顾朝林，管卫华，刘合林. 中国城镇化2050：SD 模型与过程模拟［J］. 中国科学：地
　　　　球科学，2017，47（7）：818-832.

［211］Li Yangfan，Li Yi，Zhou Yan，et al. Investigation of a coupling model of coordination between
　　　　urbanization and the environment［J］. Journal of Environmental Management，2012，98：
　　　　127-133.

［212］Faria J R，Mollick A. Urbanization economic growth，and welfare［J］. Economics Letters，
　　　　1996，52（1）：109-115.

［213］刘承良，颜琪，罗静. 武汉城市圈经济资源环境耦合的系统动力学模拟［J］. 地理研
　　　　究，2013，32（5）：857-869.

［214］韩增林，赵玉青，闫晓露，等. 生态系统生产总值与区域经济耦合协调机制及协同发
　　　　展——以大连市为例［J］. 经济地理，2020，40（10）：1-10.